解讀
梁啟超

楊照 策劃｜主編

三民書局

「展讀民國人文」總序

文／楊照

三民書局的「展讀民國人文」出版計畫特別著重「民國」作為清楚的時代標記，「民國」的前半場域是中國大陸，時間從一九一二年到一九四九年；「民國」還有後半，那是一九四九年之後搬遷到臺灣來所經歷的關鍵變化。

在大陸的前半與在臺灣的後半，共同的特色是快速的變化與動盪，時局混亂打破了所有的現成答案，以至於逼迫人人困思問題解決方案，同時卻也打開可以進行破壞性或建設性種種實驗設計的大空間。

因而「民國」是出人物的時代，尤其是出人文思想人物的時代。並不是因為那些人都吃了神藥大力丸，不是因為他們遺傳了天賦異稟，而是時代的動盪與糾結，逼出了他們的智慧與活力。他們沒有固定的位子，沒有往後看、往前看能夠有把握的軌道或方向，他們只能去找出、創造出自己的道路，往往是前人沒走過，甚至是前人認定絕對不可能走的道路。

作為「民國人物」的陳寅恪，可以自由地在歐美遊學，不顧念、不追求學位，立志要培養自己研究「西北史」的所有學術配備；然後回到中國，受到變化時局的衝激，竟然也就快速轉型，將學術重心移轉到中古史上，成為中古史的大家。而這只是陳寅恪生命中大約二、三十年間發生的事。

又例如胡適，他到上海進了學堂才開始學英文，沒多久就去了美國留學，在康乃爾念農學，才第一年，他就開始用英文寫日記，還用英文對美國人宣講、解釋「中國是什麼」。他很快放棄了農學，轉到哥倫比亞大學念哲學，沒等到完全辦好博士學位手續，就又回到中國，不到三十歲的年紀已成為北京大學最受歡迎的教授。那麼短的時間內，他的生命走出那麼多不同的風景。

這絕對不單純是陳寅恪、胡適了不起，而是他們活在「民國」，得到了如此了不起、能夠成為「人物」的機會。「民國」是考驗、是挑戰，現實的條件使得在這個動盪空間中生活的人，沒有辦法做長期計畫，沒有資源完成具體社會建設，卻也因此鼓舞、刺激了豐富的人文思想。那不是關在象牙塔裡的哲思，也不是閑靜漫步的沉穩產物，而是從再切身不過的存在困窘中逼擠出來的看法與論點。國家可能被瓜分，故鄉可能被強占，家庭可能徹底拆解，生活的最後據點明天可能就要消失……每一項都是真實的威脅，無從逃躲，非面對、非提出對自己、對群體的解釋不可。

我長期以來不斷呼籲：「民國」不該被遺忘，忽略「民國」我們就無從弄清楚臺灣歷史的來龍去脈；更重要的，拋棄「民國」也就拋棄了這由眾多人存在苦痛換來的豐富人文思想資源。

二〇二一年史家余英時先生去世後，我受「趨勢教育基金會」之邀，錄製了一系列共十五講的課程，完整講述余英時主要的史學論著；次年，又受北京「看理想」機構之託，製播了共九十集的

「溫情與敬意：錢穆學思總覽」節目，在過程中廣泛涉獵與錢穆、余英時同代的相關學者論著，產生了對於「民國人文學術」更深刻的珍視。在臺灣，三民書局是錢穆和余英時著作出版的關鍵交集機構，於是出於對時代與自身歷史背景負責的考量，對劉仲傑總經理提出了編選這套系列叢書的想法。很幸運地，我的構想獲得劉總經理的大力支持，配備了充分的編輯專業人才協助參與，得以在一年多的準備之後，到二〇二三年中實現為和讀者相見的精編選集。

「民國」的歷史狀況使得這段時期的思想，很明顯地以原創性與多樣性見長，相對地缺乏大規模系統建構的成就，因此最適合以選文的方式來呈現。系列中每一本選集基本上都是在通覽目前能找到的作者著作全集後編定的，盡量保留個別篇章的完整面貌，避免割裂斷章取義。體例上，每本選集前面附有長篇「導讀」，向讀者充分說明這位作者的時代意義，以及其思想、經歷的重點，減少閱讀隔閡，幫助大家得到更切身的體會。另外按照文章性質分若干輯，每輯之前備有「提要」，既提供文章出處背景，也連繫「導讀」內容，進一步刻畫作者的具體思想面貌。

「展讀民國人文」系列第一批共十本，提供了從一八六九年出生的章太炎，到一八八五年出生的熊十力，包括梁啟超、陳垣、呂思勉、歐陽竟無、王國維、蔣夢麟、馬一浮、張君勱等民國學術人文思想人物的作品精華，希望能讓讀者興發對這段歷史的好奇，如果得到足夠的支持，我們將會在未來擴大人物系列，期望能開創出一片「毋忘民國」的繁華勝景來。

解讀梁啟超

目次

第二輯　民智的啟蒙——《新民說》（選錄）

第三輯　社會與文化觀點

導　讀

1

日本研究梁啟超的專家狹間直樹寫過一本書，標題是「東亞文明史的轉變」，顯示了狹間給梁啟超的定位——他參與、促進了東亞文化思想的轉化。

我們可以從兩方面來看，第一是看到梁啟超作為轉型期的思想人物，經歷過好幾個不同時期的變化。第二，更重要的，是看到他的轉型如何聯繫上整個中國、乃至於東亞近代文明變化的軌跡。

梁啟超曾經是科舉神童，然而他的「成年禮」卻又是遇到了康有為，突然領悟自己過去為了科舉而吸收的知識學問，原來完全跟不上西方勢力衝擊所創造出來的新現實，必須趕緊汰舊換新，尋找新的解決出路。他參與了從政治體制改革上找出路的大嘗試——一八九八年的「戊戌變法」，繼而承受了短短百日之後「戊戌政變」帶來的巨大挫折。也因此他失去了在中國社會上固定的角色、地位，成為在變動時期的游離知識人，反而開拓了他的思想領域。

許知遠寫的《青年變革者：梁啟超 1873–1898》書中提示：要談論中國現代思想的形成，無論是科學、經濟學、佛學、法學、政治，乃至文學、小說，沒有任何一個領域能迴避梁啟超的影響，甚至許多現代知識領域他還扮演了開創者的角色。例如中國現代小說的明確起點，必定要追溯到梁啟超在一九〇一年所寫的〈論小說與群治之關係〉，重新詮釋了小說的基本性質，從此開啟了擔負社會教育責任的「新小說」創作與流傳現象。

而且梁啟超在寫作中發展他的思想。從一八九六年出任《時務報》主筆開始，一直到他去世，三十三年間他不間斷地寫出了至少一千四百萬字的作品。他的寫作形式包羅萬象，面對不同的讀者，發揮了不同的歷史作用，其中甚至包括了應光緒皇帝之命而寫的〈京師大學堂組織章程〉，依照這份章程成立了「京師大學堂」，也就是北京大學的前身。「京師大學堂」的歷史意義正在於其章程中引用了大量的外來文獻，擺脫了傳統「太學」的框架，形塑了中國高等教育的第一個現代組織。

也包括了為了示範自己的小說理論而寫的〈新中國未來記〉，那是突破傳統框架、格局的實驗性小說。將場景設定在共和形成多年後的中國國會裡，想像未來的國會議員們彼此討論國事時發表的種種意見。

他的作品中也包括了許多學術專著，《清代學術概論》和《中國近三百年學術史》這兩部連作，等於是對於有清一代學術知識最早的詳密整理。《中國歷史研究法》則給予了「新史學」從概念到執行，非常具體的指引，為民國時期歷史領域的大突破、大爆發奠下了基礎。

他還寫過人物傳記。他選擇了法國大革命中的奇女子羅蘭夫人為傳記對象，凸顯了羅蘭夫人上斷頭前的那句話——「自由、自由，天下古今幾多罪惡假汝名以行！」在中國人之間廣為傳頌。

在不同領域、三十多年間在不同時期梁啟超都留下了發揮關鍵作用的文章，不只影響了同代人，還吸引了往上往下好幾代人都加入如飢似渴追讀他文章的行列。民國早期的歷史人物，從陳獨秀、胡適到毛澤東，都是梁啟超的讀者，受到他的文字強烈衝擊。

許知遠感慨說：梁啟超應該要和英國的約翰生博士(Samuel Johnson)、法國的伏爾泰或日本的福澤諭吉、美國的愛默生並列，他們都身處於新舊知識、思想交替的時代，將自己鍛鍊成百科全書式的巨大存在，因而得以喚醒了一份原本沉睡的集體精神，徹底改變了那個社會。梁啟超應該被放入這份全球歷史最敏銳心靈的名單中，被更多人認識、肯定。他應該屬於世界啟蒙主義歷史，不該只是中國或東亞的一位邊緣人物。

梁啟超身上帶有全人類普遍的啟蒙熱情，是從十七世紀發源的這波歷史大潮流中的一個醒目浪頭，他在啟蒙上的貢獻與成就，比起約翰生、伏爾泰、福澤諭吉、愛默生，不遑多讓。也就是說，我們今天閱讀梁啟超的作品，和閱讀這些啟蒙大家的作品一樣，能夠領受超越時空限制的普遍啟發，仍能為我們撥開許多意識上的蒙昧遮障。

另外一本由解璽璋寫的《梁啟超傳》，採用了很特別的形式，每一章都聚焦描述梁啟超和某一個人的關係，所挑選的人物包括了家人妻子、弟弟梁啟雄、老師康有為，然後是黃遵憲、嚴復、譚嗣同、汪康年、唐才常、孫中山、章太炎、楊度、宋教仁、袁世凱、蔡鍔、蔣百里、丁文江、胡適、徐志摩。這名單排開來，讓我們確實感知梁啟超身處時代中心的分量，要到哪裡再能找出能和這些人都產生有意義有故事密切互動的人物？尤其梁啟超從一八七三年出生，到一九二九年去世時，距離他的五十六歲生日還差一個月，活在世上的時間並不長啊！

解璽璋全書的最後一章，標題是「寂寞身後事」，顯現了他認為梁啟超死後，很快地被遺忘了，因而特別深致感歎。解璽璋的這個評斷，主要來自他所知道的大陸情況，的確在一九四九年之後，很少有人關注梁啟超，梁啟超的著作也很難對那個社會產生多大的影響。然而如果換從「民國」的脈絡來看，從大陸延續到臺灣，狀況卻大不相同。

一直到我唸高中、大學的一九七〇、八〇年代，走過臺北重慶南路書店街，幾乎每家書店都還是會將厚厚一本的《飲冰室文集》擺放在最醒目的地方，而且不同書店擺放的，常常是不同的版本。我們那一代的臺灣中學生、大學生，很少有人從來沒讀過梁啟超作品的，當然更少人不知道梁啟超、沒聽過梁啟超，他的身後可一點都不寂寞啊！

梁啟超的思想與學術在「民國」有著長期的影響，相對地在「人民共和國」那邊則受到了冷落。不只梁啟超如此，像羅家倫或蔣夢麟也是如此。羅家倫的《新人生觀》、蔣夢麟的《西潮》都是從「民國」帶到臺灣，年輕人成長的必讀書籍，然而在四九年之後的大陸卻沒有重要的知識、思想地位。這現象充分顯示了：作為一個歷史單位，「民國」有自己的思想文化傳統，也有相應的集體價值觀，不應該被遺忘、抹煞。

2

梁啟超在一八九八年參與了「戊戌變法」，身處其中，他有三項很特別的條件。第一，他是康有為的學生，而且和康有為的關係比大部分牽涉其中的人，包括「戊戌六君子」中的譚嗣同或劉光第，都要來得更密切。第二，他當時已經展現了醒目的能力，他能寫文章，他還具備擔任導師的一定領袖氣質，也對教育有相當高的熱忱；第三，他卻又在所有人之間，幾乎是年紀最輕的一個。

依照前兩項條件，他應該在戊戌變法上發揮很大的作用，然而第三項條件卻嚴重限制了他，尤其是他十五歲以神童之姿考上舉人，到戊戌年二十五歲時卻尚未考取進士，以至於他沒有得以直接面見皇帝的資格。康有為受光緒皇帝信任，可以跳過層層朝廷禮儀節制推動變法，年紀太輕又沒有進士身分的梁啟超進不了宮見不到皇帝，就算再有才、和康有為關係再密切，都不得不在變法過程中被邊緣化了。

因禍得福。慈禧太后發動「戊戌政變」時，梁啟超因而不在首批捉拿名單上，加上他在被邊緣化的情況下，變法中能參與的事務主要在「總理各國事務衙門」，得以和日本公使林權助相識。政變一發生，梁啟超就機警地進入了日本大使館，林權助取得國內內閣同意，讓梁啟超不只逃過追捕，進而協助偷渡離境。梁啟超離開中國，亡命日本，開始了他生命中的第二個重要階段，從一八九八年到達日本，要到一九一二年他才再度回到中國，這期間他大多居停在日本，他主要的活動是辦雜誌及寫作，發表了大量文字，產生了巨大的思想影響作用。

梁啟超先辦了《時務報》，後來又有更轟動的《新民叢報》。雜誌每期都要有一定分量的稿件，就必然催逼同時身兼發行人和總編輯的梁啟超努力寫稿，同時雜誌是自己辦的，要寫什麼、要刊登什麼不受限制，更刺激了梁啟超得以放縱思維，將他在日本的所思所學迅速轉化為大量的文章產品。

這段時間中梁啟超寫的文章，幾乎都是即寫即登的，然而在一九〇六年年中，卻有了奇特的例外。大約是六、七月間，他快速寫下了二十萬字，平均每天要寫六千字，但如此趕寫的文章沒有在任何地方發表，要到幾十年後，林志鈞編中華書局版的《飲冰室合集》時，才終於讓這份文獻歸入梁啟超著作的「政論」類中。

這二十萬字剛完成時，沒有掛梁啟超的名字，因為是祕密寫的，連他身邊的友人、連康有為都不知道他寫了這樣的文章。那份文獻的總標題是「六大臣出洋考察報告」。當時清廷受到強大壓力必須準備立憲，於是派了浩浩蕩蕩的考察團，由「六大臣」領銜帶隊，分批分路線到國外探訪，行程結束後需要一份總結報告，表現在國外的學習成果，並對清朝君主立憲制度提出具體實施方案建議。梁啟超趕工寫的，就是這份報告。

所以必須在最祕密的情況下撰寫，因為當時梁啟超還是清廷的「欽命要犯」，但透過熊希齡牽線，卻受託寫官式報告。如此荒唐的安排背後反映的，首先是滿清朝廷根柢上的失能，派去作考察的重臣及隨行人員，對西洋憲政只有一知半解，考察也多半敷衍了事，他們沒有能力更沒有自信寫得出能對外交代的完整報告。第二是梁啟超此時獲得了「立憲派」的首席理論家地位，儘管名義上是通緝要犯，然而和聲勢愈來愈高的「革命派」相比，「立憲派」總還是被認定為是親近朝廷、可以對朝廷有所幫助的。

從一八九八年梁啟超因案出亡，到一九〇六年，這八年間中國出現太多變化了。在戊戌政變後最先登場的，是一九〇〇年的「義和團事件」，慈禧太后向十一國集體宣戰引來八國聯軍輕易擊敗義和團，不只直接攻入北京城，而且在太后偕皇帝倉皇變裝出走後，外國軍隊進入了紫禁城，聯軍指揮官瓦德西 (Alfred von Waldersee) 還「試坐」了天子龍位。這不只是慘敗，而且是朝廷遭受的空前羞辱。次年簽訂了〈辛丑和約〉，連本金帶利息要賠款九萬萬多兩。

重大打擊後好不容易殘存的清廷，不得不進行變法，可以說一八九八年硬是被慈禧太后阻擋的戊戌變法，此時在慈禧太后繼續主政的情況下，卻悄悄地從後門回來了。不能明說，但這時候發生的事，實質上給了康有為等人遲來且曖昧的正義，證明了變法是必須的，他們的主張、甚至他們各種政策是對的。

於是「百日維新」一轉而成了新局勢的一幅藍圖，再加上辛丑年之後，革命氣焰高漲，明白仇視滿人，追求推翻清廷，相較之下，原先的變法人士不只無害多了，還明確帶有對清朝的強烈效忠態度。當時感覺上如此激進的主張，短短幾年後看來，對照下呈現了穩健、保守的面貌。過去看起來像毒蛇猛獸的「亂黨」，現在看來一點也不亂啊！

3

一八九八年變法被取消，皇帝被軟禁，在中國社會並未引起騷動，對戊戌政變反應比較強烈的，反而是在華各國公使。但八年之後，中國的民情大不同前，革命派與立憲派的互相激盪，不僅止發生在士大夫間，更是明確延展到商工各行各業了，使得中國民意對政治產生敏銳感應，梁啟超是塑造這項變化的主角，雖然這幾年他不在中國，但他的文字，尤其是他的《新民說》卻一直處在社會發展的風口浪尖上。

從《時務報》到《新民叢報》，梁啟超的知名度、感染力向上翻了一翻，到達不同的等級。《新民叢報》的命名就反映了梁啟超心中已有清楚的架構與企圖，要在這本雜誌中推展他用筆名「中國之新民」所撰寫的《新民說》。用這個筆名寫的文章，將「筆鋒常帶感情」的風格發揮到淋漓盡致，並且和文章要表達的意念完全貼合。

《新民說》首先吸引人注意的，是以新文體呈現的。梁啟超清楚意識到傳統的文言文不足以傳遞他要表達的內容訊息，不論是官式的四六駢文，或是文人之間流行的桐城古文，都有太多陳俗套語，也有太多句法上的格式限制，放不開來表達現代狀態下的複雜主張。曾國藩的書信與日記曾經風靡一時，一部分是因為使用了四六文或桐城古文無法比擬的誠實真切語氣，帶有高度的新鮮自由特性，不過梁啟超所需要的文字載體，還更有甚於此。

在《新民說》中梁啟超鍛造了一種文白夾雜的新風格，一時獨領風騷。他寫出了文言文絕對不可能有的雄辯滔滔氣勢，也寫出了當時白話文絕對不可能有的學問知識厚度。這樣的文體在中國足足流行了二十年，蔚為主流，一直要到「五四運動」前後崛起了另一位了不起的文體家——改造並豐富了白話文的胡適，梁啟超式的文體才讓出了主流地位。然而即使如此，一直到我這一代受教育的一九七〇年代，在「民國」環境中，這種文體都持續發揮一定的指引作用。

而白話文的上升轉型，梁啟超也在其中扮演了重要的角色。在此之前，讀書人理所當然看不起白話文，白話文是寫給引車賣漿者流看的，是不能登大雅之堂的。陳獨秀是晚清最早參與推動白話文的人士之一，但不只當時認為白話文主要用於社會教育，是向讀書不多的下層人民傳播知識的工具，而且在《新青年》雜誌上提倡「白話文運動」，當意識到自己的讀者是其他讀書人、專業知識分子時，他的文章都還是用文言文寫的。

這裡關鍵的變化，在於要提升白話文的地位，讓文人都願意寫白話文、用白話文互相溝通。胡適在這方面貢獻最大，他不只立場堅定，而且找到了明確的策略，強調白話文與啟蒙救國之間的必然因果關係，倒過來看，也就是明白昭示了在這樣的時代繼續寫文言文，不只保守、落伍，而且將使得中國無法自強，無法擺脫亡國危機。

不過別忘了，胡適的態度其來有自。早在「五四運動」之前將近二十年，梁啟超就寫了轟動一時的〈論小說與群治之關係〉，將小說抬高到傳統上不可想像的地位，明白宣告：有什麼樣的小說，就有什麼樣的國民與國家，小說的作用遠遠大過文人們的所有詩文著作總和。而小說就是用白話文寫的。

梁啟超寫〈論小說與群治之關係〉、寫《新民說》時，白話文還在低度發展階段，不足以提供所需的文字形式，因而他巧妙地混用了文言與白話，以這新創的文體在這個時代發揮了稱職的橋梁過渡功能，不只是從文言過渡到白話，更是從單純乘載傳統內容到能夠納入西方新知識、新觀念。

從魏源寫《海國圖志》（一八四三年）到嚴復以古文翻譯《天演論》（一八九六年）、《國富論》（一九〇一年），中間不過只有半世紀左右的時間，比佛經進入中國摸索創發適當語言文字的五、六世紀時間要急迫得多了。更大的突破接著出現在梁啟超以文白夾雜形式解除了對白話文的歧視偏見，提供了以白話文法更自由、更有效翻譯、解說西方學問思想的巨大可能性。

藉由和嚴復的比較，我們可以理解梁啟超能夠開創過渡轉折的重要條件。嚴復主要是透過英文接觸西學，梁啟超不是，他的西學基本上是轉手日文而來的。梁啟超具備了嚴復所沒有的條件，早在戊戌年之前，梁啟超就開始吸收從日本來的種種訊息。一八九八年，他倉皇出亡日本，渡海的航船上，他更進一步有意識地學習只辨認日文中漢字就能相當程度讀懂日本文章書籍的方法。在此之後，他又有十多年時間在日本大量閱讀人家的翻譯書籍，因而大幅開拓了眼界。

住在日本時，梁啟超還寫過一本小書，教中國人如何在完全不懂日語的情況下能夠讀日文書。那個時代的日文書寫上，運用了比現在多得多的漢字，大致懂得日文文法和中文順序上的主要差別，就能夠了解日文內容。梁啟超用這種方法跳過了逐步熟悉日語的工夫，直接從日文書中大量吸收、大量消化。

他另外編過一本工具書，列出了他在日本看到、找到的西方書籍翻譯書目，其中包括了七千多個條目。如果學會了漢字閱讀法，那就等於這七千本西方書籍不需要再找、再等中文翻譯，馬上就可以通過日文譯本來理解、吸收。

梁啟超有效地提升了當時中國知識人不需自己懂西文、也不需等中文譯本，走捷徑取巧經手日本來學習西方學問的程度；他同時累積了日文中的漢字詞彙，可以方便運用來轉寫他關於西方事務的文章。這是使得他能夠創造文白之間新中文的一項祕訣。

而那時候的日本也有一批精通中文的人，刻意協助將已有日文翻譯的重要書籍再譯成中文來幫助中國更快速與世界接軌。這些人具備一種原始的「中日共榮」觀念，世界局勢是歐洲勢力大舉入侵亞洲，日本作為亞洲國家如果要對抗歐洲，光是自強是不夠的，還得要聯合亞洲其他國家，尤其是在日本旁邊，關係如此密切的中國。日本非但不能不理會中國，而且不能坐視中國沉淪糜爛，因為如果中國被西方國家瓜分了，或成為人家的次殖民地，必定要連帶拖累日本。

將書籍譯成中文是一種協助中國上進的手段，支持梁啟超或孫中山這種和清廷作對的人是另一種手段。在日本梁啟超比在中國還更感覺到「新民」——讓中國人民得到新知識、培養新態度——的重要性，加上日本書籍中提供了許多超脫中國文言表達框架的說法，都有助於他在短時間內成為最了不起的中文文體大家。

4

梁啟超和康有為的師生關係非比尋常，然而在戊戌年動盪之後，兩個人的思想發展，儘管雙方主觀意願都要維持緊密互動，卻明顯地漸行漸遠。

梁啟超是廣東新會茶坑村的神童，從小就顯現在讀書、考試上的特異能力，也很自然地走上了傳統科舉的主流道路。原本心無旁騖的追求，以為世界無非就是準備科舉該讀那些書籍內容的情況，在遇到了康有為而被震撼改變。二十歲左右，從舉人到進士的考試中首次受挫，梁啟超開始有了心情上的餘裕聽見外面傳來的干擾雜音。他很像一個活在堤防後面的人，雖然聽見了堤防那邊傳來愈來愈大的浪濤之聲，卻不以為意；一直到有一天誤打誤撞登上了堤防，往外一看，才發現不得了了，外面竟是一座大海，而且大海上掀起的巨浪就快要撲過來越過堤防，甚至要瓦解堤防了。也就是堤防後面自己所熟悉的那個環境，明明就要毀滅了啊！

提供他上到堤防看見萬丈波濤機會的，就是康有為。梁啟超和朋友去「萬木草堂」見康有為，早上進去到黃昏才出來，其經驗讓梁啟超決定「盡棄其所學」，發現自己過去所學的都不是真正的學問，都不是真正能站得住腳、更不能因應現實所需的知識。

其實康有為自己也曾有過類似的震撼經驗，徹底改變了他的知識立場。帶給他大震撼的，不是哪一個人，而是十九世紀末的香港。康有為去到了香港，體驗了英國人治理下的真實情況。才不過幾十年，而且不過是英國人在本國以外萬里之遙擁有的一個殖民地，香港已然脫胎換骨，非但不像任何中國城市，而且毫無疑問比中國任何城市都更進步、更方便也更文明。

而且在香港明白顯示著對比。在香港會看到的野蠻現象，都是中國的；相對會看到的進步文明，都是英國的。憑藉著這樣的經驗，康有為取得了後來得以震懾梁啟超的新視野、新看法。

不過流亡之後，康有為的新視野、新看法很快就到頭了，他有一些根深柢固的態度，阻止了他繼續接受新觀念、新知識。例如他放不掉「孔教」，堅持崇奉孔子為教主，實際上將自己視為孔子在人間的教主代理人。更關鍵、更致命的，是他放不掉忠於皇帝的信念，擺脫不了中國一定要有皇帝的帝制框架。

梁啟超不然。遇到康有為他「盡棄所學」，到了日本之後，他實際上再一次「盡棄所學」，讓自己的思想、信念再重新來過一次。而這一次，他不是跟隨哪個老師，不是由老師給他答案，而是日日夜夜大量閱讀新書，現買現賣，同時大量轉述呈現這些新學，在邊讀邊寫的過程中既形成自己的新信念，又即時將才剛出爐的新信念拿去影響了眾多讀者。

這是《新民說》文字之所以如此感人的另一個原因。每一篇文章的內容幾乎都是梁啟超自己才剛想出來或才剛想懂的，寫文章首先是整理自己的思路並說服自己，作者自己也是第一個關鍵讀者，因而使得那樣的文字格外迫切，也格外真誠。

他的身分真的是「中國之新民」，他是第一個如此誕生的「新民」，他持續尋找新態度新性質，也就持續向身上帶有的傳統中國元素告別。從一開始，梁啟超就立定主意要從個體單數的「中國之新民」延伸創造複數的「中國之新民」，並且積極採取了明確的策略。

從《時務報》到《新民叢報》並不是簡單的前後兩本都由梁啟超編寫的雜誌而已，《新民叢報》是為了刊登、推廣《新民說》而存在的，確保在梁啟超能寫出完整的《新民說》之前，這些文章就已經能夠發揮創造「新民」的作用。這一方面反映了救國所需的變法失敗後，梁啟超心中更迫切的時間壓力；另一方面也顯示了他認定「新民」——改造中國人民、形成新社會——必須是一段持續的過程，他願意承擔設計、推動這樣的過程。

開頭第一篇是破題，表明「新民」為當務之急，並解釋什麼是「新民」。第二篇解釋為什麼「新民為第一要務」，動用了「優勝劣敗」的觀念，從「社會達爾文主義」角度描述當前的世界，既有的中國人民、中國社會無法在這樣的環境中和諸國競爭，如果不改變就必然被淘汰。到梁啟超寫《新民說》時，許多中國人已經有了強烈亡國感，因而梁啟超的文章特殊之處，不在於加強這方面的恐嚇，反而是有理有據地提供了希望。要不亡國有道，那就是弄明白當今世界所需要的競爭條件是什麼，依照這樣的需求趕緊去打造出具備新條件的「新民」。

然後他用不容質疑的雄辯滔滔文辭，逐條鋪陳「新民」的特質，從「公德」開始，接到「國家思想」，構成了他的時代感中最核心也最堅定的部分。梁啟超相信：競爭必然有賴於組織，集體的力量必然高於個人，而在人類環境中曾經出現過的所有組織，最上層的，意指最龐大、最複雜、也是在進化上最後出現的，就是國家。所以現代的競爭、最激烈的競爭，是在國家層次進行的，要能不在這場競爭中被淘汰，必須打造堅強的國家，以國家的強弱為終極標準，而偏偏國家觀念、對國家利益的認知，在傳統中國是最淡薄的。

中國人注重家族、效忠皇帝，進而心懷天下，正獨獨缺漏了處於皇帝和天下之間，更重要的「國家」。在國家競爭的時代，國家被淘汰了就沒有皇帝也沒有家族，沒有了一切。中國過去如此講究道德倫理，然而那基本上都屬於「私德」領域的講究，嚴重缺乏可以讓國家強大的「公德」，所以現在要改弦更張，站在「國家思想」，一切為國家的考量上，揚棄「私德」而新造「公德」。

5

講述中國現代史，尤其牽涉到與西方關係時，有一個通行的三階段論。第一階段，是學習西方的科技，大約等同於「自強運動」時期，在甲午戰爭敗給日本後結束了；第二階段起於發現缺乏新式的政治架構是學不來西方科技的，以日本「維新」當作典範，轉而提倡政治改革，從「變法」到「革命」，專注在政治制度與政治運作。然而這個主張又在辛亥革命成功、民國創建之後而破產了。「徒法不足以自行」，有了全新的制度，但運作制度的人卻滿腦子舊思想、全身舊習慣，根本發揮不了預期中的改造翻新效果。於是有了「五四運動」所代表的第三個階段，那就是尋求更徹底的思想、文化改造，對於西方的學習模仿不能停留在政治層面，要更深入也要更全面。也就在高喊「打倒孔家店」全面反對中國傳統文化的浪潮中，一九二一年誕生了極端西化的中國共產黨，改變了此後中國的歷史走向。

這個三階段架構很有邏輯，也有高度的歷史解釋能力，說明了如何從變法到革命，又從中華民國到成立中華人民共和國。不過這三階段論也很容易讓我們忽視了一些無法乾淨、清楚擺放進這架構的例外。一項重要的例外，就是梁啟超的《新民說》。

從三階段的角度看，《新民說》顯然出現得太早了。《新民說》的主要內容，是關於在人心觀念、意識上的改造，比較吻合第三階段的文化路線；然而《新民說》的寫作、發表清清楚楚落在第二階段，距離「五四運動」還有十幾年的時間。

所以梁啟超是先知，他的想法、理論超越了他的時代？一般當我們說一個人「超越他的時代」，最容易想起的典型代表是畫家梵谷，他開啟了美術史上從印象派到後印象派的巨大轉變，他的作品每一幅都成了不容質疑的突破性經典，然而他在世時長期困居在療養院裡，到死前總共只賣掉了一幅畫，必須靠弟弟的資助才能過活才能創作。同時代的人不了解他，要等到他死了，能夠了解他、欣賞他、贊同他的時代才來臨。

如果這樣叫做「超越他的時代」，那麼梁啟超並不是。他寫《新民說》時就是中國言論界的明星，而且藉著《新民說》他的地位持續上升，多少人追讀《新民叢報》，不放過《新民說》的任何一篇文章，更多人在各種情況下接觸到《新民說》立即大受震動，久久難忘。

我們應該看到的，是當別人（包括他的主要論敵章太炎）都還專注在政治體制改造上時，梁啟超已經具備了超越這個階段思想的特殊條件。他在歷史現場參與了轟轟烈烈的「百日維新」，更幾乎以自身的生命作為變法失敗的代價。那樣的慘敗在他心中留下了絕對無法磨滅的印象。如果重來一次要確保不會再失敗該怎麼辦？他的切身經驗使得他不會將希望放在既有的官僚體制上，他認定了只有從人民那裡得到新的力量與支持，變法才可能成功，甚至變法才有意義。

然而那時候其他人不是這樣想的。一九〇五年同盟會在東京成立，創辦了機關刊物《民報》，立即選擇以《新民叢報》與梁啟超為主要對手，提出了明白叫戰的「十二條論綱」，那其實就是對於梁啟超主張的全面挑戰。

同盟會和《民報》他們關切的是政治改革問題、政體問題，他們攻擊梁啟超的重點不在「新民」，而在「君主立憲」。對他們來說，「君主立憲」體制必須先弄清楚是哪個「君主」，這個「君主」屬於哪個朝廷，更重要的，是滿人還是漢人？其次才是「立憲」，要引進哪個國家的什麼樣憲法當作中國的憲法藍本？

《民報》他們的看法，比梁啟超所思考所寫的，要簡單多了。《民報》創刊沒多久，因「蘇報案」坐牢三年的章太炎被從上海提籃橋監獄放出來了，孫中山特別安排同志不只去迎接，而且立即將章太炎接到東京來主持《民報》的言論。

章太炎的學問當然比東京這些革命同志都好得多，設定了由他當主將更能對戰梁啟超。不過章太炎的學問和章太炎的政治主張，必須分開來看待，他和梁啟超在這方面形成了強烈對比。梁啟超有學問，而他的學問在這個階段都是現實的學問。他在「萬木草堂」受到康有為當頭棒喝，在知識學習上產生了最根本的價值扭轉。

他從寫《新學偽經考》、《孔子改制考》的康有為那裡學到的是：知識應當服務社會、服務時代，不能為知識而知識，更不能為科舉而知識、為出身利益而知識，之後一、二十年內他沒有改變過這樣的信念、這樣的態度。他在日本所讀所學都是為了要能運用在改革的理念上，因而他所提出的說法都隨著他的豐富知識而不斷強化、增添其論點。

章太炎的學問一直都是以「古文經學」，以清代主流的考據學為主的。至於他涉入政治源自於一個非常簡單、也因而再激烈不過的執念——那就是「復仇排滿」，站在漢人本位立場，在新時代站出來和日薄西山的清廷算總帳，看看過去滿人如何對不起漢人，鼓吹現在漢人應該如何尋求正義、補償。

這樣的論點不需要複雜的學問，也用不到太多「古文經學」與考據學。章太炎的本事相對是寫出看起來很深奧的文章，提出一些最激烈最固執的論點，一方面站在革命光譜最勇敢最極端之處，另一方面提供革命一種上層士大夫的色彩，擺脫過去「排滿」屬於下層祕密會社主張的印象。

由章太炎來主持《民報》對抗梁啟超和《新民叢報》，說老實話並不對等，兩個人所關懷的不在同樣層次上，很難真正形成辯論焦點。不過這場經常被簡化為「革命派」對「立憲派」的言論大對決之所以沒有真正戰開來，更關鍵的原因在於梁啟超的新遭遇、新困擾、新轉折。

6

起因是梁啟超到美國訪問。梁啟超一直對美國充滿好奇興趣，更早曾有探訪三藩市（舊金山）的機會，偏偏在當時三藩市爆發疫情，禁止外國人進入，梁啟超只好停留在半途的夏威夷。夏威夷檀香山是革命派的海外大本營，孫中山的家人就定居在那裡，孫中山也是從檀香山開始籌畫革命、在華僑之間尋求贊助。梁啟超去到了那裡，和革命派短兵相接，對於革命主張與革命人士有了更具體的認識。

幾經延遲，梁啟超終於在一九〇三年踏上了美國本土。對於美國行，梁啟超事先設定了三項目標。第一是去設立更多「保皇會」的分會；第二是為「保皇會」向美國華僑積極募款，這兩項目標顯然是來自老師，也就是「保皇會」會長康有為的壓力。第三才是梁啟超自己有興趣、有野心要做的——希望能尋求資金來辦「譯書局」，擴大翻譯更多西方書籍進入中國。

然而後來美國行真實的效果，卻和這三項目標都沒有直接關係。梁啟超真的很用功，在去美國之前，對於美國政治體制的情況，乃至於其歷史上的來龍去脈，他已經有了相當程度的認識，身處在美國，他可以進行深刻、而非走馬看花的觀察。他特別注意到了一些美國現實政治運作上的根本問題。

例如他明瞭在民主共和體制中選舉權的重要性，公民身分最重要就是取得選舉權，在選舉權這件事上實現平等。然而美國的現實政治中，黑人沒有平等的選舉權，對於梁啟超來說更具震撼作用的是，華人也沒有平等的選舉權。他自己曾經用抽象的語言說過、解釋過，在這樣的體制中沒有選舉權就不是公民，在社會上等於就不是人，而華人竟然就不是人！

又例如他看到了，正因為選舉如此重要，美國的政治人物都傾向討好選民，討好擁有選舉權的人。依照流行的「進化論」看法，人類當中最為進化的人種是建立了大英帝國和美國的盎格魯薩克遜人，而在人種中最為菁英的又應該是擁有政治權力的領導者，然而最了不起的盎格魯薩克遜人建立的最了不起的美利堅合眾國，在政治上冒出頭的，卻是一些看起來不怎麼有能力、更不怎麼菁英的人。

他察覺了民主不會選出真正有能力、真正了不起的人。太有本事或太有學問的人難免有菁英的身段，不可能放下身段來討好選民，就爭取不到選票。真正會被選出來的，通常都是中庸者，只具備中庸的能力與智慧。這可並不是他在美國都接觸到那個社會的庸祿之徒而有的印象，梁啟超訪美期間，他見到了當時的美國國務卿，也見到了後來的總統老羅斯福 (Theodore Roosevelt)，真正上層頂級的政治人物。

讓他更覺悲哀，也更難忘的觀察，是華人在美國的生活。以敏銳的政治眼光，他看到了華僑在美國仍然過著「有族性而無國性」的生活。在共和體制下，華僑仍然不知道國家是什麼，也完全無法參與國家事務。在美國，中國人還是都和中國人在一起，有非常強烈的「族性」，而且甚至還不是全面的「民族性」，往往家族、宗族的「族性」比同為中國人還更重要。他們和美國社會是隔絕的，比在日本的情況更嚴重得多。

去到日本的，大多是留學生，他們也經常聚在一起，然而他們的學習身分和通常感於時勢而去留學的動機，讓他們和日本人、日本社會、至少是日本書刊有較多的互動。去到美國的卻大部分是廣東、福建的工人，去造鐵路、開洗衣店、開餐館、去投靠親戚，他們對共和沒有任何認識，也沒有任何民主的準備。

梁啟超遇到的華僑，有的已經是第二代了，在美國出生長大，卻依然和上一代同樣對共和、民主全無概念，也和美國這個國家沒有任何實質、深層關係。這個現象衝擊、挑戰了梁啟超構造「新民」的理論。

將中國人放到了共和政體的美國，中國人並不會因此成為具備民主公民性質的「新民」，這是清清楚楚、不容否認的事實，如果這樣，靠著在中國建立起一個共和政體不也無法保證在這新制度底下會自然產生「新民」？都是未改變、未改造的「舊民」所形成的新共和國，那會是什麼樣的情景？那會是值得追求的目標嗎？

7

從美國回到日本，梁啟超寫了一篇重要的文章。文章的形式是回答一位叫「飛生」的年輕人，「飛生」就是蔣百里的別號。蔣百里很誠懇地問梁啟超：創造新的人民和創造新的政府，哪一個比較重要、哪一個應該先進行？會有此問，反映了《民報》與革命派的影響，和他們的主張相比，《新民說》豈不是顯得太迂迴了嗎？

看到了在美國的情況，梁啟超更不可能相信應該先建立共和國，相信有了共和國就能將中國人改造成共和國民。在一個已經建立好並有效運作的共和國裡，中國人都完全沒有被影響，仍然維持著只有族性沒有國性，最老舊的中國人性質，受到的影響頂多只到達在華僑公所的管理上套用了選舉形式的程度。但梁啟超親眼目睹的現實，華僑辦的公所、會所組織，到後來只有兩種情況，要嘛是「寡人專制」，不然就是「暴民專制」。前者是出現了一個強人，他將選舉統統視為表面文章，實質上所有事情都由他說了算數，建立了具體而微像皇帝那樣的權力運作。後者則是沒有強人就大家你爭我奪，完全沒有公共意識，只把公所、會所當作增加自身、自家利益的管道。所以梁啟超堅持：國體沒有那麼重要，不會有了共和國就有共和國民，當務之急仍然應該是創造「新民」的啟蒙工作。

甚至他悲觀地在「新民」計畫上都向後撤退了一大步。「新民說」系列剛開始，梁啟超就特別揭櫫「公德」之重要，點出中國人只重「私德」卻忽視「公德」的大問題。

然而從美國回到日本，梁啟超卻寫了一篇大文章，標題叫〈私德〉，文章中退了一大步對自己之前的講法做了修正——不，中國人甚至連「私德」都不講究，要求他們建立「公德」講得太快了，當前應該做的，是讓中國人從最基本的「私德」開始建立起。

梁啟超是個在心態上保持積極進取的人，遇到挫折不會就喪志停滯，會另找方法振作努力。「私德」這篇等於是他承認自己過去太樂觀了，撤退後立即重新建立陣地，試圖保持實踐熱忱的宣告。他的錯誤在於：中國人其實只有關於私德的種種說法，並不等同於有真正的私德修養。

連帶地，他也開始明白表述：中國還沒有準備好要有共和體制，在人民連私德的基礎都如此貧弱、遑論公德的條件下，共和體制不可能運作。這更堅定了他對於君主立憲的態度，解決了過去一段時間曾有過的動搖。

在日本時，梁啟超一方面延續原來戊戌變法的主軸，以日本「維新」經驗為仿效對象，另一方面吸收、學習西方各國富強發展的歷史。前者的政治安排是理所當然的君主立憲，和老師康有為「保皇派」立場一致；後者卻開啟了新的共和視野，將梁啟超的政治立場朝論敵「革命派」那邊推移。這兩股力量在他寫《新民說》主體文章時彼此激盪，甚至刺激他在一九〇二年另外寫下了小說體的〈新中國未來記〉。

〈新中國未來記〉將背景設定在中國有了選舉出來的「大統領」，描述第二任大統領在位時期發生在國會的一場辯論。小說中回溯了「新中國」的來歷，很巧地，梁啟超虛構了「新中國」成立於一九一二年，而擔任第一任大統領的人，叫做羅在田。羅在田指的是「愛新覺羅．載湉」，也就是光緒皇帝。梁啟超表白了，中國應該走的理想道路，是成立大中華民主國，中間有一個過渡，由最後一任皇帝轉型當第一任的大統領。

如此過渡而能成立民主國，但根本問題會在第二任大統領時期爆發出來，所以有國會的這場爭論。爭論的雙方分別叫李去病與黃克強（又是一個巧合，這個名字和革命史上的黃興沒有關係），李去病強調「去病」最重要，也就是破壞性的革命，要將傳統的一切予以推翻摧毀；黃克強則代表改革派，認為要先治病，強化中國社會才能應對國際競爭之所需，一意「去病」會導致國家無法維持。

梁啟超寫了真正的辯論，沒有刻意將「克強」這邊寫成一面倒的勝利者，表示他真的了解、也真的用心思考過革命派的想法。不過到了回答「飛生」、帶點悲痛心情寫〈私德〉時，他的態度改變了，君主立憲不只是其中的一個選項，他確定了君主立憲才是當前中國的解決方案，因為中國人民距離能撐起共和國所需的條件實在相差太遠了！

就是在這時候，梁啟超接受了熊希齡牽線代筆撰寫〈六大臣出洋考察總結報告〉，他沒有理由拒絕和清廷合作，更沒有理由推掉可以促進清廷憲政改革的機會，因為他確實高度期待藉由君主立憲來救中國。他很用心地在二十萬字的報告中將朝向君主立憲的每一個步驟、每一個階段做了詳細計畫，而且這份報告竟然基本上維持梁啟超所寫的原樣，上呈給太后和皇帝。

皇帝的回應上諭給了梁啟超最大的信心，因為裡面大部分的文辭也是從他寫的報告裡摘抄出來的。他甚至在給友人的信中斷言：國體問題已經解決了！意思是清廷按照他的建議推動立憲，很快就能平息紛爭，大家都將接受這個辦法，不會再有君主制或共和制的疑難選擇了。

不過同時期，在他身邊發生了革命派的大變化，由興中會、華興會和光復會聯合起來成立了同盟會。孫中山領導的興中會成立最早，帶有強烈南方以及祕密會社色彩，雖然在海外僑界有一定影響，卻很難打開在中國本地的支持範圍。新時代的變化將許多中國知識菁英帶到日本來尋求廢科舉之後的出路，他們的參與使得革命派社會組成為之一變，革命的號召擴大到各省同學會間，更重要的，擴大到年輕知識階層間了。

梁啟超對於國體問題已經解決的樂觀判斷實在來得太早了。他沒有預見的是清廷雖然接受了他代撰的調查報告，卻沒有原樣照收他給的立憲計畫。既然這些滿清貴冑無法充分理解立憲的道理，寫不出總結報告來，他們也只會從自身的當前利益角度，而不是朝廷、國家長遠禍福的考量來看待立憲。在他們的介入干預下，清廷拿出了「九年預備立憲」的說法，太明顯的敷衍態度，引爆了大失望，又在大失望中給革命添加了大量的柴火，已經取得前所未有合法性的革命主張，於是快速升級燎原，相對的君主立憲論的說服力幾乎是一夕破產。

8

我們當然可以說梁啟超在這關鍵歷史時刻站錯了邊，我們也可以嘲笑他所做的錯誤判斷，不過我們應該公平地同時看到這樣的錯誤給予梁啟超的冷靜智慧。他沒有投入一時席捲的革命狂潮中，因而得以不斷指出革命的種種盲點、革命的可能失誤，多年之後回頭看，他的提醒與警告大部分都是對的。

梁啟超留下許多名言、格言，其中有一句對他的歷史地位產生了巨大的破壞作用，那就是「不惜以今日之我難昔日之我」，因為這句豪語太有名了，以至於很多人理所當然將梁啟超視為一個不斷改變、缺乏定性的人，或者是倒過來，在看待、描寫梁啟超時總優先凸顯他前後不一之處，不會去整理他思想或主張的系統性、一致性，無從形成比較容易掌握的梁啟超面貌。

其實放在他活躍的時代，和其他同時代的人相比，要找出梁啟超貫串的思想主軸，相對是容易的。例如他比「五四運動」諸人早將近二十年就強調文學、文化、價值觀的重要性，認為改變思想比改變制度來得重要、來得根本，從來沒有動搖改變過。又例如在政治領域，他認為「政體比國體重要」的態度，也在幾十年間都沒有動搖過。

梁啟超向來認為改變「國體」是太過於激烈的舉措，帶來的破壞必定使得有意義的建設失去根基，製造動亂而虛耗社會精力與資源。晚清時期，他主張君主立憲，因為當時中國的「國體」是君主制，應該在保持既有「國體」避免翻覆動亂的前提下，創造出「立憲」的新「政體」。皇帝還是那個皇帝，但政治的運作已經脫胎換骨，變成了有憲法、有國會，也可以有公民選舉的新樣貌，大幅增進中國的國力與競爭力。

多年之後，袁世凱發動「復辟」，和袁世凱有著多次政治交纏關係，曾經是死對頭也曾擔任策士與盟友的梁啟超發表了震撼人心的〈異哉所謂國體問題者〉，不只明確反對恢復帝制，而且採取了積極行動，參與蔡鍔的倒袁勢力。梁啟超特別在文章標題中凸顯「國體」，正表示了他長期立場的一致性。重點不在他是否擁護帝制，而在於他堅決反對改變「國體」。清朝覆滅前，他基於反對改變國體，所以支持君主立憲；當民國已經建立了三年，也就是中國已經付出了改變國體所需的巨大代價，他絕對不可能贊成再一次變更國體，再因此而動盪一次，所以他必然站在反對袁世凱的那一邊。他沒有改變，而且他很清楚自己為什麼不隨著時代的潮流而改變。

9

和同時代出現的論說文章相較，梁啟超的《新民說》aged well，或用流行語形容——有著超長的賞味期。他關於一個社會如何成立、如何運作，公德在其中所發揮的作用，他的分析、他的呼籲，至今讀來不只仍有道理，而且有著一種迫切的過癮感。只要能越過文白夾雜的障礙，稍微用心些，我們就能從中獲得許多思考的糧食。

我們如何組織群體，如何在群體中負起個人的責任，個人與群體的責任該如何劃分，梁啟超說了很多、也說得很透徹。此外他分析了現今我們仍然不時會看到的基本現象——個人與公眾利益衝突情況下，出現缺乏公德心的行為，形成了缺乏公德心的價值觀與個性或態度，他不只描述，還解釋了為什麼會有這些現象的存在與顯露。讀他的文章，我們會知道，不管經歷了多少表面的變化，總還是有一些根深柢固的因素陰魂不散地威脅著公德文明，讓集體生活倒退回野蠻自私的情況，提醒我們隨時需要提高警覺。

在文明的層次，而不是政體或國體的層次上，改革改造永遠沒有終點，不會因為那是梁啟超一百年前所揭示的理想，我們就覺得今天都已經實現、完成了。文明的心態與行為不是理所當然的，如果不是經常想辦法予以維持的話，不只會鬆懈更可能會倒退。

再將梁啟超提出的社會文明主張，和之後「五四運動」時期的言論相比，我們應該特別注意到他的論辯風格與說服方式。梁啟超的文字當然帶有很強烈的批判性，但他不走極端，他不用簡化的口號給直接的結論，他努力說服而不是用激烈口氣霸凌讀者接受指令。

梁啟超的一項本事在於寫長篇的論說文，能夠寫那麼長還讓人讀得下去、讀得津津有味。我們同樣應該理解的，是他文章寫那麼長的根本作用——讓他有充分空間去展開討論。不管用什麼順序表述，他的文章中幾乎總是有明確的現象描述，清楚的問題意識，然後一波一波、一層一層檢討問題的來源以及改造的方案。更進一步，他甚至不厭其煩地預想改革會引發的連環因果作用，不同做法各自的優缺點，我們可以、應該事先準備與防範的重點。

梁啟超的思考到他的行文，都比「五四」之後激動、衝動的言論要複雜而且平和得多了。中國近代思想不斷朝激進化發展，到「五四」時口號式、標題式的表達就很流行了，像是「外爭主權、內除國賊」這個最響亮的口號，很容易激動人心，但實質上阻卻了人們去認真探究在「巴黎和會」歷史情境下，中國主權的狀態，中國能夠如何保有主權、運作主權，還有：誰是「國賊」，如何、為何成了「國賊」，又要怎樣才能不只是除去被點名的幾位「國賊」，而是取消創造出「國賊」的基本政治與社會條件？

「五四運動」的極端是表面的極端，產生自長期累積的挫折。學西方科技的「自強運動」失敗了，學西方政治的辛亥革命也失敗了，只好訴諸於更徹底、更根本的改造，那就是將整個中國文化的基礎挖起來，全部重新來過。然而正因為主張那麼激烈，反而無法落實，太難找到可以真正在集體層次將文化基礎連根拔起的實踐辦法了。於是激烈的性質就反映在言論表述上，甚至就停留在說話、寫文章的風格上，將一切打倒，拒絕任何不夠極端的主張，也不接受任何不夠極端的表達方式。

不激進、不極端、不徹底的梁啟超因而看起來落伍了，他的現實關懷，正因為不放棄對於現實的複雜關照，而被拋棄了。他的生命經歷像是「塞翁」的故事，纏捲在一連串的禍福相依中。他因為戊戌變法的失敗遠走日本，反而能寫出轟動全中國的《新民說》暴得大名；又因為《新民說》的視野與風格，時代改變後而早早被當作過去的歷史人物；但卻也因為沒有跟隨那種純發洩性的激進思考與文風，而能夠在幾十年、上百年後，保存了作品中醇厚的力量，不會過時。

第一輯

學術思想與人生觀

提　要

梁啟超是個真性情的人。他之所以遇到康有為而「盡棄所學」，因為他的真性情；他之所以能夠擺脫種種舊思想桎梏，因為他的真性情；他之所以憤而反對袁世凱稱帝，冒險輾轉到西南參加「護國軍」，因為他的真性情。

那樣的真性情，相信自己的內在感情，依照內在感情作獨立判斷決定，在任何時代、任何社會都不容易，在梁啟超所處的中國傳統社會環境中，尤其困難。但也正因為如此難得的真性情，成就了梁啟超的特殊歷史地位。

作為《解讀梁啟超》的起點，在全書第一輯中，選錄了幾篇他自述生命情調與生活態度的文章。其中幾篇因為是演講稿，文字相對比較簡白；而且主要篇章來自晚期，梁啟超已經淡出政局，專心學術，雖仍具備啟蒙者、青年導師的身分與影響力，但沒有了公眾權力的責任與緊繃態度。因而他可以聚焦談「趣味」，明白地離開功利算計來看待人生。

另外這批分屬不同時期的文章，有著一項貫串的共同傾向，那就是強調知識與學術的重要性。

比較早期的作品中，呼應《新民說》的激切態度，梁啟超雄辯滔滔、舉證歷歷一種特殊的人類進步論。簡而言之：人類文明最主要的進步動力來自廣義的「學術」，也就是突破性的新研究與新思想，在技術層面求西方之先進走錯路了，在實際政治制度上求西方之先進也走錯路了，甚至連在科學方法上求西方之先進都不算是正確的方向，真正的關鍵，在於觀念、在於思想。

觀念、思想之為用大矣！小說之所以重要，因為小說無形中影響變化了人的觀念、思想，一個社會從小說中獲得了什麼樣的觀念、思想，就變成了相應或昂揚前進或貪欲沉淪的社會。

而回到自身的生命態度上，博學、雜學並身經歷史大變動的梁啟超，顯露出了信守儒、道的根本立場。不過這裡的儒、道，是返本回到孔子、老莊原著直接探觸、引領生命的內容。不是作為背誦、考據、解讀對象的學問儒、道，而是直接展演生活選擇的簡潔提示。

這當然帶有相當程度的「文化回歸」意涵，另外也反映了更大的時局變化，從梁啟超青年時西方氣焰高盛凌駕全世界，到他中年後，第一次世界大戰帶來災難性打擊，轉而掀起了對於西方文化的懷疑與檢討，於是東方文化轉而受到重視，東方人對於自身的傳統重拾起熱情與信心，梁啟超在大戰後訪問歐洲，記錄所見所感而成《歐遊心影錄》，正是這段轉折變化的典型文獻，有興趣的讀者可以一併參看。

學問之趣味

我是個主張趣味主義的人，倘若用化學化分「梁啟超」這件東西，把裡頭所含一種原素名叫「趣味」的抽出來，只怕所剩下的僅有個零了。我以為凡人必常常生活於趣味之中，生活才有價值，若哭喪著臉捱過幾十年，那麼生命便成沙漠，要來何用？中國人見面最喜歡用的一句話：「近來作何消遣？」這句話我聽著便討厭。話裡的意思，好像生活得不耐煩了，幾十年日子沒有法子過，勉強找些事情來消他遣他。一個人若生活於這種狀態之下，我勸他不如早日投海。我覺得天下萬事萬物都有趣味，我只嫌二十四點鐘不能擴充到四十八點，不夠我享用，我一年到頭不肯歇息。問我忙什麼，忙的是我的趣味，我以為這便是人生最合理的生活，我常常想運動別人也學我這樣生活。

凡屬趣味，我一概承認他是好的。但怎麼樣才算趣味？不能不下一個注腳。我說：「凡一件事做下去不會生出和趣味相反的結果的，這件事便可以為趣味的主體。」賭錢，有趣味嗎？輸了，怎麼樣？吃酒，有趣味嗎？病了，怎麼樣？做官，有趣味嗎？沒有官做的時候，怎麼樣？……諸如此類，雖然在短時間內像有趣味，結果會鬧到俗語說的「沒趣一齊來」，所以我們不能承認他是趣味。

凡趣味的性質，總要以趣味始，以趣味終。所以能為趣味之主體者，莫如下列的幾項：一、勞作；二、遊戲；三、藝術；四、學問。諸君聽我這段話，切勿誤會，以為我用道德觀念來選擇趣味。我不問德不德，只問趣不趣。我並不是因為賭錢不道德才排斥賭錢，因為賭錢的本質會鬧到沒趣，鬧到沒趣便破壞了我的趣味主義，所以排斥賭錢；我並不是因為學問是道德才提倡學問，因為學問的本質，能夠以趣味始，以趣味終，最合於我的趣味主義條件，所以提倡學問。

學問的趣味，是怎麼一回事呢？這句話我不能回答。凡趣味總要自己領略，自己未曾領略得到時，旁人沒有法子告訴你。佛典說的：「如人飲水，冷暖自知。」你問我這水怎樣的冷，我便把所有形容詞說盡，也形容不出給你聽，除非你親自喝一口。我這題目——學問之趣味，並不是要說學問是如何如何的有趣味，只是要說如何如何便會嘗得著學問的趣味。

諸君要嘗學問的趣味嗎？據我所經歷過的，有下列幾條路應走：

第一，無所為。趣味主義最重要的條件是「無所為而為」。凡有所為而為的事，都是以別一件事為目的，而以這一件事為手段。為達目的的起見，勉強用手段；目的達到時，手段便拋卻。例如學生為畢業證書而做學問，著作家為版權而做學問，這種做法，便是以學問為手段，便是有所為。有所為雖然有時也可以為引起趣味的一種方便，但到趣味真發生時，必定要和「所為者」脫離關係。你問我：「為什麼做學問？」我便答道：「不為什麼。」再問，我便答道：「為學問而學問。」或者答道：「為我的趣味。」諸君切勿以為我這些話是掉弄玄虛，人類合理的生活本來如此。小孩子為什麼遊戲？為遊戲而遊戲；人為什麼生活？為生活而生活。為遊戲而遊戲，遊戲便有趣；為體操分數而遊戲，遊戲便無趣。

第二，不息。「鴉片煙怎樣會上癮？」「天天吃。」「上癮」這兩個字，和「天天」這兩個字是離不開的。凡人類的本能，只要那部分擱久了不用，他便會麻木，會生鏽。十年不跑路，兩條腿一定會廢了；每天跑一點鐘，跑上幾個月，一天不跑時，腿便發癢。人類為理性的動物，「學問欲」原是固有本能之一種，只怕你出了學校便和學問告辭，把所有經管學問的器官一齊打落冷宮，把學問的胃口弄壞了，便山珍海味擺在面前也不願意動筷子。諸君啊！諸君倘若現在從事教育事業，或將來想從事教育事業，自然沒有問題，很多機會來培養你的學問胃口。若是做別的職業呢，我勸你每日除本業正當勞作之外，最少總要騰出一點鐘，研究你所嗜好的學問。一點鐘那裡不消耗了，千萬不要錯過，鬧成「學問胃弱」的症候，白白自己剝奪了一種人類應享之特權啊！

第三，深入的研究。趣味總是慢慢的來，愈引愈多；像倒吃甘蔗，愈往下才愈得好處。假如你雖然每天定有一點鐘做學問，但不過拿來消遣消遣，不帶有研究精神，趣味便引不起來。或者今天研究這樣，明天研究那樣，趣味還是引不起來。趣味總是藏在深處，你想得著，便要入去。這個門穿一穿，那個窗戶張一張，再不會看見「宗廟之美，百官之富」，如何能有趣味？我方才說：「研究你所嗜好的學問。」嗜好兩個字很要緊。一個人受過相當教育之後，無論如何，總有一兩門學問和自己脾胃相合，而已經懂得大概，可以作加工研究之預備的。請你就選定一門作為終身正業（指從事學者生活的人說），或作為本業勞作以外的副業（指從事其他職業的人說）。不怕範圍窄，愈窄愈便於聚精神；不怕問題難，愈難愈便於鼓勇氣。你只要肯一層一層的往裡面追，我保你一定被他引到「欲罷不能」的地步。

第四，找朋友。趣味比方電，愈磨擦愈出。前兩段所說，是靠我本身和學問本身相磨擦，但仍恐怕我本身有時會停擺，發電力便弱了，所以常常要仰賴別人幫助。一個人總要有幾位共事的朋友，同時還要有幾位共學的朋友。共事的朋友，用來扶持我的職業；共學的朋友和共頑的朋友同一性質，都是用來磨擦我的趣味。這類朋友，能夠和我同嗜好一種學問的自然最好，我便和他搭夥研究。即或不然，他有他的嗜好，我有我的嗜好，只要彼此都有研究精神，我和他常常在一塊或常常通信，便不知不覺把彼此趣味都磨擦出來了。得著一兩位這種朋友，便算人生大幸福之一。我想只要你肯找，斷不會找不出來。

我說的這四件事，雖然像是老生常談，但恐怕大多數人都不曾這樣做。唉！世上人多麼可憐啊！有這種不假外求，不會蝕本，不會出毛病的趣味世界，竟沒有幾個人肯來享受！古書說的故事「野人獻曝」，我是嘗冬天晒太陽的滋味嘗得舒服透了，不忍一人獨享，特地恭恭敬敬的來告訴諸君，諸君或者會欣然採納吧？但我還有一句話：太陽雖好，總要諸君親自去晒，旁人卻替你晒不來。

（一九二二年八月六日在東南大學為暑期學校學員演講）

為學與做人

諸君！我在南京講學將近三個月了。這邊蘇州學界裡頭，有好幾回寫信邀我，可惜我在南京是天天有功課的，不能分身前來。今天到這裡，能夠和全城各校諸君同聚一堂，令我感激得很。但有一件，還要請諸君原諒，因為我一個月以來，都帶著些病，勉強支持，今天不能作很長的講演，恐怕有負諸君的期望哩。

問諸君：「為什麼進學校？」我想人人都會眾口一辭的答道：「為的是求學問。」再問：「你為什麼要求學問？」「你想學些什麼？」恐怕各人答案就很不相同，或者竟自答不出來了。諸君啊！我替你們總答一句罷：「為的是學做人。」你在學校裡頭學的什麼數學、幾何、物理、化學、生理、心理、歷史、地理、國文、英語，乃至什麼哲學、文學、科學、政治、法律、經濟、教育、農業、工業、商業等等，不過是做人所需要的一種手段，不能說專靠這些便達到做人的目的。任憑你把這些件件學得精通，你能夠成個人不能成個人，還是另一個問題。

人類心理，有智、情、意三部分，這三部分圓滿發達的狀態，我們先哲名之為三「達德」——

智、仁、勇。為什麼叫做「達德」呢?因為這三件事是人類普通道德的標準。總要三件具備,才能成一個人。三件的完成狀態怎麼樣呢?孔子說:「知者不惑,仁者不憂,勇者不懼。」所以教育應分為智育、情育、意育三方面。現在講的智育、德育、體育,不對。德育範圍太籠統,體育範圍太狹隘。智育要教導人不惑,情育要教導人不憂,意育要教導人不懼。教育家教學生,應該以這三件為究竟;我們自動的自己教育自己,也應該以這三件為究竟。

怎麼樣才能不惑呢?最要緊是養成我們的判斷力。想要養成判斷力,第一步,最少須有相當的常識;進一步,對於自己要做的事須有專門知識;再進一步,還須有遇事能判斷的智慧。假如一個人連常識都沒有了,聽見打雷,說是雷公發威;看見月蝕,說是蝦蟆貪嘴。那麼,一定鬧到什麼事都沒有主意,碰著一點疑難問題,就靠求神、問卜、看相、算命去解決。真所謂「大惑不解」,成了最可憐的人了。學校裡小學、中學所教,就是要人有了許多基本的常識,免得凡事都暗中摸索。但僅僅有這點常識還不夠,我們做人,總要各有一件專門職業。這門職業也並不是我一人破天荒去做,從前已經有許多人做過,他們積了無數經驗,發現出好些原理、原則,這就是專門學識。我打算做這項職業,就應該有這項專門學識。例如我想做農嗎?怎樣的改良土壤,怎樣的改良種子,怎樣的防禦水旱、病蟲等等,都是前人經驗有得,成為學識的。我們有了這種學識,應用它來處置這些事,自然會不惑;反是則惑了。做工、做商等等,都各有他的專門學識,也是如此。我想做財政家嗎?何種租稅可以生出何樣結果,何種公債可以生出何樣結果等等,都是前人經驗有得,成為學識的。

我們有了這種學識，應用它來處置這些事，自然會不惑；反是則惑了。教育家、軍事家等等，都各有他的專門學識，也是如此，我們在高等以上學校所求得的知識，就是這一類。但專靠這種常識和學識就夠嗎？還不能。宇宙和人生是活的，不是呆的；我們每日所碰到的事理，是複雜的、變化的，不是單純的、印板的。倘若我們只是學過這一件才懂得這一件，那麼，碰到一件沒有學過的事來到跟前，便手忙腳亂了。所以還要養成總體的智慧，才能得有根本的判斷力。這種總體的智慧如何才能養成呢？第一件，要把我們向來粗浮的腦筋，著實磨鍊它，叫它變成細密而且踏實；那麼，無論遇著如何繁難的事，一定可以徹頭徹尾想清楚它的條理，自然不至於惑了。第二件，要把我們向來昏濁的腦筋，著實將養它，叫它變成清明；那麼，一件事理到跟前，我才能很從容、很瑩澈的去判斷它，自然不至於惑了。以上所說常識、學識和總體的智慧，都是智育的要件；目的是教人做到「智者不惑」。

怎麼樣才能不憂呢？為什麼仁者便會不憂呢？想明白這個道理，先要知道中國先哲的人生觀是怎麼樣。「仁」之一字，儒家人生觀的全體大用都包括在裡頭。「仁」到底是什麼，很難用言語來說明，勉強下個解釋，可以說是：「普遍人格之實現。」孔子說：「仁者，人也。」意思是說，人格完成就叫做「仁」。但我們要知道，人格不是單獨一個人可以表現的，要從人和人的關係上看出來。所以「仁」字從二人，鄭康成解它做「相人偶」。總而言之，要彼我交感互發，成為一體，然後我的人格才能實現。所以我們若不講人格主義，那便無話可說；講到這個主義，當然歸宿到普遍人格。

換句話說，宇宙即是人生，人生即是宇宙，我的人格和宇宙無二無別。體驗到這個道理，就叫做「仁者」。然則這種「仁者」為什麼會不憂呢？大凡憂之所從來，不外兩端：一曰憂成敗，一曰憂得失。我們得著「仁」的人生觀，就不會憂成敗。為什麼呢？因為我們知道宇宙和人生是永遠不會圓滿的，所以《易經》六十四卦，始「乾」而終「未濟」；正為在這永遠不圓滿的宇宙中，才永遠容得我們創造、進化。我們所做的事，不過在宇宙進化幾萬萬里的長途中，往前挪一寸、兩寸，那裡配說成功呢？然則不做怎麼樣呢？不做便連一寸、兩寸都不往前挪，那可真真失敗了。「仁者」看透這種道理，信得過只有不做事才算失敗，凡做事便不會失敗，所以《易經》說：「君子以自強不息。」換一方面來看，他們又信得過凡事不會成功的，幾萬萬里路挪了一、兩寸，算成功嗎？所以《論語》說：「知其不可而為之。」你想，有這種人生觀的人，還有什麼成敗可說呢？

再者，我們得著「仁」的人生觀，便不會憂得失。為什麼呢？因為認定這件東西是我的，才有得失之可言。連人格都不是單獨存在，不能明確的畫出這一部分是我的，那一部分是人家的，然則那裡有東西可以為我所得？既已沒有東西為我所得，當然也沒有東西為我所失。我只是為學問而學問，為勞動而勞動，並不是拿學問勞動等等做手段來達某種目的——可以為我們「所得」的。所以老子說：「生而不有，為而不恃。」「既以為人，己愈有；既以與人，己愈多。」你想，有這種人生觀的人，還有什麼得失可憂呢？總而言之，有了這種人生觀，自然會覺得「天地與我並生，而萬物與我為一」，自然會「無入而不自得」。他的生活，純然是趣味化、藝術化。這是最高的情感教育，目的是教人做到「仁者不憂」。

怎麼樣才能不懼呢?有了不惑、不憂工夫,懼當然會減少許多了。但這是屬於意志方面的事。一個人若是意志力薄弱,便有很豐富的知識,臨時也會用不著;便有很優美的情操,臨時也會變了卦。然則意志怎樣才會堅強呢?頭一件須要心地光明。孟子說:「浩然之氣,至大至剛;行有不慊於心,則餒矣。」又說:「自反而不縮,雖褐寬博,吾不惴焉。自反而縮,雖千萬人,吾往矣。」俗語說得好:「生平不作虧心事,夜半敲門也不驚。」一個人要保持勇氣,須要從一切行為可以公開做起,這是第一著。第二件要不為劣等欲望所牽制。《論語》說:「子曰:『吾未見剛者。』或對曰:『申棖。』子曰:『棖也欲,焉得剛?』」一被物質上無聊的嗜欲東拉西扯,那麼百鍊鋼也會變為繞指柔了。總之,一個人的意志,由剛強變為薄弱極易,由薄弱返到剛強極難。一個人有了意志薄弱的毛病,這個人可就完了。自己做不起自己的主,還有什麼事可做!受別人壓制,做別人奴隸,自己只要肯奮鬥,終能恢復自由。自己的意志做了自己的嗜欲的奴隸,那麼真是萬劫沉淪,永無恢復的餘地,終身畏首畏尾,成了個可憐人了。孔子說:「和而不流,強哉矯;中立而不倚,強哉矯;國有道,不變塞焉,強哉矯;國無道,至死不變,強哉矯。」我老實告訴諸君罷,做人不做到如此,決不會成一個人。但做到如此真是不容易,非時時刻刻做磨鍊意志的工夫不可。意志磨鍊得到家,自然是看著自己應做的事,一點不遲疑,扛起來便做,「雖千萬人,吾往矣。」這樣才算頂天立地做一世人,絕不會有藏頭躲尾,左支右絀的醜態。這便是意育的目的,要人做到「勇者不懼」。

我們拿這三件事作做人的標準，請諸君想想，我自己現在做到那一件？那一件稍為有一點把握？倘若連一件都不能做到，連一點把握都沒有，嗳喲！那可真危險了，你將來做人恐怕就做不成。講到學校裡的教育嗎，第二層的情育，第三層的意育，可以說完全沒有，剩下的只有第一層的智育。就算智育罷，又只有所謂常識和學識，至於我所講的總體智慧靠來養成根本判斷力的，卻是一點兒也沒有。這種「販賣智識雜貨店」的教育，把他前途想下去，真令人不寒而慄！現在這種教育，一時又改革不來，我們可愛的青年，除了他更沒有可以受教育的地方。諸君啊！你到底還要做人不要？你要知道危險呀！非你自己抖擻精神想方法自救，沒有人能救你呀！

諸君啊！你千萬不要以為得些斷片的知識就算是有學問呀！我老實不客氣告訴你罷！你如果做成一個人，知識自然愈多愈好；你如果做不成一個人，知識卻愈多愈壞。你不信嗎？試想想全國人所唾罵的賣國賊某人某人，是有知識的呢，還是沒有知識的呢？試想想全國人所痛恨的官僚、政客——專門助軍閥作惡，魚肉良民的人，是有知識的呢，還是沒有知識的呢？諸君須知道啊！這些人當十幾年前在學校的時代，意氣橫厲，天真爛漫，何嘗不和諸君一樣，為什麼就會墮落到這樣田地呀？屈原說的：「何昔日之芳草兮，今直為此蕭艾也？豈其有他故兮，莫好修之害也。」天下最傷心的事，莫過於看見一群好好的青年，一步一步的往壞路上走。諸君猛醒啊！現在你所厭、所恨的人，就是前車之鑑了。

諸君啊！你現在懷疑嗎？沉悶嗎？悲哀痛苦嗎？覺得外邊的壓迫你不能抵抗嗎？我告訴你，你懷疑、沉悶，便是你因不智才會惑；你悲哀、痛苦，便是你因不仁才會憂；你覺得你不能抵抗外界的壓迫，便是你因不勇才會懼。這都是你的智、情、意未經過修養、磨鍊，所以還未成個人。我盼望你有痛切的自覺啊！有了自覺，自然會自動。那麼，學校之外，當然有許多學問；讀一卷經，翻一部史，到處都可以發現諸君的良師。諸君啊！醒醒罷！養足你的根本智慧，體驗出你的人格、人生觀，保護好你的自由意志。你成人不成人，就看這幾年哩。

（一九二二年十二月二十七日為蘇州學生聯合會公開演講）

敬業與樂業

我這個題目，是把《禮記》裡頭「敬業樂群」和《老子》裡頭「安其居，樂其業」那兩句話，斷章取義造出來的。我所說的是否與《禮記》、《老子》原意相合，不必深求，但我確信「敬業樂業」四個字，是人類生活的不二法門。

本題主眼，自然是在「敬」字、「樂」字。但必先有業，才有可敬、可樂的主體，理至易明。所以在講演正文以前，先要說說有業之必要。

孔子說：「飽食終日，無所用心，難矣哉！」又說：「群居終日，言不及義，好行小慧，難矣哉！」孔子是一位教育大家，他心目中沒有什麼人不可教誨，獨獨對於這兩種人便搖頭歎氣說道：「難！難！」可見人生一切毛病都有藥可醫，惟有無業遊民，雖大聖人碰著他，也沒有辦法。

唐朝有一位名僧百丈禪師，他常常用兩句格言教訓弟子，說道：「一日不做事，一日不吃飯。」他每日除上堂說法之外，還要自己掃地、擦桌子、洗衣服，直到八十歲，日日如此。有一回，他的門生想替他服務，把他本日應做的工悄悄地都做了，這位言行相顧的老禪師，老實不客氣，那一天便絕對地不肯吃飯。

我徵引儒門、佛門這兩段話，不外證明人人都要有正當職業，人人都要不斷地勞作。倘若有人問我：「百行什麼為先？萬惡什麼為首？」我便一點不遲疑答道：「百行業為先；萬惡懶為首。」沒有職業的懶人，簡直是社會上的蛀米蟲，簡直是「掠奪別人勤勞結果」的盜賊。我們對於這種人，是要徹底討伐，萬不能容赦的。有人說：「我並不是不想找職業，無奈找不出來。」我說：職業難找，原是現代全世界普通現象，我也承認。這種現象應該如何救濟，別是一個問題，今日不必討論。但以中國現在情形而論，找職業的機會，依然比別國多得多。一個精力充滿的壯年人，倘若不是安心躲懶，我敢相信他一定能得到相當職業。今日所講，專為現在有職業及現在正做職業上預備的人——學生——說法，告訴他們對於自己現有的職業應採何種態度。

第一要敬業。「敬」字為古聖賢教人做人最簡易、直捷的法門，可惜被後來有些人說得太精微，倒變了不適實用了。惟有朱子解得最好，他說：「主一無適便是敬。」用現在的話講，凡做一件事，便忠於一件事，將全副精力集中到這事上頭，一點不旁騖，便是敬。業有什麼可敬呢？為什麼該敬呢？人類一面為生活而勞動，一面也是為勞動而生活。人類既不是上帝特地製來充當消化麵包的機器，自然該各人因自己的地位和才力，認定一件事去做。凡可以名為一件事的，其性質都是可敬的。當大總統是一件事，拉黃包車也是一件事。事的名稱，從俗人眼裡看來有高下；事的性質，從學理上解剖起來並沒有高下。只要當大總統的人，信得過我可以當大總統才去當，實實在在把總統當作一件正經事來做；拉黃包車的人，信得過我可以拉黃包車才去拉，實實在在把拉車當作一件正經事來做，便是人生合理的生活。這叫做職業的神聖。凡職業沒有不是神聖的，所以凡職業沒有不是可敬的。惟其如此，所以我們對於各種職業，沒有什麼分別揀擇。總之，人生在世，是要天天勞作的，勞作便是功德，不勞作便是罪惡。至於我該做那一種勞作呢？全看我的才能何如，境地何如。因自己的才能、境地，做一種勞作做到圓滿，便是天地間第一等人。

怎樣才能把一種勞作做到圓滿呢？惟一的祕訣就是忠實，忠實從心理發出來的便是敬。《莊子》記痀瘻丈人承蜩的故事，說道：「雖天地之大，萬物之多，而惟吾蜩翼之知。」凡做一件事，便把這件事看作我的生命，無論別的什麼好處，到底不肯犧牲我現在做的事來和他交換。我信得過我當木匠的做成一張好桌子，和你們當政治家的建設一個共和國家同一價值；我信得過我當挑糞的把馬桶收拾乾淨，和你們當軍人的打勝一支壓境的敵軍同一價值。大家同是替社會做事，你不必羨慕我，我不必羨慕你。怕的是我這件事做得不妥當，便對不起這一天裡頭所吃的飯。所以我做事的時候，絲毫不肯分心到事外。曾文正說：「坐這山，望那山，一事無成。」我從前看見一位法國學者著的書，比較英法兩國國民性，他說：「到英國人公事房裡頭，只看見他們埋頭執筆做他的事；到法國人公事房裡頭，只看見他們銜著煙捲像在那裡出神。英國人走路，眼注地下，像用全副精神注在走路上；法國人走路，總是東張西望，像不把走路當一回事。」這些話比較得是否確切，姑且不論；但很可以為敬業兩個字下注腳。若果如他所說，英國人便是敬，法國人便是不敬。一個人對於自己的職業不敬，從學理方面說，便是褻瀆職業之神聖；從事實方面說，一定把事情做糟了，結果自己害自己。所以敬業主義，於人生最為必要，又於人生最為有利。莊子說：「用志不分，乃凝於神。」孔子說：「素其位而行，不願乎其外。」我說的敬業，不外這些道理。

第二要樂業。「做工好苦啊！」這種歎氣的聲音，無論何人都會常在口邊流露出來。但我要問他：「做工苦，難道不做工就不苦嗎？」今日大熱天氣，我在這裡喊破喉嚨來講，諸君扯直耳朵來聽，有些人看著我們好苦；翻過來，倘若我們去賭錢，去吃酒，還不是一樣淘神費力？難道又不苦？須知苦樂全在主觀的心，不在客觀的事。人生從出胎的那一秒鐘起到嚥氣的那一秒鐘止，除了睡覺以外，總不能把四肢、五官都擱起不用。只要一用，不是淘神，便是費力，勞苦總是免不掉的。會打算盤的人，只有從勞苦中找出快樂來。我想天下第一等苦人，莫過於無業遊民，終日閒遊浪蕩，不知把自己的身子和心子擺在那裡才好，他們的日子真難過。第二等苦人，便是厭惡自己本業的人，這件事分明不能不做，卻滿肚子裡不願意做。不願意做逃得了嗎？到底不能。結果還是皺著眉頭，哭喪著臉去做。這不是專門自己跟自己開玩笑嗎？

我老實告訴你一句話：「凡職業都是有趣味的，只要你肯繼續做下去，趣味自然會發生。」為什麼呢？第一，因為凡一件職業，總有許多層累、曲折，倘能身入其中，看他變化、進展的狀態，最為親切有味。第二，因為每一職業之成就，離不了奮鬥；一步一步地奮鬥前去，從刻苦中得快樂，快樂的分量加增。第三，職業的性質，常常要和同業的人比較駢進，好像賽球一般，因競勝而得快樂。第四，專心做一職業時，把許多遊思、妄想杜絕了，省卻無限閒煩悶。孔子說：「知之者不如好之者，好之者不如樂之者。」人生能從自己職業中領略出趣味，生活才有價值。孔子自述生平，說道：「其為人也，發憤忘食，樂以忘憂，不知老之將至云爾。」這種生活，真算得人類理想的生活了。

我生平最受用的有兩句話：一是「責任心」，二是「趣味」。我自己常常力求這兩句話之實現與調和，又常常把這兩句話向我的朋友強聒不捨。今天所講，敬業即是責任心，樂業即是趣味。我深信人類合理的生活應該如此，我盼望諸君和我一同受用。

（一九二二年八月十四日在上海中華職業學校演講）

人生目的何在

嗚呼！可憐！世人爾許忙！忙個什麼？所為何來？

那安分守己的人，從稍有知識之日起，入學校忙，學校畢業忙，求職業忙，結婚忙，生兒女忙，養兒女忙；每日之間，穿衣忙，吃飯忙，睡覺忙；到了結果，老忙，病忙，死忙。忙個什麼？所為何來？

還有那些號稱上流社會，號稱國民優秀分子的，做官忙，帶兵忙，當議員忙，賺錢忙；最高等的，爭總理總長忙，爭督軍省長忙，爭總統副總統忙，爭某項勢力某項地盤忙；次一等的，爭得缺忙，爭兼差忙，爭公私團體位置忙。由是進而運動忙，交涉忙，出風頭忙，搗亂忙，奉承人忙，受人奉承忙，攻擊人忙，受人攻擊忙，傾軋人忙，受人傾軋忙。由是而妄語忙，而欺詐行為忙，而妒嫉忙，而恚恨忙，而怨毒忙。由是而決鬥忙，而慘殺忙。由是而賣友忙，而賣身忙。那一時得志的，便宮室之美忙，妻妾之奉忙，所識窮乏者得我忙；每日行事，則請客忙，拜客忙，坐馬車汽車忙，麻雀忙，撲克忙，花酒忙，聽戲忙，陪姨太太作樂忙，和朋友評長論短忙。不得志的，那裡肯干休？

還是忙。已得志的，那裡便滿足？還是忙。就是那外面像極安閒的時候，心裡千般百計，轉來轉去，恐怕比忙時還加倍忙。乃至夜裡睡著，夢想顛倒，罣癡恐怖，和日間還是一樣的忙。到了結果，依然還他一個老忙，病忙，死忙。忙個什麼？所為何來？

有人答道：「我忙的是要想得快樂。」人生在世，是否以個人快樂為究竟目的，為最高目的？此理甚長，暫不細說。便是將快樂作為人生目的之一，我亦承認；但我卻要切切實實問一句話：汝如此忙來忙去，究竟現時是否快樂？從前所得的快樂究竟有多少？將來所得快樂究竟在何處？拿過去現在未來的快樂，和過去現在未來的煩惱相乘相除，是否合算？白香山詩云：「妻子歡娛僮僕飽，看來算只為他人。」當知雖有廣廈千間，我坐不過要一床，臥不過要一榻；雖有貂狐之裘千襲，難道我能夠無冬無夏，把他全數披在身上？雖有侍妾數百人，我難道能同時一個一個陪奉他受用？若真真從個人自己快樂著想，倒不如萬緣俱絕，落得清淨；像汝這等忙來忙去，鉤心鬥角，時時刻刻，都是現世地獄，未免太不會打算盤了。如此看來，那裡是求快樂，直是討苦吃。我且問汝，汝到底忙個什麼？所為何來？若說汝目的在要討苦吃，未免不近人情；如若不然，汝總須尋根究柢，還出一個目的來。

以上所說，是那一種過分的欲求，一面自討苦吃，一面是造成社會上種種罪惡的根原。此等人不惟可憐，而且可恨，不必說他了。至於那安分守己的人，成日成年，勤苦勞作，問他忙個什麼？所為何來？他便答道：「我總要維持我的生命，保育我的兒女。」這種答語，原是天公地道，無可批駁，但我還要追問一句：汝到底為什麼維持汝的生命？汝維持汝的生命，究竟有何用處？若別無用處，那便是為生命而維持生命；難道天地間有衣服怕沒人穿，有飯怕沒人吃，偏要添汝一個人來幫著消耗不成？則那全世界十餘萬萬人，個個都是為穿衣服吃飯兩件事，來這世間鬼混幾十年；則那自古及今無量無數人，生生死死，死死生生，不過專門來幫造化小兒吃飯，則人生豈復更有一毫意味？又既已如此，然則汝用種種方法，保育汝家族，繁殖汝子孫，又所為何來？難道因為天地間缺少衣架，缺少飯囊，必須待汝構造？如若不然，則汝一日，一月，一年，一世，忙來忙去，到底為的什麼？汝總須尋根究柢，牙清齒白，還出一個目的來。

孟子曰：「人之所以異於禽獸者幾希。」且道這幾希的分別究在何處？依我說：禽獸為無目的的生活，人類為有目的的生活，這便是此兩部分眾生不可踰越的大界線。雞、狗、彘，終日營營，問他忙個什麼，所為何來。蟲蝶翩翾，蛇蟺蜿蜒，問他忙個什麼，所為何來。溷廁中無量數糞蛆，你爬在我背上，我又爬在你背上，問他忙個什麼，所為何來。我能代他答道：「我忙個忙，我不為何來。」勉強進一步，則代答道：「我為維持生命，繁殖我子孫而來。」試問人類專來替造化小兒穿衣吃飯過一生的，與彼等有何分別；那爭權，爭利，爭地位，忽然趾高氣揚，忽然垂頭喪氣的人，和那爬在背上，擠在底下的糞蛆，有何分別。這便叫做無目的的生活。無目的的生活，只算禽獸，不算是人。

我這段說話，並非教人不要忙，更非教人厭世。忙是人生的本分，試觀中外古今大人物，若大禹，若孔子，若墨子，若釋迦，若基督，乃至其他聖哲豪傑，那一個肯自己偷閒？那一個不是席不暇暖，突不得黔，奔走棲皇，一生到老。若厭忙求閒，豈不反成了衣架飯囊材料？至於說到厭世，這是沒志氣人所用的字典，方有此二字，古來聖哲，從未說過，千萬不要誤會了。我所說的，是告訴汝終日忙，終年忙，總須向著一個目的忙去。汝過去現在，到底忙個什麼，所為何來，不惟我不知道，恐怕連汝自己也不知道；汝自己不惟不知道，恐怕自有生以來，未曾想過。嗚呼！人生無常，人身難得；數十寒暑，一彈指頃，便爾過去；今之少年，曾幾何時，忽已頎然而壯，忽復頹然而老，忽遂奄然而死，囫圇模糊，蒙頭蓋面，包膿裹血，過此一生，豈不可憐！豈不可惜！何況這種無目的的生活，決定和那種種憂怖煩惱，糾纏不解；長夜漫漫，如何過得！我勸汝尋根究柢，還出一個目的來；便是汝黑暗中覓取光明，教汝求一個安身立命的所在。汝要求不要求，只得隨汝，我又何能勉強。但我有一句話：汝若到底還不出一個目的來，汝的生活，便是無目的，便是和禽獸一樣，恐怕便成孟子所說的話：「如此則與禽獸奚擇」了。

汝若問我，人生目的究竟何在？我且不必說出來，待汝痛痛切切，徹底參詳透了，方有商量。

（刊於一九一八年十一月三日《國民公報》）

無聊消遣

現時交際社會上有幾句最通行的談話，彼此見面，多半問道：「近來作何消遣？」那答話的多半談道：「無聊得很！不過隨便做做某樣某樣的玩意兒混日子罷了。」這幾句話，外面看來，像沒什麼大罪惡；那裡知道這便是亡國滅種的根原。這種流行病，一個人染著，這個人便算完了；全國人染著，這個國家便算完了。

天下最可寶貴的物件，無過於時間。因為別的物件，總可以失而復得，惟有時間，過了一秒，即失去一秒；過了一分，即失去一分；過了一刻，即失去一刻；失去之後，是永遠不能恢復的。任憑你有多大權力，也不能堵著他不叫他過去；任憑你有多大金錢，也不能買他轉來。所以古人講的惜寸陰、惜分陰，這並不是說來好聽，他實在覺得天下可愛惜之物，沒有能夠比上這件的，所以拚命的一絲一毫不肯輕輕放過。

近來世界上發明許多科學，論他的作用，不過替人類節省時間的耗費，增大時間的效力。從前兩三點鐘才能辦結的事，現在一點半鐘便可辦結；因此尚可以將剩下的時間，騰出來拿去幹別的事業。所以現在的人，一日抵得過古人兩三日的用處；一年抵得過古人兩三年的用處。所以一世人能做古人兩三世人的事業。現世文明進步，一日千里，這便是一個最大的關鍵。我國因為科學不發達，沒有種種善用時間的方法，沒有種種節省時間的器具，就令我們比人家加一倍勤勞，也只好以一世人當得人家半世便了，卻是人家一日當得兩三日用的還嫌不夠，兢兢業業的一分一秒不敢蹧蹋；我們兩三日只當得一日用的，倒反覺得把他無可奈何，單只想個方法來消了他、遣了他。咳！那裡想到天地間一種無價至寶，一落到我中國人手裡，便一錢不值到這步田地。咳！可痛！可憐！

《論語》說的有兩段話：一段是「飽食終日，無所用心，難矣哉！」一段是「群居終日，言不及義。好行小慧，難矣哉！」孔子教人，向來沒有說過一個「難」字，單單對著這種人，一回說難矣哉，兩回說難矣哉。可見這種人真是自外生成，便是孔聖人也對他無法可施的了。

《大學》說：「小人閒居為不善，無所不至。」王陽明解說道：「閒居時有何不善可為，只有一種懶散精神，漫無著落。便是萬惡淵藪，便是小人無忌憚處。」就此看來，這種無聊咧，消遣咧，別看是一種不相干的話頭，須知種種墮落，種種罪惡，都要從這裡發生了。

一個人這樣懶懶散散，這一個人便沒了前途；全國人這樣懶懶散散，這個國家，這個種族，便沒了前途。三十年前有遊歷朝鮮的人做的筆記，說道：「朝鮮人每日起來，個個都是托著一壺茶，啣著一根長煙袋，坐在樹下歇涼，望過去像神仙中人，就這一點，便是朝鮮亡國滅種的根子。」前清末年，京城裡旗人個個總靠著一分口糧，舒舒服服過日子，個個都是成日價手拿著一個雀籠，口哼著幾句戲腔，無聊無賴，日過一日，稍有眼光的早知道這一種人不久就要被天然淘汰了。咄！中國人好的不學，倒要跟著朝鮮人學，跟著滿洲人學。我看現在號稱上中流社會的一班人，學他們倒愈學愈像了。既已如此，我們國家的將來，種族的將來，那朝鮮人、滿洲人是個榜樣。這因果一定的法則，還可逃避嗎？顧亭林說：「天下興亡，匹夫有責。」須知這兩句語，並不是教人個個去出風頭，做志士，做偉人，才算負責；就只我們日用起居平淡無奇的勾當，不是向興國方面加一分力，便是向亡國方面加一分力。你道亡朝鮮的罪，專在李完用等幾個人身上嗎？據我說，朝鮮幾千萬人沒有一個脫得了干係，因為世間沒有能在懶惰中生存的人類，沒有能在懶惰中生存的國民。現在朝鮮是亡國了，恐怕世界上第一等懶惰國民要算我中國了，第一等懶惰人類要算我中國內號稱上中流社會的人了。我想中國別的危險還容易救，就是這上中流社會一種無聊懶散的流行病，真真是亡國鐵券，教我愈想愈寒心啊！

讀我這篇文章的人或者說道：「我實無聊，所以要消遣。汝有什麼方法教我有聊呢？」這個我可以簡單直截回他一句話：「汝的無聊，是汝自己招的。汝要無聊，誰亦不能教汝有聊；汝自己不要無聊，那麼就多少年無聊種子，立刻消滅淨盡了。汝若是真真自己不要無聊，還請將我前次所問『人生目的何在？』這一句話細細參來。」

（刊於一九一八年十一月十日《國民公報》）

最苦與最樂

人生什麼事最苦呢？貧嗎？不是。病嗎？不是。失意嗎？不是。老嗎？死嗎？都不是。我說人最苦的事，莫苦於身上背著一種未來的責任。人若能知足，雖貧不苦；若能安分（不多作分外希望），雖失意不苦；老，病，死，乃人生難免的事，達觀的人看得很平常，也不算什麼苦。獨是凡人生在世間一天，便有一天應該做的事，該做的事沒有做完，便像是有幾千斤重擔子壓在肩頭，再苦是沒有的了。為什麼呢？因為受那良心責備不過，要逃躲也沒處逃躲呀。

答應人辦一件事沒有辦，欠了人的錢沒有還，受了人家的恩典沒有報答，得罪了人沒有賠禮，這就連這個人的面也幾乎不敢見他；縱然不見他的面，睡裡夢裡都像有他的影子來纏著我。為什麼呢？因為覺得對不住他呀，因為自己對於他的責任還沒有解除呀。不獨是對於一個人如此，就是對於家庭，對於社會，對於國家，乃至對於自己，都是如此。凡屬我受過他好處的人，我對於他便有了責任。（家庭、社會、國家，也可當作一個人看。我們都是曾經受過家庭、社會、國家的好處，而且現在還受著他的好處，所以對於他常常有責任。）凡屬我應該做的事，而且力量能夠做得到的，我對於這件事便有了責任。（譬如父母有病，不能靠別人伺候，這是我應該做的事，求醫覓藥，是我力量能做得到的事，我若不做，便是不盡責任。醫藥救得轉來救不轉來，這卻不是我的責任。）凡屬我自己打主意要做一件事，便是現在的自己和將來的自己立了一種契約，便是自己對於自己加一層責任。（譬如我已經定了主意要戒煙，從此便負了有不吸煙的責任；我已經定了主意要著一部書，從此便有著成這部書的責任。這種不是對於別人負責任，卻是現在的自己對於過去的自己負責任。）有了這責任，那良心便時時刻刻監督在後頭。一日應盡的責任沒有盡，到夜裡頭便是過的苦痛日子；一生應盡的責任沒有盡，便死也是帶著苦痛往墳墓裡去。這種痛苦卻比不得普通的貧、病、老、死，可以達觀排解得來。所以我說人生沒有苦痛便罷，若有苦痛，當然沒有比這個加重的了。

翻過來看，什麼事最快樂呢？自然責任完了，算是人生第一件樂事。古語說得好：「如釋重負。」俗語亦說是「心上一塊石頭落了地。」人到這個時候，那種輕鬆愉快，直不可以言語形容。責任愈重大，負責的日子愈久長，到責任完了時，海闊天空，心安理得，那快樂還要加幾倍哩。大抵天下事，從苦中得來的樂才算真樂；人生須知道有負責任的苦處，才能知道有盡責任的樂處。這種苦樂循環，便是這有活力的人間一種趣味。卻是不盡責任，受良心責備，這些苦都是自己找來的。一翻過來，處處盡責任，便處處快樂；時時盡責任，便時時快樂，快樂之權操之在己。孔子所以說「無入而不自得」，正是這種作用。

然則為什麼孟子又說：「君子有終身之憂」呢？因為愈是聖賢豪傑，他負的責任便愈是重大；

而且他常要把種種責任來攬在身上，肩頭的擔子從沒有放下的時節。曾子還說哩：「任重而道遠，死而後已，不亦遠乎！」那仁人志士的憂民憂國，那諸聖諸佛的悲天憫人，雖說他是一輩子裡苦痛，也都可以。但是他日日在那裡盡責任，便日日在那裡得苦中真樂，所以他到底還是樂，不是苦呀。

有人說：「既然這苦是從負責任生來，我若是將責任卸卻，豈不就永遠沒有苦了嗎？」這卻不然，責任是要解除了才沒有，並不是卸了就沒有。人生若能永遠像兩三歲小孩，本來沒有責任，那就本來沒有苦。到了長成，那責任自然壓在你頭上，如何能躲？不過有大小的分別罷了。盡得大的責任，就得大的快樂；盡得小的責任，就得小的快樂。你若是要躲，倒是自投苦海，永遠不能解除了。

（刊於一九一八年十二月二十九日《大公報》）

「知不可而為」主義與「為而不有」主義

今天的講題是兩句很舊的話，一句是「知其不可而為之」，一句是「為而不有」，現在按照八股的作法，把他分作兩股講。

諸君讀我的近二十年來的文章，便知道我自己的人生觀是拿兩樣事情作基礎：㈠責任心；㈡興味。人生觀是個人的，各人有各人的人生觀，各人的人生觀不必都是對的，不必於人人都合宜。但我想，一個人自己修養自己，總須拈出個見解，靠他來安身立命。我半生來拿「責任心」和「興味」這兩樣事情做我生活資糧，我覺得於我很是合宜。我是感情最富的人，我對於我的感情都不肯壓抑，聽其盡量發展。發展的結果，常常得意外的調和。「責任心」和「興味」都是偏於感情方面的多，偏於理智方面的少。

「責任心」強迫把大擔子放在肩上，是很苦的；「興味」是很有趣的。二者在表面上恰恰相反，但我常把他調和起來。所以我的生活，雖說一方面是很忙亂的，很複雜的；他方面仍是很恬靜的，很愉快的。我覺得世上有趣的事多極了，煩悶、痛苦、懊惱，我全沒有；人生是可讚美的，可謳歌的，有趣的。我的見解便是：㈠孔子說的「知其不可而為之」，和㈡老子的「為而不有」。「知不可而為」主義、「為而不有」主義和近世歐美通行的功利主義根本反對。功利主義對於每做一件事之先，必要問「為什麼」。胡適《中國哲學史大綱》上講墨子的哲學就是要問為什麼，「為而不有」主義便爽快的答道：「不為什麼。」功利主義對於每做一件事之後，必要問「有什麼效果」，「知不可而為」主義便答道：「不管他有沒有效果。」

今天講的並不是詆毀功利主義，其實凡是一種主義，皆有他的特點，不能以此非彼。從一方面看來，「知不可而為」主義容易獎勵無意識之衝動；「為而不有」主義容易把精力消費於不經濟的地方。這兩種主義或者是中國物質文明進步之障礙，也未可知。但在人類精神生活上，卻有絕大的價值，我們應該發明他、享用他。

「知不可而為」主義，是我們做一件事明白知道他不能得著預料的效果，甚至於一無效果，但認為應該做的便熱心去做。換一句話說，就是做事的時候把成功與失敗的念頭都撇開一邊，一味埋頭埋腦的去做。

這個主義如何能成立呢？依我想，成功與失敗本來不過是相對的名詞。一般人所說的成功，不見得便是成功；一般人所說的失敗，不見得便是失敗。天下事，有許多從此一方面看可說是成功，從別一方面看也可說是失敗；從目前看可說是成功，從將來看也可說是失敗。比方鄉下人沒見過電話，你讓他去打電話，他一定以為對牆講話，是沒效果的，其實他方面已經得到電話，生出效果了。

再如鄉下人看見電報局的人在那裡乒乒乓乓的打電報，一定以為很奇怪，沒效果的，其實我們從他的手裡已經把華盛頓會議的消息得到了。照這樣看來，成敗既無定形，這「可」與「不可」不同的根本先自不能存在了。孔子說：「我則異於是，無可無不可。」他這句話似乎是很滑頭，其實他是看出天下事無絕對的「可」與「不可」，即無絕對的成功與失敗。別人心目中有「不可」這兩個字，孔子卻完全沒有。「知不可而為」本來是晨門批評孔子的話，映在晨門眼簾上的孔子是「知不可而為」，實際上的孔子是「無可無不可而為」罷了。這是我的第一層的解釋。

進一步講，可以說宇宙間的事絕對沒有成功，只有失敗。成功這個名詞，是表示圓滿的觀念；失敗這個名詞，是表示缺陷的觀念。圓滿就是宇宙進化的終點，到了進化終點，進化便休止；進化休止，不消說，是連生活都休止了。所以平常所說的成功與失敗，不過是指人類活動休息的一小段落。比方我今天講演完了，就算是我的成功；你們聽完了，就算是你們的成功。

到底宇宙有圓滿之期沒有？到底進化有終止的一天沒有？這仍是人類生活的大懸案。這場官司從來沒有解決，因為沒有這類的裁判官。據孔子的眼光看來，這是六合以外的事，應該「存而不論」。此種問題和「上帝之有無」是一樣不容易解決的，我們不是超人，所以不能解決超人的問題。人不能自舉其身，我們又何能拿人生以外的問題來解決人生的問題。人生是宇宙的小段片，孔子不講超人的人生，只從小段片裡講人生。

人類在這條無窮無盡的進化長途中，正在發腳蹣跚而行。自有歷史以來，不過在這條路上走了一點，比到宇宙圓滿時候，還不知差幾萬萬年哩！現在我們走的只是像體操教員剛叫了一聲「開步走」，就想要得到多少萬萬年後的成功，豈非夢想？所以談成功的人不是騙別人，簡直是騙自己。

就事業上講，說什麼周公致太平，說什麼秦始皇統一天下，說什麼釋迦牟尼普渡眾生。現在我們看看周公所致的太平到底在那裡？大家說是周公的成功，其實是他的失敗。「六王畢，四海一」，這是說秦始皇統一天下了，但仔細看看，他所統一的到底在那裡？並不是說他傳二世而亡，他的一分家當完了就算失敗，只看從他以後，便有楚漢之爭，三國分裂，五胡亂華，唐之藩鎮，宋的遼金；就現在說，又有督軍之割據，他的統一之功算成了嗎？至於釋迦牟尼，不但說沒普渡了眾生，就是當時的印度人，也未全被他普渡。所以世人所說的一般大成功家，實在都是一般大失敗家。再就學問上講，牛頓發明引力，人人都說是科學上的大成功，但自愛斯坦之相對論出，而牛頓轉為失敗，其實牛頓本沒成功，不過我們沒有見到就是了。近兩年來歐美學界頌揚愛斯坦成功之快之大無比矣，我們沒學問，不配批評，只配跟著謳歌，跟著崇拜，但照牛頓的例看來，他也算是失敗。所以無論就學問上講，就事實上講，總一句話，只有失敗的，沒有成功的。

人在無邊的「宇」（空間）中，只是微塵；不斷的「宙」（時間）中，只是段片。一個人無論能力多大，總有做不完的事，做不完的便留交後人。這好像一個人忙極了，有許多事做不完，只好說「託別人做罷！」一人想包做一切事，是不可能的，不過從全體中抽出幾萬萬分之一點做做而已。但這如何能算是成功？若就時間論，一人所做的一段片，正如「抽刀斷水水更流」，也不能叫成功。

曾子曰：「死而後已。」這個人死了，那個人來繼續。所以說繼繼繩繩始能成大的路程，天下事無不可，天下事無成功。

然而人生這件事卻奇怪的很，在無量數年中，無量數人，所做的無量數事，個個都是不可，個個都是失敗。照數學上零加零仍等於零的規律講，合起來應該是個大失敗。但許多的「不可」加起來卻是一個「可」；許多的「失敗」加起來卻是一個「大成功」。這樣看來，也可以說是上帝生人，就是教人做失敗事的。你想不失敗嗎？那除非不做事。但我們的生活便是事，起居飲食也是事，言談思慮也是事，我們能到不做事的地步嗎？要想不做事，除非不做人。佛勸人不做事，便是勸人不做人；如果不能不做人，非做事不可。這樣看來，普天下事都是「不可而為」的事，普天下人都是「不可而為」的人，不過孔子是「知不可而為」，一般人是「不知不可而為」罷了。

「不知不可而為」的人，遇事總要計算計算，某事可成功，某事必失敗；可成功的便去做，必失敗的便躲避。自以為算盤打對了，其實全是自己騙自己，計算的總結，與事實絕對不能相應。成敗必至事後始能下判斷的，若事前橫計算、豎計算，反減少人做事的勇氣，在他挑選、趨避的時候，十件事至少有八件事因為怕失敗，不去做了。

算盤打得精密的人，看著要失敗的事都不敢做，而為勢所迫，又不能不勉強去做，故常說「要失敗啦！我本來不願意做，不得已啦！」他有無限的憂疑，無限的驚恐，終日生活在搖盪苦惱裡。算盤打得不精密的人，認為某件事要成功，所以在短時間內歡喜鼓舞的做去，到了半路上忽然發現他的成功希望是空的，或者做到結尾，不能成功的真相已經完全暴露，於是千萬種煩惱悲哀都湊上來了。精密的人不敢做，不想做，而又不能不做，結果固然不好，但不精密的人，起初喜歡去做，繼後失敗了灰心喪氣的不做，比前一類人更糟些。

人生在世界是混混沌沌的，從這種境界裡過數十年，那麼，生活便只有可悲，更無可樂。我們對於「人生」真可以詛咒，為什麼人來世上作消耗麵包的機器呢？若是怕沒人吃麵包，何不留以待蟲類呢？這樣的人生可真沒一點價值了。

「知不可而為」的人怎樣呢？頭一層，他預料的便是失敗，他的預算冊子上，件件都先把失敗兩個字擺在當頭，用不著什麼計算不計算，揀擇不揀擇。所以孔子一生一世，只是「毋意、毋必、毋固、毋我」。「意」是事前猜度，「必」是先定其成敗，「固」是先有成見，「我」是為我。孔子的意思就是說：人不該猜度，不該先定事之成敗，不該先有成見，不該為著自己。

第二層，我們既做了人，就不能不生活，所以不管生活是段片也罷，是微塵也罷，只要在這微塵生活、段片生活裡，認為應該做的便大踏步的去做，不必打算，不必猶豫。

孔子說：「無適也，無莫也，義之與比。」又說：「鳥獸不可與同群，吾非斯人之徒歟而誰歟。天下有道，丘不與易也。」這是絕對自由的生活。假設一個人常常打算何事應做，何事不應做，他本來想到街上散步，但一念及汽車撞死人，便不敢散步；他看見飛機很好，也想坐一坐，但一念及飛機摔死人，便不敢坐。這類人是自己禁住自己的自由了。要是外人剝奪自己的自由，自己還可以恢復，要是自己禁住自己的自由，可就不容易恢復了。「知不可而為」主義，是使人將做事的自由大大的解放，不要作無為之打算，自己綑綁自己。

孔子說：「智者不惑，仁者不憂，勇者不懼。」不惑就是明白，不憂就是快活，不懼就是壯健。反過來說，惑也、憂也、懼也，都是很苦的。人若生活於此中，簡直是過監獄的生活。遇事先計畫成功與失敗，豈不是一世在疑惑之中？遇事先怕失敗，一面做，一面愁，豈不是一世在憂愁之中？遇事先問失敗了怎麼樣？豈不是一世在恐懼之中？

「知不可而為」的人，只知有失敗；或者可以說，他們用的字典裡，從沒有成敗二字。那麼，還有什麼可惑、可憂、可懼呢？所以他們常把精神放在安樂的地方。所以一部《論語》開宗明義便說：「不亦樂乎」、「不亦悅乎」，用白話講，便是「好呀！好呀！」

孔子說：「發憤忘食，樂以忘憂，不知老之將至。」可見他做事是自己喜歡的，並非有何種東西鞭策才做的；所以他不覺鬍子已白了，還只管在那裡做。他將人生觀立在「知不可而為」上，所以事事都變成「不亦樂乎」、「不亦悅乎」。這種最高尚、最圓滿的人生，可以說是從「知不可而為」主義發生出來的。我們如果能領會這種見解，即令不可至於「樂乎」、「悅乎」的境地，至少亦可減去許多「惑」、「憂」、「懼」，將我們的精神放在安安穩穩的地位上。這樣才算有味的生活，這樣才值得生活。

第一股做完了，現在做第二股，仍照八股的做法，說幾句過渡的話。「為而不有」與「知不可而為」主義，可以說是一個主義的兩面：「知不可而為」主義，可以說是「破妄返真」；「為而不有」主義，可以說是「認真去妄」。「知不可而為」主義，可使世界從煩悶至清涼；「為而不有」主義，可使世界從極平淡上顯出燦爛。

「為而不有」這句話，羅素解釋的很好。他說人有兩種衝動：㈠占有衝動；㈡創造衝動。這句話便是提倡人類的創造衝動。他這些學說，諸君諒已熟聞，不必我多講了。

「為而不有」的意思，是不以所有觀念作標準，不因為所有觀念始勞動。簡單一句話，便是為勞動而勞動。這話與佛教說的「無我我所」相通。

常人每做一事，必要報酬，常把勞動當作利益的交換品；這種交換品只准自己獨有，不許他人同有，這就叫做「為而有」。如求得金錢、名譽，因為「有」才去為。有為一身有者，有為一家有者，有為一國有者。在老子眼中看來，無論為一身有，為一家有，為一國有，都算是「為而有」，都不是勞動的真目的。人生勞動，應該不求報酬。你如果問他：「為什麼而勞動？」他便答道：「不為什麼。」再問：「不為什麼，為什麼勞動？」他便老老實實說：「為勞動而勞動，為生活而生活。」老子說：「上仁為之而無以為。」韓非子給他解釋的很好：「生於其心之所以不能已，非求其為報也。」簡單說來，便是無所為而為。既無所為，所以只好說為勞動而勞動，為生活而生活；也可說是勞動的藝術化，生活的藝術化。

老子還說：「既以為人，己愈有；既以與人，己愈多。」這是說：我要幫助人，自己卻更有，不致損減；我要給人，自己卻更多，不致損減。這話亦可作「為而不有」的解釋。按實說，老子本來沒存「有」、「無」、「多」、「少」的觀念，不過假定差別相以示常人罷了。

在人類生活中，最有勢的便是占有性。據一般人的眼光看來，凡是為人的好像己便無。例如楚漢爭天下，楚若為漢，楚便無；漢若為楚，漢便無。韓信、張良幫漢高的忙謀皇帝，他們便無。凡是與人的好像己便少。例如我們到磁器鋪子裡買瓶子，一個瓶子他要四元錢，我們只給他三元半，他如果賣了，豈不是少得五角？豈不是既以與人己便少了嗎？這似乎是和己愈有、己愈多的話相反。然自他一方面看來，譬如我今天講給諸君聽，總算與大家了；但我仍舊是有，並沒有減少。再如教員天天在堂上給大家講，不特不能減其所有，反可得教學相長的益處。至若彈琴唱歌給人聽，也並沒有損失，且可使彈的唱的更加熟練。文學家、詩人、畫家、雕刻家、慈善家，莫不如此。即就打算盤論，幫助人的雖無實利，也可得精神上的愉快。

老子又說：「含德之厚，比於赤子，赤子終日號而不嗄，和之至也。」他的意思就是說成人應該和小孩子一樣，小孩子天天在那裡哭，小孩子並不知為什麼而哭，無端的大哭一場，好像有許多痛心的事，其實並不為什麼。成人亦然，問他為什麼吃，答為餓；問他為什麼餓，答為生理上必然的需要；再問他為什麼生理上需要，他便答不出了。所以「為什麼」是不能問的，如果事事問為什麼，什麼事都不能做了。

老子說「無為而無不為」，我們卻只記得他的上半截的「無為」，把下半截的「無不為」忘掉了，這的確是大錯。他的主義是不為什麼，而什麼都做了，並不是說什麼都不做，要是說什麼都不做，那他又何必講五千言的《道德經》呢？

「知不可而為」主義與「為而不有」主義，都是要把人類無聊的計較一掃而空，喜歡做便做，不必瞻前顧後。所以歸併起來，可以說這兩種主義就是「無所為而為」主義，也可以說生活的藝術化，把人類計較利害的觀念，變為藝術的、情感的。

這兩種主義的概念演講完了，我很希望他發揚光大，推之於全世界。但要實行這種主義須在社會組織改革以後。試看在俄國勞農政府之下，「知不可而為」和「為而不有」的人比從前多得多了。社會之組織未變，社會是所有的社會，要想打破所有的觀念，大非易事，因為人生在所有的社會上，受種種的牽掣，倘有人打破所有的觀念，他立刻便缺乏生活的供給。比方作教員的，如果不要報酬，便立刻沒有買書的費用，然假使有公共圖書館，教員又何必自己買書呢？中國人常喜歡自己建造花園，然而又沒有錢，其勢不得不用種種不正當的方法去找錢，這還不是由於中國缺少公共花園的緣故嗎？假使中國仿照歐美建設許多極好看、極精緻的公共花園，他們自然不去另造了。所以必須到社會組織改革之後，對於公眾有種種供給時，才能實行這種主義。

雖是這樣說法，我們一方面希望求得適宜於這種主義的社會，一方面在所處的混濁的社會中，還得把這種主義拿來寄託我們的精神生活，使他站在安慰清涼的地方。我看這種主義恰似青年修養的一付清涼散。我不是拿空話來安慰諸君，也不是勉強去左右諸君，他的作用著實是如此的。

最後我還要對青年進幾句忠告。老子說：「寵辱不驚。」這句話最關重要。現在的一般青年或為寵而驚，或為辱而驚，然為辱而驚的大家容易知道，為寵而驚的大家卻不易知道；或者為寵而驚的，比較為辱而驚的人的人格更為低下，也說不定。五四以來，社會上對於青年可算是寵極了，然根柢淺薄的人，其所受寵的害，恐怕比受辱的害更大吧。有些青年自覺會做幾篇文章，便以為滿足，其實與歐美比一比，那算得什麼學問，徒增了許多虛榮心罷了。他們在報上出風頭，不過是為眼前利害所鼓動，為虛榮心所鼓動，別人說成功，他們便自以為成功，豈知天下沒成功的事，這些都是被成敗利鈍的觀念所誤了。

古人的這兩句話，我希望現在的青年在腦子裡多轉幾轉，把他當作失敗中的鼓舞，煩悶中的清涼，困倦中的興奮。

（一九二二年十二月二十一日北京哲學社公開演講）

論學術之勢力左右世界

亙萬古，袤九垓，自天地初闢以迄今日，凡我人類所棲息之世界，於其中而求一勢力之最廣被而最經久者，何物乎？將以威力乎？亞歷山大之獅吼於西方，成吉思汗之龍騰於東土，吾未見其流風餘烈，至今有存焉者也。將以權術乎？梅特涅[1]執牛耳於奧大利，拿破崙第三弄政柄於法蘭西，當其盛也，炙手可熱，威震寰瀛，一敗之後，其政策亦隨身名而滅矣。然則天地間獨一無二之大勢力何在乎？曰智慧而已矣，學術而已矣。

今且勿論遠者，請以近世史中文明進化之跡，略舉而證明之。凡稍治史學者，度無不知近世文明先導之兩原因，即十字軍之東征，與希臘古學復興是也。夫十字軍之東征也，前後凡七役，亙二百年（起一〇九六年，訖一二七〇年），卒無成功。乃其所獲者，不在此而在彼，以此役之故，而歐人得與他種民族相接近，傳習其學藝，增長其智識，蓋數學、天文學、理化學、動物學、醫學、地理學等，皆至是而始成立焉。而拉丁文學、宗教裁判等，亦因之而起，此其遠因也。中世末葉，羅

1 Klemens von Metternich (1773–1859)，十九世紀奧國首相，是當時歐洲保守主義的代表人物。

馬教皇之權日盛，哲學區域，為安士林[2]（Anselm，羅馬教之神甫也）派所壟斷。及十字軍罷役以後，西歐與希臘、亞剌伯[3]諸邦來往日便，乃大從事於希臘語言文字之學。不用翻譯，而能讀亞里斯多德諸賢之書，思想大開，一時學者不復為宗教迷信所束縛，卒有路得新教之起，全歐精神為之一變，此其近因也。其間因求得印書之法，而文明普遍之途開；求得航海之法，而世界環遊之業成。凡我等今日所衣所食，所用所乘，所聞所見，一切利用前民之事物，安有不自學術來者耶？此猶曰其普通者，請舉一二人之力左右世界者，而條論之。

一曰歌白尼（Copornicus，生於一四七三年，卒於一五四三年）之天文學。泰西上古天文家言，亦如中國古代謂「天圓地方，天動地靜」。羅馬教會主持是論，有倡異說者，輒以非聖無法罪之。當時哥侖布雖尋得美洲，然不知其為西半球，謂不過亞細亞東岸之一海島而已。及歌白尼地圓之學說出，然後瑪志侖[4]（Magellan，以一五一九年始航行太平洋一周）始尋得太平洋航海線，而新世界始開。今日之有亞美利加合眾國，燦然為世界文明第一，而駸駸握全地球之霸權者，歌白尼為之也。不寧惟是，天文學之既興也，從前宗教家種種憑空構造之謬論，不復足以欺天下。而種種格致實學，從此而生。雖謂天文學為宗教改革之強援，為諸種格致學之鼻祖，非過言也。歌白尼之關係於世界何如也。

---

2 中世紀義大利神學家，有「經院哲學之父」之稱。

3 今譯為阿拉伯。

4 Ferdinand Magellan (1480–1521)，今譯為麥哲倫，是一位葡萄牙航海家，完成首度航行地球一周的壯舉。

二曰倍根、笛卡兒之哲學。[5]中世以前之學者，惟尚空論，呶呶然爭宗派、爭名目，口崇希臘古賢，實則重誣之。其心思為種種舊習所縛，而曾不克自拔，及倍根出，專倡格物之說，謂言理必當驗諸事物而有徵者，乃始信之。及笛卡兒出，又倡窮理之說，謂論學必當反諸吾心而自信者，乃始從之。此二派行，將數千年來學界之奴性，犂庭掃穴，靡有孑遺。全歐思想之自由，驟以發達，日光日大，而遂有今日之盛。故哲學家恆言：「二賢者近世史之母也。」倍根、笛卡兒之關係於世界何如也。

三曰孟德斯鳩（Montesquien，法國人，生於一六八九年，卒於一七五五年）之著《萬法精理》。十八世紀以前，政法學之基礎甚薄，一任之於君相之手，聽其自腐敗、自發達。及孟德斯鳩出，始分別三種政體，論其得失，使人知所趨向。又發明立法、行政、司法三權鼎立之說。後此各國，靡然從之，政界一新，漸進以迄今日。又極論聽訟之制，謂當廢拷訊，設陪審，歐美法庭遂為一變。又謂販賣奴隸之業，大悖人道，攻之不遺餘力，實為後世美英俄諸國放奴善政之嚆矢。其他所發之論，為法蘭西及歐洲諸國所採用，遂進文明者，不一而足。孟德斯鳩實政法學之天使也。其關係於世界何如也。

四曰盧梭（Rousseau，法國人，生於一七一二年，卒於一七七八年）之倡天賦人權。歐洲古來有階級制度之習，一切政權、教權，皆為貴族所握，平民則視若奴隸焉。及盧梭出，以為「人也者，生

5 Francis Bacon (1561–1626)，今譯為培根，為科學時代英國學者，提出歸納法。

而有平等之權，即生而當享自由之福，此天之所以與我，無貴賤一也。」於是著《民約論》(*Social Contract*)大倡此義，謂「國家之所以成立，乃由人民合群結約，以眾力而自保其生命財產者也。各從其意之自由，自定約而自守之，自立法而自遵之。故一切平等，若政府之首領及各種官吏，不過眾人之奴僕，而受託以治事者耳。」自此說一行，歐洲學界如平地起一霹靂，如暗界放一光明，風馳雲捲，僅十餘年，遂有法國大革命之事。自茲以往，歐洲列國之革命，紛紛繼起，卒成今日之民權世界。《民約論》者，法國大革命之原動力也；法國大革命，十九世紀全世界之原動力也。盧梭之關係於世界何如也。

五曰富蘭克令（Franklin，美國人，生於一七〇六年，卒於一七九〇年）之電學，瓦特（Watt，英人，生於一七三六年，卒於一八一九年）之汽機學。十九世紀所以異於前世紀者，何也？十九世紀有縮地之方。前人以馬力行，每日不能過百英里者，今則四千英里之程，行於海者十三日而可達，行於陸者三日而可達矣，則輪船、鐵路為之也。昔日製帽、製靴、紡紗、織布等之工，以若干時而能製成一枚者，今則同此時刻，能製至萬枚以上矣。倫敦一報館一年所用之紙，視十五世紀至十八世紀四百年間所用者，有加多焉，則製造機器為之也。美國大統領下一勅書，僅一時許，而可以傳達於支那；上午在印度買貨，下午可以在倫敦銀行支銀，則電報為之也。凡此數者，能使全世界之政治、商務、軍事，乃至學問道德，全然一新其面目，而造此世界者，乃在一煮沸水之瓦特（瓦特因沸水而悟汽機之理），與一放紙鳶之富蘭克令（富氏嘗放紙鳶以驗電學之理）。二賢之關係於世界何如也。

六曰亞丹斯密（Adam Smith，英國人，生於一七二三年，卒於一七九〇年）之理財學。泰西論者，每謂理財學之誕生日何日乎？即一千七百七十六年是也。何以故？蓋以亞丹斯密氏之《原富》（*Inquiry into the Nature and Causes of the Wealth of Nations*，此書侯官嚴氏譯[6]）出版於是年也。此書之出，不徒學問界為之變動而已，其及於人群之交際，及於國家之政治者，不一而足。而一八四六年以後，英國決行自由貿易政策（Free trade），盡免關稅，以致今日商務之繁盛者，斯密氏《原富》之論為之也。近世所謂「人群主義」（Socialism），專務保護勞力者，使同享樂利，其方策漸為自今以後之第一大問題，亦自斯密氏發其端，而其徒馬爾沙士[7]大倡之。亞丹斯密之關係於世界何如也。

七曰伯倫知理[8]（Bluntschli，德國人，生於一八〇八年，卒於一八八一年）之國家學。伯倫知理之學說，與盧梭正相反對者也。雖然盧氏立於十八世紀，而為十九世紀之母；伯氏立於十九世紀，而為二十世紀之母。自伯氏出，然後定國家之界說，知國家之性質、精神、作用為何物，於是國家主義乃大興於世。前之所謂國家為人民而生者，今則轉而云人民為國家而生焉。使國民皆以愛國為第一

---

6 嚴復（一八五四—一九二一年），福建侯官人，清末民初著名的翻譯家。

7 Thomas Robert Malthus (1766–1834)，今譯為馬爾薩斯，他提出著名的人口學理論，在不受限制的情況下，人口將以等比級數的速度增加。

8 Johann Kaspar Bluntschli，瑞士法學家、政治家。

之義務，而盛強之國乃立。十九世紀末世界之政治則是也。而自今以往，此義愈益為各國之原力，無可疑也。伯倫知理之關係於世界何如也。

八曰達爾文（Charles Darwin，英國人，生於一八〇九年，卒於一八八二年）之進化論。前人以為黃金世界在於昔時，而末世日以墮落，自達爾文出，然後知地球人類，乃至一切事物，皆循進化之公理，日赴於文明。前人以為天賦人權，人生而皆有自然應得之權利。及達爾文出，然後知物競天擇，優勝劣敗，非圖自強，則決不足以自立。達爾文者，實舉十九世紀以後之思想，徹底而一新之者也。是故凡人類智識所能見之現象，無一不可以進化之大理貫通之。政治、法制之變遷，進化也；宗教道德之發達，進化也；風俗習慣之移易，進化也。數千年之歷史，進化之歷史；數萬里之世界，進化之世界也。故進化論出，而前者宗教迷信之論，盡失所據。教會中人，惡達氏滋甚，謂「有一魔鬼住於其腦」云，非無因也。此義一明，於是人人不敢不自勉為強者，為優者，然後可以立於此物競天擇之界。無論為一人，為一國家，皆向此鵠的以進，此近世民族帝國主義（National Imperialism，民族自增殖其勢力於國外，謂之民族帝國主義）所由起也。此主義今始萌芽，他日且將磅礴充塞於本世紀而未有已也。雖謂達爾文以前為一天地，達爾文以後為一天地，可也。其關係於世界何如也。

以上所列十賢，不過舉其犖犖大者。至如奈端[9]（Newton，英人，生於一六四二年，卒於一六九一年）之創重學，嘉列[10]（Guericke，德國人，生於一六〇二年，卒於一六八六年）、杯黎[11]（Boyle，英人，生

9 Isaac Newton，生卒年應為一六四三－一七二七年，今譯為牛頓。

於一六二六年，卒於一六九一年）之製排氣器，連挪士[12]（Linnaeus，瑞典人，生於一七〇七年，卒於一七七八年）之開植物學，康德（Kant，德國人，生於一七二四年，卒於一八〇四年）之開純全哲學，皮里士利[13]（Priestley，英人，生於一七三三年，卒於一八〇四年）之化學，邊沁[14]（Bentham，英人，生於一七四七年，卒於一八三二年）之功利主義，黑拔[15]（Herbart，生於一七七六年，卒於一八四一年）之教育學，仙士門[16]（St. Simon，法人）、喀謨德[17]（Comte，法人，生於一七九八年，卒於一八五七年）之倡人群主義及群學，約翰彌勒（John S. Mill，英人，生於一八〇六年，卒於一八七三年）之倫理學、政治學、女權論，斯賓塞[18]（Spencer，英人，生於一八二〇年）之群學等，皆出其博學深思之所獨得，審諸今後時勢

---

10 Otto von Guericke，今譯為格里克，德國物理學家，曾進行著名的馬德堡半球實驗，以展示大氣壓力作用。

11 Robert Boyle，今譯為波以耳，出生於愛爾蘭，曾發表著名的波以耳定律。

12 Carl Linnaeus，今譯為林奈，瑞典植物學家，為現代生物學分類之父。

13 Joseph Priestley，今譯為普利斯特里，英國哲學家、化學家、牧師。

14 Jeremy Bentham，英國法學家、社會改革家，他提出功利主義，認為社會應追求最大多數人的最大利益。

15 Johann Friedrich Herbart，今譯為赫爾巴特，德國哲學家、心理學家，現代教育學的奠基者。

16 Henri de Saint-Simon (1760–1825)，今譯為聖西門，為烏托邦社會主義代表人物。

17 Auguste Comte，今譯為孔德，法國哲學家，為實證主義創立者。

18 Herbert Spencer (1820–1903)，他將達爾文的「適者生存」學說應用於社會學上，提出「社會達爾文主義」，成為十九世紀歐洲帝國主義侵略亞非的理論依據。

之應用，非如前代學者，以學術為世界外遁跡之事業，如程子所云「玩物喪志」也。以故其說一出，類能聳動一世，餉遺後人。嗚呼！今日光明燦爛如荼如錦之世界，何自來乎？實則諸賢之腦髓、之心血、之口沫、之筆鋒所組織之，而莊嚴之者也。

亦有不必自出新說，而以其誠懇之氣，清高之思，美妙之文，能運他國文明新思想，移植於本國，以造福於其同胞。此其勢力，亦復有偉大而不可思議者，如法國之福祿特爾[19]（Voltaire，生於一六九四年，卒於一七七八年），日本之福澤諭吉，俄國之托爾斯泰諸賢是也。福祿特爾當路易第十四全盛之時，愍然憂法國前途，乃以其極流麗之筆，寫極偉大之思，寓諸詩歌劇本小說等，引英國之政治，以譏諷時政，被錮被逐，幾瀕於死者屢焉。卒乃為法國革新之先鋒，與孟德斯鳩、盧梭齊名，蓋其有造於法國民者，功不在兩人下也。福澤諭吉當明治維新以前，無所師授，自學英文，嘗手抄《華英字典》一過；又以獨力創一學校，名曰慶應義塾；創一報館，名曰《時事新報》，至今為日本私立學校報館之巨擘焉。譯書數十種，專以輸入泰西文明思想為主義，日本人之知有西學，自福澤始也。其維新改革之事業，亦顧問於福澤者，十而六七也。托爾斯泰生於地球第一專制之國，而大倡人類同胞兼愛、平等主義。其所論蓋別有心得，非盡憑藉東歐諸賢之說者焉。其所著書，大率皆小說，思想高澈，文筆豪宕，故俄國全國之學界為之一變。近年以來，各地學生咸不滿於專制之政，屢屢結集，有所要求。政府捕之、錮之、放之、逐之而不能禁，皆托爾斯泰之精神所鼓鑄者也。由

19 今譯為伏爾泰，法國啟蒙運動思想家。

此觀之，福祿特爾之在法蘭西，福澤諭吉之在日本，托爾斯泰之在俄羅斯，皆必不可少之人也。苟無此人，則其國或不得進步，即進步亦未必如是其驟也。然則如此等人者，其於世界之關係何如也。

吾欲敬告我國學者曰：公等皆有左右世界之力，而不用之，何也？公等即不能為倍根、笛卡兒、達爾文，豈不能為福祿特爾、福澤諭吉、托爾斯泰？即不能左右世界，豈不能左右一國？苟能左右我國者，是所以使我國左右世界也。吁嗟山兮！穆如高兮！吁嗟水兮，浩如長兮！吾聞足音之跫然兮！吾欲溯洄而從之兮！吾欲馨香而祝之兮！

（刊於一九〇二年一月一日《新民叢報》第一號）

論宗教家與哲學家之長短得失

天下事理，有得必有失，然所得即寓於所失之中，所失即在於所得之內。天下人物，有長必有短，然長處恆與短處相緣，短處亦與長處相麗。茍徒見其所得焉，所長焉，而偏用之，及其缺點之發現，則有不勝其弊者矣。茍徒見其所失焉，所短焉，而偏廢之，則去其失去其短，而所得所長亦無由見矣。論學、論事、論人者，皆不可不於此深留意焉！

宗教家言與哲學家言，往往相反對者也。吾疇昔論學，最不喜宗教，以其偏於迷信而為真理障也。雖然，言窮理，則宗教家不如哲學家；言治事，則哲學家不如宗教家；此徵諸歷史而斑斑者也。歷史上英雄豪傑，能成大業，轟轟一世者，殆有宗教思想之人多，而有哲學思想之人少。（其兩思想並無之人雖尤多，然僅恃哲學以任者，則殆絕也。）其在泰西，克林威爾[1]再造英國者也，其所以犯大不韙而無所避，歷千萬難而不渝者，宗教思想為之也。女傑貞德[2]，再造法國者也，其人碌碌無他長，

---

1 Oliver Cromwell (1599–1658)，今譯為克倫威爾，在清教徒革命後，英王查理一世被處死，克倫威爾廢除君主制，改行共和，並在一六五三至一六五八年間任護國公。

而惟以迷信，以熱誠，感動國人而摧其敵，宗教思想為之也。維廉濱[3]，開闢美洲者也，而其所以以自由為性命，視軀殼為犧牲者，宗教思想為之也。美國之華盛頓、林肯，皆豪傑而聖賢也，皆富於宗教思想之人也。瑪志尼[4]、加富爾[5]，皆孕育意大利者也，瑪志尼欲建新國，而先倡新宗教，其少年意大利，實據宗教之地盤，以築造之者也。其所以團結而不渙，忍耐而不渝者，宗教思想為之也。加富爾之治國，首裁抑教權，然敵教會，非敵教旨也。其迷信之力亦頗強，故不治產而以國為產，不娶妻而以國為妻，宗教思想為之也。格蘭斯頓[6]，十九世紀英國之傑物也，其迷信之深，殆絕前古。（格公每來復日必往禮拜堂，終身未嘗間斷。又格公嘗與達爾文對談終日，達娓娓語其生物學新理，格公若毫不領略其趣味者然。）其所以能堅持一主義，感動輿論，革新國是者，宗教思想為之也。其在日本維新前諸人物，如大鹽中齋[7]、橫井小楠[8]之流，皆得力於禪學者也，西鄉隆盛[9]其尤著也。其所以蹈

---

2 Joan of Arc (1412–1431)，在英法百年戰爭中帶領法軍擊退英國，但後遭英國俘虜，被控為異端處死。

3 William Penn (1644–1718)，今譯為佩恩，他開拓了英國在北美的殖民地賓夕法尼亞州。

4 Giuseppe Mazzini (1805–1872)，今譯為馬志尼，是意大利統一運動的重要人物。

5 Camillo Benso, Count of Cavour (1810–1861)，薩丁尼亞王國首相，亦是意大利統一運動的重要人物，後成為意大利王國第一任首相。

6 William Ewart Gladstone (1809–1898)，曾四度出任英國首相，任期長達十二年。

7 亦稱大鹽平八郎（一七九三—一八三七年），是日本江戶時代的武士，一八三七年在大阪聯合農民起事，史稱大鹽平八郎之亂。

白刃而不悔，前者仆後者繼，宗教思想為之也。其在我國，則近世哲學與宗教兩者，皆銷沉極焉！然若康南海，若譚瀏陽[10]，皆有得於佛學之人也。兩先生之哲學，固未嘗不戛戛獨造，淵淵入微，至其所以能震撼宇宙，喚起全社會之風潮，則不恃哲學，而仍恃宗教思想為之也。若是乎宗教思想之力，果如此其偉大而雄厚也。

哲學亦有兩大派，曰唯物派，曰唯心派。唯物派只能造出學問，唯心派時亦能造出人物。故拿破崙、俾斯麥皆篤好斯賓諾莎之書，受其感化者不少焉。而俄羅斯虛無黨人，亦崇拜黑智兒[11]學說，等於日用飲食。大斯、黑二子之書，皆未嘗言政治言事功也，而其感染人若此，蓋唯新哲學，亦殆近於宗教矣。吾昔讀歐洲史，見其爭自由而流血者，前後相接，數百年如一日，而其人物類皆出於宗教迷信。竊疑非以迷信之力，不能奪人生死之念。及考俄國虛無黨歷史，其人不信耶穌教者十而八九，（其首領女傑蘇菲亞[12]臨刑時，教士持十字架為之祈禱，蓋景教[13]固國俗通例也。蘇菲亞斥退之曰：「吾

---

8 一八〇九－一八六九年，日本幕末至明治初期的改革家，明治維新時期在政府中推行各項改革計畫，後遭保守派刺殺身亡。

9 一八二八－一八七七年，是明治維新的重要推動者，與木戶孝允、大久保利通並稱為維新三傑。

10 譚嗣同（一八六五－一八九八年），湖南長沙瀏陽人，是清末戊戌變法的重要人物，變法失敗後遭處死。

11 Georg Wilhelm Friedrich Hegel (1770–1831)，今譯為黑格爾，德國哲學家，是唯心論的代表學者之一。

12 Sophia Perovskaya (1853–1881)，俄國女革命家，因參與刺殺沙皇亞歷山大二世而被捕處死。

13 在此為梁啟超用法，即基督教。

不信耶穌教，毋以此相聒。」云云，他多類是。）而何以能甘鼎鑊如飴，無罣礙、無恐怖若此？吾深求其故，而知彼有唯心派哲學以代之也。唯心哲學，亦宗教之類也。吾國之王學，唯心派也。苟學此而有得者，則其人必發強剛毅，而任事必加勇猛，觀明末儒者之風節可見也。本朝二百餘年，斯學銷沉，而其支流超度東海，遂成日本維新之治，是心學之為用也。心學者實宗教之最上乘也。

夫宗教思想何以宜於治事？而哲學思想何以不宜？（此指狹義之哲學，即唯心派以外之哲學也。）吾深思之，得五因焉：

一曰無宗教思想則無統一。今日世界眾生，根器薄弱，未能有一切成佛之資格，未能達群龍無首之地位。故必賴有一物焉，從而統一之，然後不至隨意競爭，軼出範圍之外，散漫而無所團結。統一之工具不一，而宗教其最要者也。故人人自由之中，而有一無形之物位於其上者，使其精神結集於一團。其遇有不可降之客氣也，則此物足以降之；其遇有不可制之私欲也，則此物可以制之；其遇有不可平之黨爭也，則此物可以平之。若此者，莫善於宗教。宗教精神，一軍隊精神也。故在愈野蠻之制，則其所以統一民志者，愈不得不惟宗教是賴。使今日世界而已達文明之極點也，則人人有自治力，誠無待於教宗。而無如今猶非其時也，故曰無宗教思想則無統一。

二曰無宗教思想則無希望。希望者，人道之糧也。人莫不有兩境界，一曰現在界，二曰未來界。現在界屬於實事，未來界屬於希望。人必常有一希望焉，懸諸心目中，然後能發動其勇氣而驅策之，以任一切之事。雖然，有一物焉，常與希望相緣，而最為希望之蠹者，曰失望。當希望時，其氣盛數倍者，至失望時，其氣沮亦數倍。故有形之希望，希望中之頗危險者也，若宗教則無形之希望也，此七尺之軀殼，此數十寒暑之生涯，至區區渺小不足道也。吾有靈魂焉，吾之大事業，在彼不在此。故苦我者一時，而樂我者永劫；苦我者幻體，而樂我者法身。得此希望，則有安身立命之地，無論受何挫折，遇何煩惱，皆不至消沮，而其進益厲。苟不爾者，則一失意而頹然喪矣。故曰無宗教思想則無希望。

三曰無宗教思想則無解脫。人之所以不能成大業者，大率由為外境界之所束縛也。聲焉、色焉、貨利焉、妻孥焉、名譽焉，在在皆可沾戀。一有沾戀，則每遇一事之來也，雖認為責任之所不容諉，而於彼乎，於此乎，一一計度之，而曰如此且不利於吾名譽；則任事之心，減三四焉矣。而曰如此且不利於吾身家；則任事之心，減六七焉矣。而曰如此且不利於吾性命；則任事之心，減八九焉矣。此所以知非艱而行惟艱也。宗教者，導人以解脫者也。此器世間者，業障之所成耳。此頑軀殼者，四大之所合耳。身且非我有，而身外之種種幻象，更何留戀焉？得此法門，則自在游行，無罣無礙，捨身救世，直行所無事矣。而不然者，雖日日強節之，而臨事猶不能收其效也。故曰無宗教思想則無解脫。

四曰無宗教思想則無忌憚。孔子曰：「小人而無忌憚也。」人至於無忌憚，而小人之量極矣，今世所謂識時俊傑者，日中摭拾一二新學名詞，遂吐棄古來相傳一切道德，謂為不足輕重，而於近哲所謂新道德者，亦未嘗窺見其一指趾。自謂盡公德，吾未見其功德之有可表見，而私德則早已蔑棄矣。聞〈禮運〉大同之義，他無所得，而先已不親其親。讀邊沁功利之書，他無所思，而惟自知樂其樂。受斯密《原富》之篇，不以之增公益，而以之殖私財。睹達爾文物競之論，不以之結團體，而以之生內爭耳。洛克[14]、康德意欲自由之論，則相率於踰閑蕩檢，而曰我天賦本權。睹加富爾、俾斯麥外交應敵之策，則相競於機械詭詐，而曰我辦事手段。若此者，皆所謂無忌憚者也。夫在西國，此等學說盛行而無流弊者，何也？有謹嚴迂腐之宗教以劑之也。泰西教義，雖甚淺薄，然以末日審判、天國在邇等論，日日相聒，猶能使一社會中中下之人物，各有所懾，而不敢決破藩籬（若上智則自能直受高義不至有流弊）。雖然此等教旨，與格致學理不相容，殆不可以久立。至如我佛業報之說，謂今之所造，即後之所承，一因一果之間，其應如響，其印如符，絲毫不能假借。此則無論據何學理，而決不能破之者也。苟有此思想，其又安敢放恣暴棄，造惡業於今日，而收惡果於明日耶？孔子曰：「狷者有所不為。」又曰：「克己復禮為仁。」凡諸教門，無論大小，莫不有戒。戒也者，進民德之一最大法門也。吾視日本近三十年來，民智大進，而民德反下，其所以雖受西人之學，而效不及彼者，其故可深長思矣。故曰無宗教思想則無忌憚。

五曰無宗教思想則無魄力。甚矣！人性之薄弱也。孔子曰：「知及之，仁不能守之。」若是者比比然矣。故佛之說教也，曰大雄，曰大無畏，曰奮迅，曰勇猛，曰威力，括此數義而取象於師子。

---

14 John Locke (1632–1704)，啟蒙時代英國思想家，著有《政府論二講》，主張人生而有生命、財產、自由等「天賦人權」。

夫人之所以有畏者，何也？畏莫大於生死。有宗教思想者，則知無所謂生，無所謂死。死者，死吾體魄中之鐵，若餘金類、木類、炭、小粉、糖、鹽水、若餘雜質氣質而已。而吾自有不死者存，曰靈魂。既常有不死者存，則死吾奚畏？死且不畏，餘更何有？故真有得於大宗教、良宗教之思想者，未有不震動奮厲，而雄強剛猛者也。若哲學家不然，其用算學也極精，其用名學也極精。目前利害，剖析毫釐，夫天下安有純利而無害之事？千鈞之機，閣以一沙，則不能動焉。哲學家往往持此說，三思、四思、五六思，而天下無一可辦之事矣。故曰無宗教思想則無魄力。

要而論之，哲學貴疑，宗教貴信。信有正信，有迷信。勿論其正也、迷也，苟既信矣，則必至誠。至誠則任重，能致遠，能感人，能動物，故尋常人所以能為一鄉一邑之善士也者，常賴宗教。大人物所以能為驚天動地之事業者，亦常賴宗教。仰人之至誠，非必待宗教而始有也，然往往待宗教而始動；且得宗教思想而益增其力，宗教其顧可蔑乎？記曰：「至誠而不動者，未之有也。」為有宗教思想者言也。又曰：「不誠未有能動者也。」為無宗教思想者言也。

曰，然則宗教長而哲學短，宗教得而哲學失乎？曰，又不然。宗教家言，所以立身也，所以治事也，而非所以講學。何以故？宗教與迷信常相為緣，故一有迷信，則真理必掩於半面，迷信相續，則人智遂不可得進，世運遂不可得進。故言學術者，不得不與迷信為敵，敵迷信則不得不並其所緣之宗教而敵之。故一國之中，不可無信仰宗教之人，亦不可無摧壞宗教之人。生計學公例，功愈分而治愈進焉，不必以操術之殊而相非也。

雖然，摧壞宗教之迷信可也，摧壞宗教之道德不可也。道德者，天下之公，而非一教門之所能專有也。苟摧壞道德矣，則無忌憚之小人。固非宗教，而又豈足以自附於哲學之林哉？

曰天下之宗教多矣，吾誰適從？曰宗教家言，皆應於眾生根器而說法也，故時時不同，地地不同；一時一地，亦復人人不同。吾聞某教之言而生感者，即吾應以某教而得度也。故今日文明國最重信教自由，吾烏敢而限之？且吾今之言，言宗教也，非言宗教學也。若言宗教學，則固有優劣高下之可言；今以之立身，以之治事，則不視其教之優劣高下何如。而視其至誠所感所寄之程度何如。雖劣下如袁了凡之宗教，有時亦能產人物，他無論也。若夫以宗教學言，則橫盡虛空，豎盡來劫，取一切眾生而盡度之者，佛其至矣！佛其至矣！

凡迷信宗教者必至誠，而至誠不必盡出於迷信宗教。至誠之發，有誠於善者，亦有誠於惡者。但使既誠矣，則無論於善於惡，而其力量常過於尋常人數倍。至誠與發狂二者之界線，相去一杪黍耳。故其舉動之奇警也，猛烈也，堅忍也，銳入也，常有為他人之所不能喻者，以為彼何苦如是？其至誠之惡焉者，如至誠於色而為情死；至誠於貨而攫市金。其善焉者，如至誠於孝而割股；至誠於忠而漆身；至誠於國、至誠於道、而流血成仁。若此者，皆不誠之人所百思而不得其解者也。故天地間有一無二之人物，天地間可一不可再之事業，罔不出於至誠。知此義者，可以論宗教矣。

（刊於一九〇二年十月三十一日《新民叢報》第十九號）

論佛教與群治之關係

吾祖國前途有一大問題，曰「中國群治，當以無信仰而獲進乎？抑當以有信仰而獲進乎？」是也。信仰必根於宗教，宗教非文明之極則也。雖然今日之世界，其去完全文明，尚下數十級，於是乎宗教遂為天地間不可少之一物。人亦有言「教育可以代宗教」，此語也，吾未敢遽謂然也。即其果然，其在彼教育普及之國，人人皆漸漬薰染，以習慣而成第二之天性，其德力、智力，日趨於平等。如是則雖或缺信仰而猶不為害。今我中國猶非其時也，於是乎信仰問題，終不可以不講（參觀〈論宗教家與哲學家之長短得失〉）。

因此一問題，而復生出第二之問題，曰：「中國必需信仰也。則所信仰者，當屬於何宗教乎？」是也。吾提此問，聞者將疑焉，曰吾中國自有孔教在，而何容復商榷為也？雖然，吾以為孔教者，教育之教也，非宗教之教也。其為教也，主於實行，不主於信仰。故在文明時代之效或稍多，而在野蠻時代之效或反少。亦有心醉西風者流，睹歐美人之以信仰景教而致強也，欲捨而從之以自代，此尤不達體要之言也。無論景教與我民族之感情，枘鑿已久，與因勢利導之義相反背也。又無論彼之有眈眈逐逐者，楯於其後，數強國利用之以為釣餌，稍不謹而末流之禍將不測也。抑其教義，非有甚深微妙，可以涵蓋萬有，鼓鑄群生者。吾以疇昔無信仰之國，而欲求一新信仰，則亦求之於最高尚者而已，而何必惟勢利之為趨也。吾師友多治佛學，吾請言佛學。

一、佛教之信仰乃智信而非迷信

孔子曰：「知之為知之，不知為不知，是知也。」又曰：「吾有知乎哉？無知也。」又曰：「及其至也，雖聖人亦有所不知焉。」又曰：「未知生，焉知死？」蓋孔教本有闕疑之一義，言論之間，三致意焉！此實力行教之不二法門也。至如各教者，則皆以起信為第一義，夫知焉而信焉可也，不知焉而強信焉，是自欺也。吾嘗見迷信者流，叩以微妙最上之理，輒曰是造化主之所知，非吾儕所能及也。是何異專制君主之法律，不可以與民共見也。佛教不然，佛教之最大綱領，曰「悲智雙修」。自初發心，以迄成佛，恆以轉迷成悟為一大事業。其所謂悟者，又非徒知有佛焉，而盲信之之謂也。故其教義云：「不知佛而自謂信佛，其罪尚過於謗佛者。」何以故？謗佛者有懷疑心，由疑入信，其信乃真。故世尊說法四十九年，其講義聞於哲學學理者，十而八九，反覆辨難，弗明弗措，凡以使人積真智求真信而已。淺見者或以彼微妙之論，為不切於群治。試問希臘及近世歐洲之哲學，其於世界之文明為有裨乎？為無裨乎？彼哲學家論理之圓滿，猶不及佛說十之一，今歐美學者方且競採此以資研究矣，而豈我輩所宜詬病也？要之，他教之言信仰也，以為教主之智慧，萬非教徒之所能及，故以強信為究竟。佛教之言信仰也，則以為教徒之智慧必可與教主相平等，故以起信為法門。佛教之所以信而不迷，正坐是也。近儒斯賓塞之言哲學也，區為可知與不可知之二大部。蓋從孔子闕疑之訓，救景教徇物之弊，而謀宗教與哲學之調和也。若佛教則於不可知之中，而終必求其可知者也。斯氏之言，學界之過渡義也，佛說則學界之究竟義也。

二、佛教之信仰乃兼善而非獨善

凡立教者，必欲以其教易天下，故推教主之意，未有不以兼善為歸者也。至於以此為信仰之一專條者，則莫如佛教。佛說曰：「有一眾生不成佛者，我誓不成佛。」此猶其言之也。至其教人也，則曰：「惟行菩薩行者得成佛，其修獨覺禪者永不得成佛。」獨覺者何？以自證自果為滿足者也。學佛者有二途，其一則由凡夫而行直行菩薩，由菩薩而成佛者也。其他則由凡夫而證阿羅漢果，而證阿那含果，而證斯陀含果，而證辟支佛果者也。辟支佛果，即獨覺位也，亦謂之聲聞，亦謂之二乘。辟支佛與佛相去一間耳。而修聲聞二乘者，證至此已究竟矣。故佛又曰：「吾誓不為二乘聲聞人說法。」佛果何惡於彼而痛絕之甚？蓋以為凡夫與謗佛者，猶可望其有成佛之一日，若彼輩則真自絕於佛性也。所謂菩薩行者何也？佛說又曰：「己已得度，回向度他，是為佛行。未能自度，而先度人，是為菩薩發心。」故初地菩薩[1]之造詣，或比之阿羅漢[2]、阿那含[3]尚下數級焉，而以發心度人之故，即為此後證無上果之基礎。彼菩薩者，皆至今未成佛者也。（其有已成佛而現菩薩身者，則吾不敢知。）何以故？有一眾生未成佛，彼誓不成佛故。夫學佛者以成佛，為希望之究竟者也。今彼以眾生故，乃並此最大之希望而犧牲之，則其他更何論焉？故捨己救人之大業，惟佛教足以當之矣。雖然，彼非有所矯強而云然也，彼實見夫眾生性與佛性本同一源。苟眾生迷而曰我獨悟，眾生苦而曰我獨樂，無有是處。譬諸國然，吾既託生此國矣，未有國民愚而我可以獨智，國民危而我可以獨安，國民悴而我可以獨榮者也。知此義者，則雖犧牲藐躬種種之利益以為國家，其必不辭矣。

三、佛教之信仰乃入世而非厭世

明乎菩薩與獨覺之別，則佛教之非厭世教可知矣。宋儒之謗佛者，動以是為清淨寂滅而已，是與佛之大乘法適成反比例者也。景教者，衍佛之小乘者也，翹然日懸一與人懸絕之天國，以歆世俗，此寧非引進愚民之一要術，然自佛視之，則已墮落二乘聲聞界矣。佛固言天堂也，然所祈嚮者，非

1 在大乘佛教中，修習菩薩道的修行者必須經歷十個階段，稱為十地，初地菩薩即為修行的第一階段。
2 在佛典中，佛陀有十個名號，阿羅漢即為其中之一。
3 佛教修行者進入聖道的果位之一，證此果位者將升到天界，並在天界涅槃。

有形之天堂，而無形之天堂；非他界之天堂，而本心之天堂。故其言曰：「不厭生死，不愛涅槃。」又曰：「地獄天堂，皆為淨土。」何以故？菩薩發心當如是故。世界既未至一切眾生皆成佛之位置，則安往而得一文明極樂之地？彼迷而愚者，既待救於人，無望能造新世界焉矣。使悟而智者，又復有所歆於他界，而有所厭於儕輩，則進化之責，誰與任之也？故佛弟子有問佛者曰：「誰當下地獄？」佛曰：「佛當下地獄。不惟下地獄也，且常住地獄；不惟常住也，且常樂地獄；不惟常樂也，且莊嚴地獄。」大學道而至於莊嚴地獄，則其悲願之宏大，其威力之廣遠，豈復可思議也？然非常住常樂之，烏克有此？彼歐美數百年前，猶是一地獄世界，而今日已驟進化若彼者，皆賴百數十仁人君子，住之樂之，而莊嚴之也。知此義者，小之可以救一國，大之可以度世界矣。

四、佛教之信仰乃無量而非有限

宗教之所以異於哲學者，以其言靈魂也。知靈魂則其希望長，而無或易召失望以致墮落。雖然他教之言靈魂，其義不如佛教之完。景教之所揭櫫也，曰永生天國，曰末日審判。夫永生猶可言也，謂其所生者在魂不在形，於本義猶未悖也。至末日審判之義，則謂人之死者，至末日期至，皆從塚中起，而受全知全能者之鞫訊，然則受鞫訊者仍形耳，而非魂也。藉曰魂也，則此魂與形俱生，與形俱滅，而曾何足貴也？故孔教專衍形者也，則曰善不善報諸子孫；佛教專衍魂者也，則曰善不善報諸永劫。其義雖不同，而各圓滿俱足者也。惟景教乃介兩者之間，故吾以為景教之言末日，猶未脫埃及時代野蠻宗教之迷見者也。（埃及人木乃伊術，保全軀屍殼，必有所為。殆令為將來再生永生地也。又按景教雜形以言魂者甚多，即如所言亞當犯罪，其子孫墮落云云，亦其一端也。如耶氏之教，則吾輩之形雖受於亞當，然其魂則固受諸上帝也。亞當一人有罪，何至罰及其數百萬年以後之裔孫？此殆猶是積善之家有餘慶，不善之家有餘殃之義而已。仍屬衍形教，不可謂之衍魂教也。耶氏言末日審判之義，峭緊嚴悚，於度世法門亦自有獨勝之處，未可厚非。特其言魂學之圓滿固不如佛耳。）夫人生也有涯，而知也無涯。故為信仰者，苟不擴其量於此數十寒暑以外，則其所信者，終有所撓。瀏陽《仁學》云：「好生而惡死，可謂大惑不解者矣。蓋於不生不滅瞢焉。瞢而惑，故明知是義，特不勝其死亡之懼，縮朒[4]而不敢為。方更於人禍之所不及，益以縱肆於惡。而顧景汲汲，而四方蹙蹙，惟取自心快已爾，天下豈復有可治也？」今使靈魂之說明，雖至闇者猶知死後有莫大之事及無窮之苦樂，必不於生前之暫苦暫樂，而生貪著厭離之想。知天堂地獄森列於心目，必不敢欺飾放縱，將日遷善以自兢惕。知身為不死之物，雖殺之亦不死，則成仁取義，必無怛怖於其衷。且此生未及竟者，來生固可以補之，復何所憚而不亹亹？嗚呼！此「應用佛學」之言也。（西人於學術每分純理與應用兩門，如純理哲學、應用哲學、純理經濟學、應用生計學等是也。瀏陽《仁學》吾謂可名為應用佛學。）瀏陽一生得力在此，吾輩所以崇拜瀏陽，步趨瀏陽者，亦當在此。若此者殆捨佛教末由。

4 退縮不前之意。

五、佛教之信仰乃平等而非差別

他教者率眾生以受治於一尊之下者也，惟佛不然。故曰「一切眾生，皆有佛性。」又曰「一切眾生，本來成佛，生死涅槃，皆如昨夢。」其立教之目的，則在使人人皆與佛平等而已。夫專制政體，固使人服從也；立憲政體，亦使人服從也。而其順逆相反者，一則以我服從於他，使我由之，而不使我知之；一則以我服從於我，吉凶與我同患也。故他教雖善，終不免為據亂世小康世之教，若佛教則兼三世而通之者也。故信仰他教或有流弊，而佛教決無流弊也。

六、佛教之信仰乃自力而非他力

凡宗教必言禍福，而禍福所自出，恆在他力。若祈禱焉，若禮為焉，皆修福之最要法門也。佛教未嘗無言他力者，然只以施諸小乘，而不以施諸大乘。其通三乘，攝三藏而一貫之者，惟因果之義。此義者，實佛教中大小精粗，無往而不具者也。佛說：「現在之果，即過去之因；現在之因，即未來之果。」既造惡因，而欲今後之無惡果焉，不可得避也。既造善因，因懼後此之無善果焉，亦不必憂也。因果之感召，如發電報者然，在海東者動其電機，長短多寡若干度，則雖隔數千里外，而海西電機之發露，其長短多寡若干度，與之相應，絲毫不容假借。人之熏其業，緣於阿賴耶識（阿賴耶識者，八識中之第八識也。其義不可得譯，故先輩惟譯音焉。欲知之者，宜讀《楞伽經》及《成唯識論》）也亦復如是。故學道者必慎於造因。吾所已造者，非他人所能代消也，吾所未造者，非他人所能代勞也。又不徒吾之一身而已，佛說此五濁惡世者，亦由眾生業識熏結而成。眾生所造之惡業，有一部分屬於普通者，有一部分屬於特別者。其屬於普通之部分，則遞相熏積相結而為此器世間。（佛說有所謂「器世間」、「有情世間」者，一指宇宙，一指眾生也。）其特別之部分，則各各之靈魂，（靈魂本一也，以妄生分別故，故為各各。）自作而自受之。而此兩者自無始以來，又互相熏焉，以遞引於無窮。故學道者，一、當急造切實之善因，以救吾本身之墮落；二、當急造宏大之善因，以救吾所居之器世間之墮落。何也？苟器世間猶在惡濁，則吾之一身，未有能達淨土者也。所謂有一眾生不成佛，則我不能成佛，是實事也，非虛言也。嘻！知此義者，可以通於治國矣。一國之所以腐敗衰弱，其由來也，非一朝一夕。前此之人蒔其惡因，而我輩今日刈其惡果。我輩今日非可諉咎於前人而以自解免也；我輩今日而亟造善因焉，則其善果或一二年後而收之，或十餘年後而收之，或數百年後而收之。造善因者遞續不斷，而吾國遂可以進化而無窮。造惡因者亦然，前此惡因既已蔓茁，而我復灌溉而播殖之，其貽禍將來者，更安有艾也？又不徒一群為然也，一身亦然。吾蒙此社會種種惡業之薰染，受而化之，旋復以薰染社會。我非自洗滌之，而與之更始，於此而妄曰吾善吾群，吾度吾群，非大愚則自欺也。故佛之說因果，實天地間最高尚完滿，博深切明之學說也。近世達爾文、斯賓塞諸賢，言進化學者，其公理大例，莫能出此二字之範圍。而彼則言其理，而此則並詳其法。此佛學所以切於人事，徵於實用也。夫尋常宗教家之所短者，在導人以倚賴根性而已。雖有「天助自助者」一語以為之彌縫，然常橫天助二字於胸中，則其獨立不羈之念，所減殺已不少矣。若佛說者，則父母不能有所增益於其子，怨敵不能有所咒損於其仇。無歆羨，無畔援，無罣礙，無恐怖，獨往獨來，一聽眾生之自擇。中國先哲之言曰：「天作孽，猶可違；自作孽，不可逭。」又曰：「自求多福，在我而已。」此之謂也。特其所言因果相應之理，不如佛說之深切著明耳。佛教洵倜乎遠哉！

結論

以上六者，實鄙人信仰佛教之條件也。於戲[5]！佛學廣矣大矣，深矣微矣，豈區區末學所能窺其萬一？以佛耳聽之，不知以此為讚佛語耶，抑謗佛語耶？雖然即曰謗佛，吾仍冀可以此為學佛之一法門。吾願造是因，且為此南贍部洲有情眾生造是因。佛力無盡，我願亦無盡。

難者曰：「子言佛教有益於群治，辯矣！印度者，佛教祖國也，今何為至此？」應之曰：「嘻！子何闇於歷史！印度之亡，非亡於佛教，正亡於其不行佛教也。自佛滅度後十世紀，全印即已無一

5 音ㄨ ㄏㄨ，也作「嗚呼」。

佛跡，而婆羅門之餘焰，盡取而奪之。佛教之平等觀念，樂世觀念，悉已摧亡，而舊習之喀私德及苦行生涯，遂與印相終始焉。後更亂以回教，末流遂極於今日。然則印之亡，佛果有罪乎哉？吾子為是言，則彼景教所自出之猶太，今又安在也？夫寧得亦以猶太之亡，為景教優劣之試驗案也？」

雖然，世界兩大教，皆不行於其祖國，其祖國皆不存於今日，亦可稱天地間一怪現象矣。

（刊於一九〇二年十二月三十日《新民叢報》第二十三號）

論小說與群治之關係

欲新一國之民，不可不先新一國之小說。故欲新道德，必新小說；欲新宗教，必新小說；欲新政治，必新小說；欲新風俗，必新小說；欲新學藝，必新小說；乃至欲新人心，欲新人格，必新小說。何以故？小說有不可思議之力，支配人道故。

吾今且發一問：人類之普通性，何以嗜他書不如其嗜小說？答者必曰：「以其淺而易解故，以其樂而多趣故。」是固然，雖然未足以盡其情也。文之淺而易解者，不必小說；尋常婦孺之函札，官樣之文牘，亦非有艱深難讀者存也，顧誰則嗜之！不寧惟是，彼高才贍學之士，能讀墳典索丘，能注蟲魚草木，彼其視淵古之文，與平易之文，應無所擇，而何以獨嗜小說？是第一說有所未盡也。小說之以賞心樂事為目的者固多，然此等顧不甚為世所重；其最受歡迎者，則必其可驚、可愕、可悲、可感，讀之而生出無量噩夢，抹出無量眼淚者也。夫使以欲樂故而嗜此也，而何為偏取此反比例之物而自苦也？是第二說有所未盡也。吾冥思之，窮鞫之，殆有兩因：凡人之性，常非能以現境界而自滿足者也。而此蠢蠢軀殼，其所能觸能受之境界，又頑狹短局而至有限也。故常欲於其直接以觸以受之外，而間接有所觸有所受，所謂身外之身，世界外之世界也。此等識想，不獨利根眾生有之，即鈍根眾生亦有焉。而導其根器，使日趨於鈍，日趨於利者，其力量無大於小說。小說者，常導人遊於他境界，而變換其常觸常受之空氣者也。此其一。人之恆情，於其所懷抱之想像，所經閱之境界，往往有行之不知，習矣不察者。無論為哀，為樂，為怨，為怒，為戀，為駭，為憂，為慚，常若知其然而不知其所以然。欲摹寫其情狀，而心不能自喻，口不能自宣，筆不能自傳。有人焉，和盤托出，徹底而發露之，則拍案叫絕曰：「善哉善哉！如是如是！」所謂「夫子言之，於我心有戚戚焉。」感人之深，莫此為甚。此其二。此二者，實文章之真諦，筆舌之能事。苟能批此窾，導此竅，則無論為何等之文，皆足以移人，而諸文之中能極其妙而神其技者，莫小說若。故曰：「小說為文學之最上乘也。」由前之說，則理想派小說尚焉；由後之說，則寫實派小說尚焉。小說種目雖多，未有能出此兩派範圍外者也。

抑小說之支配人道也，復有四種力。一曰熏。熏也者，如入雲煙中而為其所烘，如近墨朱處而為其所染。《楞伽經》所謂「迷智為識，轉識成智」者，皆恃此力。人之讀一小說也，不知不覺之間，而眼識為之迷漾，而腦筋為之搖颺，而神經為之營注；今日變一二焉，明日變一二焉，剎那剎那，相斷相續，久之而此小說之境界，遂入其靈臺而據之，成為一特別之原質之種子，有此種子故，他日又更有所觸所受者，旦旦而熏之，種子愈盛，而又以之熏他人，故此種子遂可以遍世界，一切器世間、有情世間之所以成、所以住，皆此為因緣也，而小說則巍巍焉具此威德以操縱眾生者也。

二曰浸。熏以空間言，故其力之大小，存其界之廣狹；浸以時間言，故其力之大小，存其界之長短。浸也者，入而與之俱化者也。人之讀一小說也，往往既終卷後，數日或數旬而終不能釋然。讀《紅樓》竟者，必有餘戀有餘悲；讀《水滸》竟者，必有餘快有餘怒。何也？浸之力使然也。等是佳作也，而其卷帙愈繁、事實愈多者，則其浸人也亦愈甚。如酒焉，作十日飲，則作百日醉。我佛從菩提樹下起，便說偌大一部《華嚴》，正以此也。三曰刺。刺也者，刺激之義也。熏浸之力利用漸，刺之力利用頓。熏浸之力，在使感受者不覺；刺之力，在使感受者驟覺。刺也者，能使人於一剎那頃，忽起異感而不能自制者也。我本藹然和也，乃讀林沖雪天三限，武松飛雪浦厄，何以忽然髮指？我本愉然樂也，乃讀晴雯出大觀園，黛玉死瀟湘館，何以忽然淚流？我本肅然也，乃讀實甫之〈琴心〉、〈酬簡〉[1]，東塘之〈眠香〉、〈訪翠〉[2]，何以忽然情動？若是者，皆所謂刺激也。大抵腦筋愈敏之人，則其受刺激力也愈速且劇，而要之必以其書所含刺激力之大小為比例。禪宗之一棒一喝，皆利用此刺激力以度人者也。此力之為用也，文字不如語言。然語言力所被不能廣、不能久也，於是不得不乞靈於文字。在文字中，則文言不如俗語。莊論不如其寓言，故具此力最大者，非小說末由。四曰提。前三者之力，自外面灌之使入；提之力，自內而脫之使出，實佛法最上乘也。凡讀小說者，

1 王實甫（約一二六〇—一三三六年），元代雜劇家，代表作為《西廂記》，〈琴心〉、〈酬簡〉為其中的二折。

2 孔尚任（一六四八—一七一八年），號東塘，清代劇作家，代表作為《桃花扇》，〈眠香〉、〈訪翠〉為其中的二齣。

必常若自化其身焉，入於書中，而為其書之主人翁。讀《野叟曝言》者，必自擬文素臣；讀《石頭記》者，必自擬賈寶玉；讀《花月痕》[3]者，必自擬韓荷生若韋痴珠；讀《梁山泊》者，必自擬黑旋風若花和尚；雖讀者自辯其無是心焉，吾不信也。夫既化其身以入書中矣，則當其讀此書時，此身已非我有，截然去此界以入於彼界。所謂「華嚴樓閣，帝網重重，一毛孔中，萬億蓮花，一彈指頃，百千浩劫。」文字移人，至此而極！然則吾書中主人翁而華盛頓，則讀者將化身為華盛頓；主人翁而拿破崙，則讀者將化身為拿破崙；主人翁而釋迦、孔子，則讀者將化身為釋迦、孔子，有斷然也。度世之不二法門，豈有過此！此四力者，可以廬牟一世，亭毒群倫。教主之所以能立教門，政治家所以能組織政黨，莫不賴是；文學家能得其一則為文豪，能兼其四則為文聖。有此四力而用之於善，則可以福億兆人；有此四力而用之於惡，則可以毒萬千載。而此四力之最易寄者，惟小說。可愛哉小說！可畏哉小說！

小說之為體，其易入人也既如彼，其為用之易感人也又如此，故人類之普通性，嗜他文終不如嗜小說。此殆心理學自然之作用，非人力所得而易也。此天下萬國凡有血氣者莫不皆然，非直吾赤縣神州之民也。夫既已嗜之矣，且遍嗜之矣，則小說之在一群也，既已如空氣，如菽粟，欲避不得避，欲屏不得屏，而日日相與呼吸之、餐嚼之矣。於此其空氣而苟含有穢質也，其菽粟而苟含有毒

3 清代魏子安（一八一八－一八七三年）所創作的小說，描述韓荷生與青樓女子杜采秋、韋痴珠與其妻劉秋痕的愛情故事。

性也，則其人之食息於此間者，必憔悴，必萎病，必慘死，必墮落，此不待蓍龜而決也。於此而不潔淨其空氣，不別擇其菽粟，則雖日餌之參苓，日施以刀圭，而此群中人之老病死苦，終不可得救。知此義，則吾中國群治腐敗之總根原，可以識矣。吾中國人狀元宰相之思想何自來乎？小說也。吾中國人佳人才子之思想何自來乎？小說也。吾中國人江湖盜賊之思想何自來乎？小說也。吾中國人妖巫狐鬼之思想何自來乎？小說也。若是者，豈嘗有人焉提其耳而誨之，傳諸鉢而授之也。而下自屠爨販卒嫗娃童稚，上至大人先生高才碩學，凡此諸思想，必居一於是，莫或使之，若或使之。蓋百數十種小說之力，直接間接以毒人，如此其甚也。（即有不好讀小說者，而此等小說既已漸漬社會成為風氣，其未出胎也，固已承此遺傳焉；其既入世也，又復受此感染焉，雖有賢智，亦不能自拔，故謂之間接。）今我國民惑堪輿，惑相命，惑卜筮，惑祈禳；因風水而阻止築路，阻止開礦；爭墳墓而闔族械鬥，殺人如草；因迎神賽會，而歲耗百萬金錢，廢時生事，消耗國力者，曰惟小說之故。今我國民慕科第若羶，趨爵祿若騖，奴顏婢膝，寡廉鮮恥，惟思以十年螢雪，暮夜苞苴，易其歸驕妻妾，武斷鄉曲，一日之快，遂至名節大防，掃地以盡者，曰惟小說之故。今我國民輕棄信義，權謀詭詐，雲翻雨覆，苛刻涼薄，馴至盡人皆機心，舉國皆荊棘者，曰惟小說之故。今我國民輕薄無行，沉溺聲色，綣戀牀笫，纏綿歌泣於春花秋月，銷磨其少壯活潑之氣，青年子弟自十五歲至三十歲，惟以多情多感多愁多病為一大事業，兒女情多，風雲氣少，甚者為傷風敗俗之行，毒遍社會，曰惟小說之故。今我國民綠林豪傑，遍地皆是，日日有桃園之拜，處處為梁山之盟，所謂「大碗酒，大塊肉，分秤稱金銀，論套穿衣服」等思想，充塞於下等社會之腦中，遂成為哥老、大刀等會，卒至有如義和拳者起，淪陷京國，啟召外戎，曰惟小說之故。嗚呼！小說之陷溺人群，乃至如是，乃至如是！大聖鴻哲數萬言諄誨之而不足者，華士坊賈一二書敗壞之而有餘。斯事既愈為大雅君子所不屑道，則愈不得不專歸於華士坊賈之手。而其性質、其位置，又如空氣然，如菽粟然，為一社會中不可得避、不可得屏之物。於是華士坊賈，遂至握一國之主權而操縱之矣。嗚呼！使長此而終古也，則吾國前途，尚可問耶！尚可問耶！故今日欲改良群治，必自小說界革命始；欲新民，必自新小說始。

（刊於一九〇二年十一月十四日《新小說》創刊號）

第二輯

民智的啟蒙——《新民說》（選錄）

提要

梁啟超可以說是真正民國思想的起點，從傳統到現代，從帝制到共和，他最早提出了必須有賴創造「新民」的主張，並且極有條理地陳述了「新民」的重要性質。雖然如同〈導讀〉中說明的，因為外在環境變動，訪美之行帶來的衝擊使得梁啟超沒有完成原本計畫要寫的所有「新民」條目，但這無礙於讓《新民說》成為一把長期用來衡量中國社會進步的堅實、有效之尺。

在民國時期，甚至延續到一九四九年之後的臺灣，遇到了社會動盪帶來國家危亡威脅時，梁啟超的《新民說》總會再度被想起，被重新閱讀，不是當作歷史文獻，而是在其中讀到、得到現實的刺激與檢討。距離梁啟超寫《新民說》的時代愈遠，感慨就愈深，發現自己所處的社會仍然沒有達到「新民」的標準，仍然充斥著文章中痛切指摘的種種舊現象、舊病徵。

什麼是民國？其中一項有效的描述、甚至定義，應該就是：以《新民說》樹立了目的標竿，早早就認定了該朝那個方向前進，然而卻反反覆覆遭受各種挫折，時而進兩步退一步、時而進一步退兩步。那麼從「民國」到「人民共和國」的歷史性變化呢？我們也可以沿著這項描述定性：一種新的國民論取代了《新民說》，要用共產主義與馬克思主義再造完全不同的中國人與中國社會，那樣的信念終於占了上風，「人民民主主義」圖像中的「人民」，而不是梁啟超鋪陳的「新民」成為未來的榜樣，在政治上共產黨取代了國民黨，在集體意識上，「新中國」取代了「民國」。那麼在「解放」之後的中國，梁啟超不再受到重視，毋寧是理所當然的。

本輯選入《新民說》大部分文章，大致按照梁啟超當年在《新民叢報》發表順序排列，讓大家可以體會梁啟超的清晰論理邏輯。以優勝劣敗的生存競爭呈現中國危機之後，立即登場的是「公德」，正顯現了深沉的「新民」關懷——梁啟超要提倡的是每一個中國國民的改造，而且是透過國民意識自覺而產生的改造。這徹底逆反了老師康有為「公車上書」，針對皇帝寫「萬言書」的路徑，梁啟超要感動、要說服的對象，是全中國的國民，因而他需要寫不止「萬言」，而是數萬言、乃至數十萬言。這是最原初也最真誠的共和精神，也是打破中國士大夫價值觀，引進西方政治民權意識的先聲。

「公德」而後繼之以「國家思想」，那反映了梁啟超從演化生存競爭而來的重要信念——人的競爭必然落在集體組織層次上，而國家是最高級的現代組織，既然優勝劣敗的現實是以國家為單位，當然就必須對國家強弱念茲在茲，不可須臾離之，並且以強化國家競爭力為至高關懷了。

「國家思想」而後竟是「進取冒險」。人在日本的梁啟超擺脫了中國的安土重遷傳統，具體展開了「反鎖國」、「主開放」的意念，要中國人對世界開放，要中國人對自己開放，不只不阻擋外來因素進入中國，甚至要積極走向陌生、危疑之處，這不只和之前的傳統思想決然斷裂，甚至也和後來國民黨或共產黨的國家意識形態大異其趣，既是梁啟超領先時代之處，也是他獨立思考的關鍵代表。

敘論

自世界初有人類以迄今日，國於環球上者，何啻千萬？問其巋然今存，能在五大洲地圖占一顏色者，幾何乎？曰：百十而已矣。此百十國中，其能屹然強立，有左右世界之力，將來可以戰勝於天演界者，幾何乎？曰：四五而已矣。夫同是日月，同是山川，同是方趾，同是圓顱，而若者以興，若者以亡，若者以弱，若者以強，則何以故？或曰：是在地利。然今之亞美利加，猶古之阿美利加，而盎格魯撒遜（英國人種之名也）民族何以享其榮？古之羅馬，猶今之羅馬，而拉丁民族何以墜其譽？或曰：是在英雄。然非無亞歷山大，而何以馬基頓今已成灰塵？非無成吉思汗，而何以蒙古幾不保殘喘？嗚呼噫嘻！吾知其由。國也者，積民而成。國之有民，猶身之有四肢五臟、筋脈血輪也。未有四肢已斷，五臟已瘵，筋脈已傷，血輪已涸，而身猶能存者。則亦未有其民愚陋怯弱、渙散混濁，而國猶能立者。故欲其身之長生久視，則攝生之術不可不明；欲其國之安富尊榮，則新民之道不可不講。

論新民為今日中國第一急務

吾今欲極言新民為當務之急，其立論之根柢有二：一曰關於內治者，二曰關於外交者。

所謂關於內治者，何也？天下之論政術者多矣，動曰某甲誤國，某乙殃民；某之事件，政府之失機；某之制度，官吏之溺職。若是者，吾固不敢謂為非然也。雖然政府何自成，官吏何自出，斯豈非來自民間者耶？某甲某乙者，非國民之一體耶？久矣夫聚群盲不能成一離婁，聚群聾不能成一師曠，聚群怯不能成一烏獲。以若是之民，得若是之政府官吏，正所謂種瓜得瓜，種豆得豆。其又奚尤？西哲常言：「政府之與人民，猶寒暑表之與空氣也。」室中之氣候，與針裡之水銀，其度必相均，而絲毫不容假借。國民之文明程度低者，雖得明主賢相以代治之，及其人亡，則其政息焉。譬猶嚴冬之際，置表於沸水中，雖其度驟升，水一冷而墜如故矣。國民之文明程度高者，雖偶有暴君汙吏，虔劉一時，而其民力自能補救之而整頓之。譬猶溽暑之時，置表於冰塊上，雖其度忽落，不俄頃則冰消而漲如故矣。然則苟有新民，何患無新制度，無新政府，無新國家？非爾者，則雖今日變一法，明日易一人，東塗西抹，學步效顰，吾未見其能濟也。夫吾國言新法數十年而效不睹者何也？則於新民之道，未有留意焉者也。

今草野憂國之士，往往獨居深念，歎息想望曰：「安得賢君相，庶拯我乎？」吾未知其所謂賢君相者，必如何而始為及格。雖然，若以今日之民德、民智、民力，吾知雖有賢君相，而亦無以善其後也。夫拿破崙，曠世之名將也，苟授以綠旗之惰兵，則不能敵黑蠻；哥侖布，航海之大家也，苟乘以朽木之膠船，則不能渡溪沚。彼君相者，非能獨治也，勢不得不任疆臣，疆臣不得不任監司，監司不得不任府縣，府縣不得不任吏胥。此諸級中人，但使其賢者半，不肖者半，猶不足以致治，而況乎其百不得一也。今為此論者，固知泰西政治之美，而欲吾國之效之矣。但推其意，得毋以若彼之政治，皆由其君若相獨力所製造耶？試與一遊英、美、德、法之都，觀其人民之自治何如，其人民與政府之關係何如。觀之一省，其治法儼然一國也；觀之一市、一村落，其治法儼然一國也；觀之一黨會、一公司、一學校，其治法儼然一國也；乃至觀之一人，其自治之法，亦儼然治一國也。譬諸鹽有鹹性，積鹽如陵，其鹹愈醲。然剖分此如陵之鹽為若干石，石為若干斗，斗為若干升，升為若干顆，顆為若干阿屯[1]，無一不鹹，然後大鹹乃成。摶沙掇粉而欲以求鹹，雖隆之高於泰岱，猶無當也。故英美各國之民常不待賢君相而足以致治。其元首，則堯舜之垂裳可也，成王之委裘亦可也；其官吏，則曹參之醇酒[2]可也，成瑨之坐嘯[3]亦可也。何也？以其有民也。故君相常倚賴國民，國

---

1 atom，今譯為原子。

2 曹參任宰相後，日夜在家中飲酒，不理政事。其用意是在向漢惠帝說明，漢高祖時蕭何擔任宰相，國家

民不倚賴君相。小國且然，況吾中國幅員之廣，尤非一二人之長鞭所能及者耶？

則試以一家譬一國。苟一家之中，子婦弟兄，各有本業，各有技能，忠信篤敬，勤勞進取，家未有不浡然興者。不然者，各委棄其責任，而一望諸家長。家長而不賢，固闔室為餓殍；藉令賢也，而能蔭庇我者幾何？即能蔭庇矣，而為人子弟，累其父兄，使終歲勤動，日夕憂勞，微特於心不安，其毋乃終為家之累耶。今之動輒責政府，望賢君相者，抑何不恕？抑何不智？英人有常言曰：「That's your mistake. I couldn't help you.」（譯意言：「君誤矣！吾不能助君也。」）此雖利己主義之鄙言，而實鞭策人自治自助之警句也。故吾雖日望有賢君相，吾尤恐即有賢君相，亦愛我而莫能助也。何也？責望於賢君相者深，則自責望者必淺，而此責人不責己，望人不望己之惡習，即中國所以不能維新之大原。我責人人亦責我，我望人人亦望我，是四萬萬人遂互消於相責相望之中，而國將誰與立也？新民云者，非新者一人，而新之者又一人也，則在吾民之各自新而已。孟子曰：「子力行之，亦以新子之國。」自新之謂也，新民之謂也。

所謂關於外交者何也？自十六世紀以來（約三百年前），歐洲所以發達，世界所以進步，皆由民族主義（Nationalism）所磅礴衝激而成。民族主義者何？各地同種族、同言語、同宗教、同習俗之人，相視如同胞，務獨立自治，組織完備之政府，以謀公益而禦他族是也。此主義發達既極，馳至十九

的法規、制度已完備，其後的繼承者僅需守業，即「蕭規曹隨」之意。

3 成瑨為東漢末年官吏，其任職時常閒坐、吹口哨，無所事事。此指主管官吏推諉政事，貪圖清閒。

世紀之末（近二、三十年），乃更進而為民族帝國主義（National Imperialism），民族帝國主義者何？其國民之實力，充於內而不得不溢於外，於是汲汲焉求擴張權力於他地，以為我尾閭。其下手也，或以兵力，或以商務，或以工業，或以教會，而一用政策以指揮調護之是也。近者如俄國之經略西伯利亞、土耳其，德國之經略小亞細亞、阿非利加，英國之用兵於波亞[4]，美國之縣夏威夷、掠古巴、攘菲律賓，皆此新主義之潮流，迫之不得不然也。而今也於東方大陸，有最大之國，最腴之壤，最腐敗之政府，最散弱之國民。彼族一旦窺破內情，於是移其所謂民族帝國主義者，如群蟻之附羶，如萬矢之向的，雜然而集注於此一隅。彼俄人之於滿洲，德人之於山東，英人之於揚子江流域，法人之於兩廣，日人之於福建，亦皆此新主義之潮流，迫之不得不然也。

夫所謂民族帝國主義者，與古代之帝國主義迥異。昔者有若亞歷山大，有若查理曼，有若成吉思汗，有若拿破崙，皆嘗抱雄圖，務遠略，欲蹂躪大地，吞併弱國。雖然彼則由於一人之雄心，此則由於民族之漲力；彼則為權威之所役，此則為時勢之所趨。故彼之侵略，不過一時，所謂暴風疾雨，不崇朝而息矣。此之進取，則在久遠，日擴而日大，日入而日深。吾中國不幸而適當此盤渦之中心點，其將何以待之？曰彼為一二人之功名心而來者，吾可以恃一二之英雄以相敵。彼以民族不得已之勢而來者，非合吾民族全體之能力，必無從抵制也。彼以一時之氣焰驟進者，吾可以鼓一時之血勇以相防；彼以久遠之政策漸進者，非立百年宏毅之遠猷，必無從倖存也。不見乎瓶水乎？水

4 指十九世紀末英國對南非所發動的兩次波耳戰爭（一八八〇—一八八一年、一八九九—一九〇二年）。

僅半器，他水即從而入之，若內力能自充塞本器，而無一隙之可乘，他水未有能入者也。故今日欲抵當列強之民族帝國主義，以挽浩劫而拯生靈，惟有我行我民族主義之一策。而欲實行民族主義於中國，捨新民末由。

今天下莫不憂外患矣，雖然使外而果能為患，則必非一憂之所能了也。夫以民族帝國主義之頑強突進，如彼其劇，而吾猶商榷於外之果能為患與否，何其愚也。吾以為患之有無，不在外而在內。夫各國固同用此主義也，而俄何以不施諸英？英何以不施諸德？德何以不施諸美？歐美諸國何以不施諸日本？亦曰有隙與無隙之分而已。人之患瘵者，風寒、暑濕、燥火，無一不足以侵之。若血氣強盛，膚革充盈者，冒風雪，犯暴暵，衝瘴癘，凌波濤，何有焉？不自攝生，而怨風雪、暴暵、波濤、瘴癘之無情，非直彼不任受，而我亦豈以善怨而獲免耶？然則為中國今日計，必非恃一時之賢君相而可以弭亂，亦非望草野一二英雄崛起而可以圖成。必其使吾四萬萬人之民德、民智、民力，皆可與彼相埒，則外自不能為患，吾何為而患之？此其功雖非旦夕可就乎，然孟子有言：「七年之病，求三年之艾。苟為不蓄，終身不得。」今日捨此一事，別無善圖，寧復可蹉跎蹉跎，更閱數年，將有欲求如今日而不可復得者。嗚呼！我國民可不悚耶！可不勗耶！

釋新民之義

新民云者，非欲吾民盡棄其舊以從人也。新之義有二：一曰淬厲其所本有而新之，二曰採補其所本無而新之。二者缺一，時乃無功。先哲之立教也，不外因材而篤與變化氣質之兩途，斯即吾淬厲所固有，採補所本無之說也。一人如是，眾民亦然。

凡一國之能立於世界，必有其國民獨具之特質。上自道德法律，下至風俗習慣、文學美術，皆有一種獨立之精神。祖父傳之，子孫繼之，然後群乃結，國乃成，斯實民族主義之根柢源泉也。我同胞能數千年立國於亞洲大陸，必其所具特質，有宏大高尚完美，釐然異於群族者。吾人所當保存之而勿失墜也。雖然保之云者，非任其自生自長，而漫曰：「我保之，我保之」云爾！譬諸木然，非歲歲有新芽之茁，則其枯可立待；譬諸井然，非息息有新泉之湧，則其涸不移時。夫新芽新泉，豈自外來者耶？舊也，而不得不謂之新。惟其日新，正所以全其舊也。濯之、拭之，發其光晶；鍛之、鍊之，成其體段；培之、濬之，厚其本原，繼長增高，日征月邁。國民之精神，於是乎保存，於是乎發達。世或以守舊二字，為一極可厭之名詞，其然豈其然哉？吾所患不在守舊，而患無真能守舊者。真能守舊者何？即吾所謂淬厲其固有而已。

僅淬厲固有而遂足乎？曰：不然！今之世非昔之世，今之人非昔之人。昔者吾中國有部民而無國民，非不能為國民也，勢使然也。吾國夙巍然屹立於大東，環列皆小蠻夷，與他方大國，未一交通，故我民常視其國為天下。耳目所接觸，腦筋所濡染，聖哲所訓示，祖宗所遺傳，皆使之有可以為一個人之資格，有可以為一家人之資格，有可以為一鄉一族人之資格，有可以為天下人之資格，而獨無可以為一國國民之資格。夫國民之資格，雖未必有以遠優於此數者，而以今日列國並立，弱肉強食，優勝劣敗之時代，苟缺此資格，則決無以自立於天壤。故今日不欲強吾國則已，欲強吾國，則不可不博考各國民族所以自立之道，彙擇其長者而取之，以補我之所未及。今論者於政治、學術、技藝，皆莫不知取長以補我短矣，而不知民德、民智、民力，實為政治、學術、技藝之大原，不取於此而取於彼，棄其本而摹其末，是何異見他樹之蓊鬱，而欲移其枝以接我槁幹，見他井之汩湧，而欲汲其流以實我智源也？故採補所本無，以新我民之道，不可不深長思也。

世界上萬事之現象，不外兩大主義：一曰保守，二曰進取。人之運用此兩主義者，或偏取甲，或偏取乙；或兩者並起而相衝突，或兩者並存而相調和。偏取其一，未有能立者也。有衝突則必有調和，衝突者，調和之先驅也。善調和者，斯為偉大國民，盎格魯撒遜人種是也[1]。譬之蹞步，以一足立，以一足行；譬之拾物，以一手握，以一手取。故吾所謂新民者，必非如心醉西風者流，蔑棄吾數千年之道德、學術、風俗，以求伍於他人；亦非如墨守故紙者流，謂僅抱此數千年之道德、學術、風俗，遂足以立於大地也。

1 Anglo-Saxon，今譯為盎格魯撒克遜人，屬日耳曼民族，約於五世紀時遷移至今英國一帶。

就優勝劣敗之理以證新民之結果而論及取法之所宜

在民族主義立國之今日，民弱者國弱，民強者國強，殆如影之隨形，響之應聲，有絲毫不容假借者。今請將地球民族之大勢，列為一表，而論其所以迭代消長之由。

民族
- (一)黑色民族
- (二)紅色民族
- (三)棕色民族
- (四)黃色民族
- (五)白色民族
  - (甲)拉丁民族(Latin)：法葡班諸國
  - (乙)斯拉夫民族(Slavonians)：俄奧諸國
  - (丙)條頓民族(Teutons)：英德荷諸國
    - (子)日耳曼民族：德國
    - (丑)盎格魯撒遜民族(Anglo-Saxon)：英美兩國

凡地球民族之大別五，聞其最有勢力於今世者誰乎？白色種人是也。白色民族之重要者三：（白種不止此三派，條頓亦不止彼二派，此不過舉其要者耳。此文非考據種族，不必鰓鰓也。）其最有勢力於今世者誰乎？條頓人是也。條頓民族之重要者二，其最有勢力於今世者誰乎？盎格魯撒遜人是也。當其始溝分而居，不相雜廁也，則無論若何之民族，皆可以休養生息於其部分之內。然天演物競之公例，既驅人類使不得不接觸，不交通，不爭競；一旦接觸、交通、爭競，而一起一仆之數乃立見。不觀於鬥蟀者乎？百蟀各處一籠，各自雄也。並而一之，一日而死十六七，兩日而死十八九，三日而所餘者僅一二焉矣。所餘之一二，必其最強者也，然則稍不強者殆而已矣！黑紅棕之人與白人相遇，如湯沃雪，瞬即消滅，夫人而知矣。今黃人與之遇，又著著失敗矣！若夫觀白人之自競也，彼斯拉夫民族，常為阿士曼黎[1]之專制政府，與盧馬納[2]及哈菩士卜[3]之條頓人王家所軛縛。至今罕能自伸。拉丁民族，雖當中世時代曾臻全盛，及其與條頓人相遇，遂不可支。自羅馬解紐以來，今日歐洲之建國，無一不自條頓人之手而成。如皮士噶[4]人之於西班牙；士埃威[5]人之於葡萄牙；郎拔[6]人之於意大

1 為 Osmanli（Ottoman 的土耳其語寫法）的音譯，即鄂圖曼帝國。
2 Romania，今譯為羅馬尼亞。
3 Habsburg，今譯為哈布斯堡。
4 Visigoths，今譯為西哥德人。
5 Suevi，今譯為斯威比人。
6 Lombards，今譯為倫巴底人。

利；佛蘭克人[7]之於法蘭西、比利時；盎格魯撒遜人之於英吉利；士康的拿比亞人[8]之於丹麥、瑞典、挪威；日耳曼人之於德意志、荷蘭、瑞士、奧大利。凡此皆現代各國之主動力也，而一皆自條頓人發之、成之。是條頓人不啻全世界動力之主人翁也。而條頓人之中，又以盎格魯撒遜人為主中之主，強中之強。今日地球陸地四分之一以上，被其占領；人類四分之一以上，受其統制。而勢力範圍之布於五洲各地者，且日進而未有已焉。今試就百年來各國用語之人數變遷，列為一表，而知盎格魯民族之進步，有令人驚絕者！

一八〇一年	用各國語人數	百分比較
法語	三一〇·四五〇（千）	一九·四
俄語	三〇·七七〇	一九·〇
德語	三〇·三三〇	一八·七
西班語	二六·一九〇	一六·二
英語	二〇·五二〇	一二·七
意語	一五·〇七〇	九·三
葡語	七·四八〇	四·七

一八九〇年	用各國語人數	百分比較
英語	一一一·一〇〇（千）	二七·七
德語	七五·二〇〇	一八·八
俄語	七五·〇九〇	一八·七
法語	五一·二〇〇	一二·七
西班語	四二·八〇〇	一〇·七
意語	三三·〇〇〇	八·二
葡語	一三·〇〇〇	三·二

由兩表比較之，則此九十年間英語之位置，由第五躍至第一，由二千零五十二萬，躍至一萬一

7 Franks，今譯為法蘭克人。

8 Scandinavian，今譯為斯堪地那維亞。

千一百萬。由百分之十二有奇，躍至百分之二十七有奇，駸駸然遂有吞全球括四海之勢。盎格魯撒遜人之氣燄，誰能禦之？由此觀之，則今日世界上最優勝之民族可以知矣。五色人相比較，白人最優；以白人相比較，條頓人最優；以條頓人相比較，盎格魯撒遜人最優。此非吾趨勢利之言也。天演界無可逃避之公例，實如是也。使日耳曼人能自新以優勝於盎格魯撒遜，則他日能代之以興，亦未可知。使斯拉夫人、拉丁人能自新以優勝於條頓人。使黃人能自新以優勝於白人，則其他日之結果亦然。要之現在之地位，則其優劣之數，實如上所云云矣。然則吾所謂博考民族所以自立之道，彙擇其長而取之，以補我所未及者。援取法乎上之例，不可不求諸白人，不可不求諸白人中之條頓人，不可不求諸條頓人中之盎格魯撒遜人。

白人之優於他種人者何也？他種人好靜，白種人好動；他種人狃於和平，白種人不辭競爭；他種人保守，白種人進取。以故他種人只能發生文明，白種人則能傳播文明。發生文明者，恃天然也；傳播文明者，恃人事也。試觀泰西文明動力之中心點，由安息、埃及而希臘，由希臘而羅馬，由羅馬而大西洋沿岸諸國，而遍於大陸，而飛渡磅礴於亞美利加，今則回顧而報本於東方焉！其機未嘗一日停。其勇猛果敢活潑宏偉之氣，比諸印度人何如？比諸中國人何如？其他小國更不必論矣。然則白種人所以雄飛於全球者，非天幸也，其民族之優勝使然也。

條頓人之優於他白人者何也？條頓人政治能力甚強，非他族所能及也。如彼希臘人及斯拉夫人，雖能立地方自治之制，而不能擴充之。其能力全集注於此最小之公共團體，而位於此團體之上者，有國家之機關；位於此團體之下者，有個人之權利，皆非彼等所能及也。以故其所生之結果，有三缺點：人民之權利不完，一也；團體與團體之間不相聯屬，二也；無防禦外敵之力，三也。故希臘人一軛於羅馬，再軛於土耳其，三軛於條頓人，數千年不見天日。而斯拉夫人今猶呻吟於專制恣暴政體之下，而未有已也。至如迦特民族[9]，（羅馬一統前之郜兒人[10]，及今之愛爾蘭人與蘇格蘭之高地人，皆屬於此族。）雖其勇敢之氣，冠絕一時，而政治思想更薄弱。故惟知崇拜一二膂力之英雄，而國民不能獨立團結。雖能建無數之小軍國，而無統一之大道。能創大宗教，而不能成大國家。至於拉丁人，則遠優於彼等矣。能建偉大之羅馬帝國，統一歐陸；能製完備之羅馬民法，垂型千年。雖然其思想太大而不能實施。動欲統制宇內，而地方自治之制被破壞焉，個人權利被蹂躪焉。務張國力而不養人格，故及羅馬之末葉，而拉丁之腐敗卑劣聞天下。雖及今日，而其沿襲之舊質，猶不能除。好虛榮，少沉實，時則傾於保守，抱陳腐而不肯稍變；時則馳於急激，變之不以次第。若法蘭西人，其代表也。百年之內，變政體者六，易憲法者十四，至今名為民主，而地方自治與個人權利，毫不能擴充。此拉丁人所以日蹙於天演之劇場也。若夫條頓人，則其始在日耳曼森林中為一種蠻族時，其個人強立自由之氣概，傳諸子孫而不失。而又經羅馬文化之薰習鍛鍊，兩者和合，遂能成一特性之民族。而組織民族的國家（National State），創代議制度，使人民皆得參預政權，集人民之意以為公

9 Celts，今譯為凱爾特人。

10 Gauls，今譯為高盧人。

意，合人民之權以為國權。又能定團體與個人之權限，定中央政府與地方自治之權限，各不相侵。民族全體，得應於時變，以滋長發達。故條頓人今遂優於天下，非天幸也，其民族之優勝使然也。

盎格魯撒遜人之尤優於他條頓人者何也？其獨立自助之風最盛。自其幼年在家庭、在學校，父母師長皆不以附庸待之。使其練習世務，稍長而可以自立，不倚賴他人。其守紀律、循秩序之念最厚，其常識（Common Sense）最富，常不肯為無謀之躁妄舉動。其權利之思想最強，視權利為第二之生命，絲毫不肯放過。其體力最壯，能冒萬險。其性質最堅忍，百折不回。其人以實業為主，不尚虛榮。人皆務有職業，不問高下。而坐食之官吏政客，常不為世所重。其保守之性質亦最多，而常能因時勢，鑑外群，以發揮光大其固有之本性。以此之故，故能以區區北極三孤島，而孳殖其種於北亞美利加、澳大利亞兩大陸。揚其國旗於日所出入處，鞏其權力於五洲四海衝要咽喉之地，而天下莫之能敵也。盎格魯撒遜人所以定霸於十九世紀，非天幸也，其民族之優勝使然也。

然則吾之所當取法者可知已。觀彼族之所以衰所以弱，此族之所以興所以強，而一自省焉。吾國民之性質，其與彼召衰召弱者，異同若何？與此致興致強者，異同若何？其大體之缺陷在何處？其細故之薄弱在何處？一一勘之，一一鑑之，一一改之，一一補之；於是乎新國民可以成。今請舉吾國民所當自新之大綱小目，條分縷析，於次節詳論之。

論公德

我國民所最缺者，公德其一端也。公德者何？人群之所以為群，國家之所以為國，賴此德焉以成立者也。人也者，善群之動物也（此西儒亞里斯多德之言）。人而不群，禽獸奚擇？而非徒空言高論曰：「群之！群之！」而遂能有功者也。必有一物焉，貫注而聯絡之，然後群之實乃舉，若此者謂之公德。

道德之本體一而已。但其發表於外，則公私之名立焉。人人獨善其身者，謂之私德；人人相善其群者，謂之公德，二者皆人生所不可缺之具也。無私德則不能立。合無量數卑汙、虛偽、殘忍、愚懦之人，無以為國也。無公德則不能團。雖有無量數束身自好、廉謹、良愿之人，仍無以為國也。吾中國道德之發達，不可謂不早。雖然，偏於私德，而公德殆闕如。試觀《論語》、《孟子》諸書，吾國民之木鐸，而道德所從出者也。其中所教，私德居十之九，而公德不及其一焉。如〈皋陶謨〉之九德，[1]〈洪範〉之三德。[2]《論語》所謂溫良恭儉讓，所謂克己復禮，所謂忠信篤敬，所謂寡尤寡悔，

1《尚書・虞書・皋陶謨》：「亦言其人有德，……寬而栗，柔而立，愿而恭，亂而敬，擾而毅，直而溫，

所謂剛毅木訥，所謂知命知言。《大學》所謂知止慎獨，戒欺求慊。《中庸》所謂好學、力行、知恥，所謂戒慎恐懼，所謂致曲。《孟子》所謂存心養性，所謂反身強恕。凡此之類，關於私德者，發揮幾無餘蘊。於養成私人（私人者，對於公人而言，謂一個人不與他人交涉之時也）之資格，庶乎備矣。雖然僅有私人之資格，遂足為完全人格乎？是固不能。今試以中國舊倫理，與泰西新倫理相比較，舊倫理之分類，曰君臣，曰父子，曰兄弟，曰夫婦，曰朋友。新倫理之分類，曰家族倫理，曰社會（即人群）倫理，曰國家倫理。舊倫理所重者，則一私人對於一私人之事也。（一私人之獨善其身，固屬於私德之範圍。即一私人與他私人交涉之道義，仍屬於私德之範圍也。此可以法律上公法私法之範圍證明之。）新倫理所重者，則一私人對於一團體之事也。（以新倫理之分類，歸納舊倫理，則關於家族倫理者三，父子也，兄弟也，夫婦也。關於社會倫理者一，朋友也。關於國家倫理者一，君臣也。然朋友一倫，決不足以盡社會倫理。君臣一倫，尤不足以盡國家倫理，何也？凡人對於社會之義務，決不徒在相知之朋友而已。即絕跡不與人交者，仍於社會上有不可不盡之責任。至國家者，尤非君臣所能專有。若僅言君臣之義，則使以禮，事以忠，全屬兩個私人感恩效力之事耳，於大體無關也。將所謂逸民不事王侯者，豈不在此倫範圍之外乎？夫人必備此三倫理之義務，然後人格乃成。若中國之五倫，則惟於家族倫理稍為完整，至社會國家倫理不備滋多，此缺憾之必當補者也。皆由重私德、輕公德所生之結果也。）夫一私人之所以

簡而廉，剛而塞，彊而義。」即古人認為賢人必須具備的九種美德。

2《尚書・周書・洪範》：「三德，一曰正直，二曰剛克，三曰柔克。」是帝王的為政之道。

自處，與一私人之對於他私人，其間必貴有道德者存，此奚待言？雖然，此道德之一部分，而非其全體也。全體者，合公私而兼善之者也。

私德、公德，本並行不悖者也。然提倡之者既有所偏，其末流或遂至相妨。若微生畝譏孔子以為佞，公孫丑疑孟子以好辯。此外道淺學之徒，其不知公德，不待言矣。而大聖達哲，亦往往不免。吾今固不欲摭拾古人片言隻語有為而發者，擿之以相詬病。要之吾中國數千年來，束身寡過主義，實為德育之中心點。範圍既日縮日小，其間有言論行事出此範圍外，欲為本群本國之公利公益有所盡力者。彼曲士賤儒，動輒援不在其位不謀其政等偏義，以非笑之，排擠之。謬種流傳，習非勝是，而國民益不復知公德為何物。今夫人之生息於一群也，安享其本群之權利，即有當盡於其本群之義務。苟不爾者，則直為群之蠹而已。彼持束身寡過主義者，以為吾雖無益於群，亦無害於群。庸詎知無益之即為害乎？何則？群有以益我，而我無以益群，是我逋群之負而不償也。夫一私人與他私人交涉，而逋其所應償之負，於私德必為罪矣。謂其害之將及於他人也，而逋群負者乃反得冒善人之名，何也？使一群之人，皆相率而逋焉，彼一群之血本，能有幾何？而此無窮之債客，日夜蠹蝕之而瓜分之，有消耗，無增補，何可長也？然則其群必為逋負者所拽倒，與私人之受累者同一結果；此理勢之所必然矣！今吾中國所以日即衰落者，豈有他哉？束身寡過之善士太多，享權利而不盡義務，人人視其所負於群者如無有焉。人雖多，曾不能為群之利，而反為群之累，夫安得不日蹙也？

父母之於子也，生之育之，保之教之。故為子者有報父母恩之義務，人人盡此義務，則子愈多者，父母愈順，家族愈昌；反是則為家之累矣！故子而逋父母之負者，謂之不孝，此私德上第一大義，盡人能知者也。群之於人也，國家之於國民也，其恩與父母同。蓋無群無國，則吾性命財產無所託，智慧能力無所附，而此身將不可以一日立於天地。故報群報國之義務，有血氣者所同具也。苟放棄此責任者，無論其私德上為善人為惡人，而皆為群與國之蟊賊。譬諸家有十子，或披剃出家，或博奕飲酒。雖一則求道，一則無賴，其善惡之性質迥殊，要之不顧父母之養，為名教罪人，則一也。明乎此義，則凡獨善其身以自足者，實與不孝同科。案公德以審判之，雖謂其對於本群而犯大逆不道之罪，亦不為過。

某說部寓言，有官吏死，而冥王案治其罪者。其魂曰：「吾無罪，吾作官甚廉。」冥王曰：「立木偶於庭，並水不飲，不更勝君乎？於廉之外一無所聞，是即君之罪也。」遂炮烙之。欲以束身寡過為獨一無二之善德者，不自知其已陷於此律而不容赦也。近世官箴，最膾炙人口者三字，曰清、慎、勤。夫清、慎、勤豈非私德之高尚者耶？雖然，彼官吏者，受一群之委託而治事者也，既有本身對於群之義務，復有對於委託者之義務，曾是清、慎、勤三字，遂足以塞此兩重責任乎？此皆由知有私德，不知有公德，故政治之不進，國華之日替，皆此之由。彼官吏之立於公人地位者且然，而民間一私人更無論也。我國民中無一人視國事如己事者，皆公德之大義未有發明故也。

且論者亦知道德所由起乎？道德之立，所以利群也。故因其群文野之差等，而其所適宜之道德，亦往往不同。而要之以能固其群，善其群，進其群者為歸。夫英國憲法以侵犯君主者為大逆不道（各君主國皆然）；法國憲法以謀立君主者為大逆不道；美國憲法乃至以妄立貴爵名號者為大逆不道（凡違憲者，皆大逆不道者也）。其道德之外形相反如此，至其精神則一也。一者何？曰為一群之公益而已。乃至古代野蠻之人，或以婦女公有為道德，（一群中之婦女，為一群中之男子所公有物，無婚姻之制也。古代斯巴達尚不脫此風。）或以奴隸非人為道德，（視奴隸不以人類，古賢柏拉圖、亞里斯多德皆不以為非，美南北戰爭以前，歐美人尚不以此事為惡德也。）而今世哲學家猶不能謂其非道德，蓋以彼當時之情狀，所以利群者，惟此為宜也。然則道德之精神，未有不自一群之利益而生者。苟反於此精神，雖至善者，時或變為至惡矣。（如自由之制，在今日為至美，然移之於野蠻未開之群，則為至惡。專制之治，在古代為至美，然移之於文明開化之群，則為至惡。是其例證也。）是故公德者，諸德之源也。有益於群者為善，無益於群者為惡。（無益而有害者為大惡，無害亦無益者為小惡。）此理放諸四海而準，俟諸百世而不惑者也。至其道德之外形，則隨其群之進步以為比例差。群之文野不同，則其所以為利益者不同，而其所以為道德者亦自不同。德也者，非一成而不變者也。（吾此言頗駭俗，但所言者，德之條理，非德之本原。其本原固亙萬古而無變者也。讀者幸勿誤會。本原惟何？亦曰利群而已。）非數千年前之古人所能立一定格式，以範圍天下萬世者也。（私德之條目變遷較少，公德之條目變遷尤多。）然則吾輩生於此群、長於此群之今日，宜縱觀宇內之大勢，靜察吾族之所宜，而發明一種新道德，以求所以固吾群、善吾群、進吾群之道。未可以前王先哲所罕言者，遂以自畫而不敢進也。知有公德，而新道德出焉矣，而新民出焉矣。（今世士大夫談維新者，諸事皆敢言新，惟不敢言新道德，此由學界之奴性未去，愛群、愛國、愛真理之心未誠也。蓋以為道德者，日月經天，江河行地，自無始以來，不增不減。先聖昔賢，盡揭其奧，以詔後人，安有所謂新焉舊焉者。殊不知道德之為物，由於天然者半，由於人事者亦半。有發達，有進步，一循天演之大例。前哲不生於今日，安能制定悉合今日之道德？使孔、孟復起，其不能不有所損益也亦明矣。今日正當過渡時代，青黃不接，前哲深微之義，或湮沒而未彰，而流俗相傳簡單之道德，勢不足以範圍今後之人心。且將有厭其陳腐，而一切吐棄之者。吐棄陳腐，猶可言也。若並道德而吐棄，則橫流之禍曷其有極，今此禍已見端矣。老師宿儒或憂之，劬劬焉欲持宋元之餘論，以遏其流。豈知優勝劣敗，固無可逃！捧坏土以塞孟津，沃杯水以救薪火，雖竭吾才，豈有當焉？苟不及今急急斟酌古今中外，發明一種新道德者而提倡之，吾恐今後智育愈盛，則德育愈衰，泰西物質文明盡輸入中國，而四萬萬人且相率而為禽獸也。嗚呼！道德革命之論，吾知必為舉國之所詬病，顧吾特恨吾才之不逮耳！若夫與一世之流俗人挑戰決鬥，吾所不懼，吾所不辭。世有以熱誠之心愛群、愛國、愛真理者乎？吾願為之執鞭以研究此問題也。）公德之大目的，既在利群，而萬千條理，即由是生焉。本論以後各子目，殆皆可以利群二字為綱，以一貫之者也。故本節但論公德之急務，而實行此公德之方法，則別著於下方。

論國家思想

人群之初級也，有部民而無國民。由部民而進為國民，此文野所由分也。部民與國民之異安在？曰群族而居，自成風俗者，謂之部民。有國家思想，能自布政治者，謂之國民。天下未有無國民而可以成國者也。

國家思想者何？一曰對於一身而知有國家，二曰對於朝廷而知有國家，三曰對於外族而知有國家，四曰對於世界而知有國家。

所謂對於一身而知有國家者何也？人之所以貴於他物者，以其能群耳。使以一身孑然孤立於大地，則飛不如禽，走不如獸，人類翦滅亦既久矣！故自其內界言之，則太平之時，通功易事，分業相助，必非能以一身而備百工也。自其外界言之，則急難之際，群策群力，捍城禦侮，尤非能以一身而保七尺也，於是乎國家起焉。國家之立，由於不得已也。即人人自知僅恃一身之不可，而別求彼我相團結、相補助、相捍救、相利益之道也。而欲使其團結永不散，補救永不虧，捍救永不誤，利益永不窮，則必人人焉知吾一身之上，更有大而要者存。每發一慮，出一言，治一事，必當注意於其所謂一身以上者。（此兼愛主義也。雖然即謂之為我主義，亦無不可。蓋非利群則不能利己，天下之公例也。）苟不爾，則團體終不可得成，而人道或幾乎息矣。此為國家思想之第一義。

所謂對於朝廷而知有國家者何也？國家如一公司，朝廷則公司之事務所；而握朝廷之權者，則事務所之總辦也。國家如一村市，朝廷則村市之會館；而握朝廷之權者，則會館之值理也。夫事務所為公司而立乎？抑公司為事務所而立乎？會館為村市而設乎？抑村市為會館而設乎？不待辨而知矣。兩者性質不同，而其大小輕重，自不可以相越。故法王路易第十四「朕即國家也」一語，至今以為大逆不道，歐美五尺童子，聞之莫不唾罵焉。以吾中國人之眼觀之，或以為無足怪乎！雖然，譬之有一公司之總辦，而曰我即公司；有一村市之值理，而曰我即村市。試思公司之股東，村市之居民，能受之否耶？夫國之不可以無朝廷，固也。故常推愛國之心以愛及朝廷，是亦愛人及屋，愛屋及烏之義云爾。若夫以烏為屋也，以屋為人也，以愛屋愛烏為即愛人也。浸假愛烏而忘其屋，愛屋而忘其人也。欲不謂之病狂，不可得也。故有國家思想者，亦常愛朝廷；而愛朝廷者，未必皆有國家思想。朝廷由正式而成立者，則朝廷為國家之代表，愛朝廷即所以愛國家也。朝廷不以正式而成立者，則朝廷為國家之蟊賊，正朝廷乃所以愛國家也。此為國家思想之第二義。

所謂對於外族而知有國家者何也？國家者，對外之名詞也。使世界而僅有一國，則國家之名不能成立。故身與身相並而有我身，家與家相接而有我家，國與國相峙而有我國。人類自千萬年以前，分孳各地，各自發達。自言語風俗，以至思想法制，形質異，精神異，而有不得不自國其國者焉。

循物競天擇之公例，則人與人不能不衝突，國與國不能不衝突。國家之名，立之以應他群者也。故真愛國者，雖有外國之神聖大哲，而必不願服從於其主權之下。寧使全國之人流血粉身，靡有孑遺，而必不肯以絲毫之權利讓於他族。蓋非是，則其所以為國之具先亡也。譬之一家，雖復室如懸磬，亦未有願他人入此室處者。知有我故，是故我存。此為國家思想第三義。

所謂對於世界而知有國家者何也？宗教家之論，動言天國，言大同，言一切眾生。所謂博愛主義，世界主義，抑豈不至德而深仁也哉？雖然，此等主義，其脫離理想界而入於現實界也，果可期乎！此其事或待至萬數千年後，吾不敢知。若今日將安取之？夫競爭者，文明之母也。競爭一日停，則文明之進步立止。由一人之競爭而為一家，由一家而為一鄉族，由一鄉族而為一國。一國者，團體之最大圈，而競爭之最高潮也。若曰並國界而破之，無論其事之不可成，即成矣，而競爭絕，毋乃文明亦與之俱絕乎？況人之性非能終無競爭者也。然則大同以後，不轉瞬而必復以他事起競爭於天國中，而彼時則已返為部民之競爭，而非復國民之競爭，是率天下人而復歸於野蠻也。今世學者，非不知此主義之為美也，然以其為心界之美，而非歷史上之美。故定案以國家為最上之團體，而不以世界為最上之團體，蓋有由也。然則言博愛者，殺其一身之私以愛一家可也，殺其一家之私以愛一鄉族可也，殺其一身、一家、一鄉族之私以愛一國可也。國也者，私愛之本位，而博愛之極點，不及焉者，野蠻也；過焉者，亦野蠻也。何也？其為部民而非國民一也。此為國家思想第四義。

耗矣哀哉！吾中國人之無國家思想也。其下焉者，惟一身一家之榮瘁是問；其上焉者，則高談哲理，以乖實用也。其不肖者，且以他族為虎，而自為其倀；其賢者，亦僅以堯跖[1]為主，而自為其狗也。以言乎第一義，則今日四萬萬人中，其眼光能及於一身以上者幾人？攘而往，熙而來；苟有可以謀目前錙銖之私利者，雖賣盡全國之同胞以圖之，所弗辭也。其所謂第一等人者，則獨善其身，鄉黨自好者流也。是即吾所謂逋群負而不償者也（見〈論公德〉）。夫獨善之與私惡，其所以自立者雖不同，要其足以召國家之衰亡一也。以言乎第二義，則吾中國相傳天經地義，曰忠、曰孝，尚矣！雖然言忠國則其義完，言忠君則其義偏，何也？忠孝二德，人格最要之件也。二者缺一，時曰非人。使忠而僅以施諸君也，則天下之為君主者，豈不絕其盡忠之路？生而抱不具人格之缺憾耶？則如今日美、法等國之民，無君可忠者，豈不永見屏於此德之外，而不復得列於人類耶？顧吾見夫為君主者，與為民主國之國民者，其應盡之忠德，更有甚焉者也。人非父母無自生，非國家無自存。孝於親，忠於國，皆報恩之大義，而非為一姓之家奴走狗者所能冒也。而吾中國人以忠之一字為主僕交涉之專名，何其傎也！（君之當忠，更甚於民，何也？民之忠也，僅在報國之一義務耳。君之忠也，又兼有不負付託之義務，安在其忠德之可以已耶？夫孝者，子所對於父母之責任也，然為人父者，何嘗可以缺孝德。父不可不孝，而君顧可以不忠乎？僅言忠君者，吾見其不能自完其說也。）以言乎第三義，則吾國歷史彌天之大辱，而非復吾所忍言矣。計自漢末以迄今日，凡一千七百餘年間，我中國全土，為他族所占領者，三百五十八年。其黃河以北，乃至七百五十九年。今列其種族及時代為表如左：

1 堯，上古時代的賢君。跖，古代傳說中的大盜。

國名	國祖	種族	都	今地	興起年代	滅亡年代
漢	劉淵	匈奴	平陽	山西平陽府	三〇四年（西曆）	三一九年（西曆）
成	李雄	巴氐	成都	四川成都府	三〇四年	三四七年
後趙	石勒	羯	鄴	直隸順德府	三一八年	三五一年
燕	慕容皝	鮮卑	鄴	直隸順德府	三三七年	三七〇年
代	拓跋猗盧	鮮卑	盛樂	山西大同府	三〇九年	三七六年
秦	苻堅	氐	長安	陝西西安府	三五一年	三九四年
後燕	慕容垂	鮮卑	中山	直隸定州	三八三年	四〇八年
後秦	姚萇	羌	長安	直隸定州	三八四年	四一七年
西燕	慕容沖	鮮卑	長子	山西潞州府	三八四年	三九四年
西秦	乞伏乾歸	鮮卑	苑川	甘肅鞏昌府	三八五年	四三一年
後涼	呂光	氐	姑臧	甘肅涼州府	三八六年	四〇三年
南燕	慕容德	鮮卑	廣固	山東青州府	三九八年	四一〇年
南涼	禿髮傉檀	鮮卑	廉川	甘肅西寧府	四〇二年	四一四年
北涼	沮渠蒙遜	匈奴	張掖	甘肅甘州府	四〇二年	四三九年
大夏	赫連勃勃	匈奴	統萬	甘肅寧夏府	四〇七年	四三一年
後魏	拓跋珪	鮮卑	平城	山西大同府	三八六年	五六四年
契丹			五代時燕雲十六州			
金	完顏阿骨打	女真	汴	河南開封府	一一二六年	一二三四年
元	成吉思汗	蒙古	北京	直隸順天府	一二七七年	一三六七年

嗚呼！以黃帝神明華胄所世襲之公產業，而為人紾而奪之者，屢見不一也。而所謂黃帝子孫者，迎壺漿，若崩厥角。紆青紫，臣妾驕人。其自嚙同類以為之盡力者，又不知幾何人也！陳白沙[2]崖山〈弔古詩〉有云：「鐫功奇石張宏範，不是胡兒是漢兒！」嗟夫！嗟夫！晉宋以來之漢兒，其豐功偉烈與張宏範後先輝映者，何啻千百？白沙先生，無乃所見不廣乎。國家思想之銷亡，至是而極！以言乎第四義，則中國儒者動曰平天下、治天下。其尤高尚者，如江都《繁露》之篇[3]，橫渠〈西銘〉之作[4]，視國家為渺小之一物，而不屑厝意。究其極也，所謂國家以上之一大團體，豈嘗因此等微妙之空言而有所補益？而國家則滋益衰矣。若是乎吾中國人之果無國家思想也，危乎痛哉！吾中國人之無國家思想，竟如是其甚也！

吾推其所以然之故，厥有二端：一曰知有天下而不知有國家，二曰知有一己而不知有國家。其誤認國家為天下也，復有二因：第一由於地理者。歐洲地形山河綺錯，華離破碎，其勢自趨於分立。中國地形平原磅礴，阨塞交通，其勢自趨於統一。自秦以後二千餘年，中間惟三國、南北朝三百年間稍為分裂，餘則皆四海一家。即偶有割據，亦不旋踵而合併也。環其外者，雖有無數蠻族，然其幅員，其戶口，其文物，無一足及中國。若蔥嶺以外，雖有波斯、印度、希臘、羅馬諸文明國，然

2 陳獻章（一四二八－一五〇〇年），世稱白沙先生，明代學者。

3 此處「江都」指清代學者凌曙（一七七五－一八二九年），其為江蘇江都人，曾作《春秋繁露注》。

4 張載（一〇二〇－一〇七七年），世稱橫渠先生，北宋理學家，著有〈西銘〉。

彼此不相接，不相知。故中國之視其國如天下，非妄自尊大也，地理使然也。夫國也者，以對待而成。中國人國家思想發達，所以較難於歐洲者，勢也。第二由於學說者。戰國以前，地理之勢未合，群雄角立，而國家主義亦最盛。顧其弊也，爭地爭城，殺人盈野，塗炭之禍，未知所極。有道之士，愍然憂之，矯枉過正，以救末流。孔子作《春秋》，務破國界歸於一王，以文致太平。孟子謂：「天下惡乎定？定於一。」其餘先秦諸子，如墨翟、宋牼[5]、老聃、關尹[6]之流，雖其哲理各自不同，至言及政術，則莫不以統一諸國為第一要義。蓋救當時之弊，不得不如是也。人心之厭分爭已甚，遂有嬴政、劉邦諸梟雄接踵而起。前此書生之坐論，忽變為帝者之實行中央集權之勢，遂以大定。帝者猶慮其未固也。乃更燔百家之言，錮方術之士。而務剌取前哲緒論之有利於己者，特表彰之，以陶冶一世，於是國家主義遂絕。其絕也，未始不由孔、墨諸哲消息於其間也。雖然，是固不可以為先哲咎。彼其時固當然，而扶東倒西，又人類之弱點而不能避者也。佛以說法度眾生，而法執者（謂執泥於法也）即由法生惑焉。後人狃一統而忘愛國，又豈先聖之志也？且人與人相處，而不能無彼我之界者，天性然矣。國界既破，而鄉族界、身家界反日益甚。是去十數之大國，而復生出百數千數無量數之小國，馴至四萬萬人為四萬萬國焉。此實吾中國二千年來之性狀也。惟不知有國也，故

5 也作宋銒，戰國時宋人，其思想接近墨家，提倡崇儉、非鬥。

6 尹喜，也稱為關尹，周昭王時任函谷關尹。據說老子騎青牛出函谷關時，關尹向老子問學，老子因此留下《道德經》一書。

其視朝廷，不以為國民之代表，而以為天帝之代表。彼朝廷之屢易而不動其心也，非恝也，蒼天死而黃天立，白帝殺而赤帝來，於我下界凡民有何與也？稟受於地理者既若彼，熏習於學說者又若此，我國人之無國家思想也，又何怪焉！又何怪焉！

雖然，知有天下而不知有國家，此不過一時之謬見。其時變，則其謬亦可自去。彼謬之由地理而起者，今則全球交通，列強比鄰，閉關一統之勢破，而安知殷憂之不足以相啟也。謬之由學說而起者，今則新學輸入，古義調和，通變宜民之論昌，而安知王霸之不可以一途也？所最難變者，則知有一己而不知有國家之弊，深中於人心也。夫獨善其身，鄉黨自好者，畏國事之為己累而逃之也。家奴走狗於一姓而自詡為忠者，為一己之爵祿也。勢利所在，趨之若蟻。而更自造一種道德，以飾其醜，而美其名也。不然，則二千年來與中國交通者，雖無文明大國，而四面野蠻，亦何嘗非國耶？謂其盡不知有對待之國，又烏可也？然試觀劉淵[7]、石勒[8]以來，各種人之入主中夏，曾有一焉無漢人以為之佐命元勳者乎？昔嵇紹[9]生於魏晉，人篡其君而戮其父，紹靦顏事兩重不共戴天之仇敵，且為之死而自以為忠。後世盲史家亦或以忠許之焉。吾甚惜乎至完美至高尚之忠德，將為此輩汙衊以盡也。無他，知有己而已。有能富我者，吾願為之吮癰；有能貴我者，吾願為之叩頭。其來歷何如，

7 ?—三一〇年，五胡十六國時期漢趙的開國君主。

8 二七四—三三三年，五胡十六國時期後趙的開國君主。

9 二五三—三〇四年，西晉大臣，其父嵇康為司馬昭所殺，嵇紹則在八王之亂中喪命。

豈必問也？若此者，其所以受病，全非由地理學說之影響。地理學說雖萬變，而奴隸根性終不可得變。嗚呼！吾獨奈之何哉！吾獨奈之何哉！不見乎聯軍入北京，而順民之旗，戶戶高懸，德政之傘，署銜千百。嗚呼痛哉！吾語及此，無眥可裂，無髮可豎，吾惟膽戰，吾惟肉麻。忠云忠云，忠於勢云爾！忠於利云爾！不知來，視諸往。他日全地球勢利中心點之所在，是即四萬萬忠臣中心點之所在也。而特不知國於此焉者之誰與立也？

嗚呼！吾不欲多言矣！吾非敢望我同胞將所懷抱之利己主義剷除淨盡，吾惟望其擴充此主義，鞏固此主義，求如何而後能真利己，如何而後能保己之利使永不失。則非養成國家思想，不能為功也。同胞乎！同胞乎！勿謂廣土之足恃，羅馬帝國全盛時，其幅員不讓我今日也。勿謂民眾之足恃，印度之土人，固二百餘兆[10]也。勿謂文明之足恃，昔希臘之雅典，當其為獨立國也，聲明文物甲天下。及其服從他族，萎靡不振，以至於澌亡。而吾國當胡元時代，士大夫皆習蒙古文（《廿二史劄記》言之甚詳），而文學幾於中絕也。惟茲國家，吾儕父母兮！無父何怙，無母何恃兮，煢煢淒淒，誰憐取兮。時運一去，吾其已兮！思之思之兮，及今其猶未沫兮。

10 此處「兆」為百萬之意，二百兆即二億。

論進取冒險

天下無中立之事，不猛進，斯倒退矣；人生與憂患俱來，苟畏難，斯落險矣。吾見夫今日天下萬國中，其退步之速，與險象之劇者，莫吾中國若也，吾為此懼！

歐洲民族所以優強於中國者，原因非一，而其富於進取冒險之精神，殆其尤要者也。今勿徵諸遠，請言其近者。當羅馬解紐以後，歐洲人滿為憂，紛競不可終日；時則有一寠人子，子身萬里，四度航海，舟人失望瞋怒之極，欲殺之而飲其血。而顧勇撓不屈，有進無退，卒覓得亞美利加，為生靈開出一新世界者，則西班牙之哥侖布士其人也。當羅馬教皇威力達於極點，各國君主，俯伏肘下；時則有一介僧侶（天主教之教士不娶妻，故日本假佛教僧字以名之，今從其號），悍然揭九十六條檄文於大府，鳴舊教之罪惡，倡新說以號召天下。教皇率百數十王侯，開法會拘而訊之，使更前說，而顧從容對簿，侃侃抗言，不屈不撓，卒能開信教自由之端緒。為人類進幸福者，則日耳曼之馬丁路得其人也。扁舟繞地球一周，凌萬濤，冒萬死，三年乃還，卒開通太平洋航路，為兩半球鑿交通之孔道者，則葡萄牙之瑪志侖其人也。隻身探險於亞非利加內地，越萬里之撒哈拉沙漠，與瘴氣戰，與土蠻戰，與猛獸戰，數十年如一日，卒使全非開通，為白人殖民地，則英國之立溫斯敦(Livingstone)其人也。十六、七世紀間，新舊教之爭正烈，日耳曼剿滅新教徒，殆無遺類，時則有波羅的海岸一蕞爾國，奮其螳臂，為人類請命，為上帝復仇，卒以萬六千之精兵橫行歐陸，拯民塗炭，犧牲一身而不悔者，則瑞典王亞多法士[1]其人也。俄羅斯經蒙古蹂躪之後，元氣新復，積弱蠻陋，無足比數，時則有以萬乘之尊，微服外游，雜伍傭作，學其文明技術，傳與其民，使其國為今日世界第一雄國，駸駸乎有囊括宇內之觀者，則俄皇大彼得(Peter the Great)其人也。英國自額里查白（英女皇名）[2]以後，積勝而驕，立憲美政，漸以墜地，時則有一窮壤牧夫，攘臂以舉義旗，興國會軍，血戰八年，卒俘獨夫，重興民政，使北海三島為文明政體之祖國，國旗輝於大地者，則英吉利之克林威爾其人也。美受英軛，租稅煩重，人權蹂躪，民不聊生，時則有一穹谷佽農，叩自由之鐘，揭獨立之旗，毫無憑藉，以抗大敵，卒能建雄邦於新世界，今日幾為二十世紀地球之主人翁者，則美總統華盛頓其人也。法國大革命後，風潮迅激，大陸震慴，舉國不寧；時則有一小軍隊中一小將校，奮其功名心，征埃及，征意大利，席捲全歐，建大帝國，猶率四十萬貔貅臨強俄，逐北千里，雖敗而其氣不挫，則法皇拿破崙其人也。荷為班屬，宗教壓制，虐政憔悴，緹騎遍國；時則有一亡

1 Gustav II Adolf（1611–1632 年在位），今譯為古斯塔夫二世・阿道夫。他在位期間參與三十年戰爭，使瑞典成為北歐強國。

2 即伊莉莎白一世（Elizabeth I，1558–1603 年在位）。

命志士，集勁旅於日耳曼，歸圖恢復，血戰三十七年，卒復國權，身斃於鉏麑之手而不悔者，則荷蘭之維廉額們 (William Egmont) 其人也。美國當數十年前，奴政盛行，人道滅絕，南北異趣，國幾分裂；時則有一舟人之子，以正理為甲冑，以民義為戈矛，斷然排俗情，興義戰，犧牲少數以活多數，草芥一身以獻國民，卒能實行平等博愛之理想，定國憲以為天下法，則美總統林肯其人也。羅馬云亡，遺烈久沫，寄息他族，奴畜禽視；時則有弱冠翩翩一少年，投祕密結社，傾偽政府，不能得志，逋竄異域，專務青年教育，喚起國魂，卒能使其國成獨立統一之功，列於世界第一等國者，則意大利之瑪志尼其人也。若此者，不過聊舉數賢以為例耳，其他豪傑之類此者，比肩接踵於歷史，臚其事實，則五車不能容，即算其姓名，亦更僕不能盡。於戲！何其盛哉。後世讀史者，挹其芬，汲其流，崇拜而歌舞之，而不知其當時道天下所不敢道，為天下所不敢為。其精神有江河學海不到不止之形，其氣魄有破釜沉舟一瞑不視之概。其徇其主義也，有天上地下惟我獨尊之觀；其向其前途也，有鞠躬盡瘁死而後已之志。其成也，涸腦精以買歷史之光榮；其敗也，迸鮮血以贖國民之沉孽。嗚呼！曷克有此？曰惟進取故，曰惟冒險故。

進取冒險之性質何物乎？吾無以名之，名之曰浩然之氣。孟子釋浩然之氣曰：「其為氣也，配義與道；無是，餒也。」又曰：「是集義所生者，非義襲而取之也；行有不慊於心，則餒矣。」故此性質者，人有之則生，無之則死；國有之則存，無之則亡。而所以養成之、發現之者，其根柢甚深厚，而非器性薄弱之人所能假借。試推其所原，有四端焉。

一曰生於希望。亞歷山大之親征波斯也，瀕行，舉其子女、玉帛，悉分予諸臣，無一餘者。諸臣曰：「然則王更何有乎？」王曰：「吾有一焉，曰希望。」甚哉，希望之於人，如此其偉大而有力也。凡人生莫不有兩世界，其在空間者，曰實跡界，曰理想界；其在時間者，曰現在界，曰未來界。實跡與現在，屬於行為；理想與未來，屬於希望。而現在所行之實跡，即為前此所懷理想之發表；而現在所懷之理想，又為將來所行實跡之券符。然則實跡者，理想之子孫；未來者，現在之父母也。故人類所以勝於禽獸，文明人所以勝於野蠻，惟其有希望故，有理想故，有未來故。希望愈大，則其進取冒險之心愈雄。越王勾踐之棲會稽，以薪為蓐，以膽為糧，彼其心未嘗一日忘沼吳也。摩西率頑冥險躁之猶太人民，彷徨於亞剌伯沙漠四十餘年，彼蓋日有一葡萄滋熟，蜜乳芬郁之迦南樂土，來往於其胸中也。王陽明詩云：「人人有路透長安，坦坦平平一直看。」豈惟吳會？豈惟迦南？蓋丈夫之所以立於世者，莫不有第二之世界以為其歸宿之一故鄉，各懷希望以奔於無極之長途，此世運所以日進步也。以此希望故，故其於現在界，於實跡界，不惜絞其腦，滴其汗，胼胝其手足，甚乃獻其血，蛻其骸。豈徒然哉？其將有所易也。西哲有言：「上帝語眾生曰：『汝所欲之物，吾悉畀汝，但汝當納其代價。』」進取冒險者，希望之代價也。彼禽獸與野蠻人，飢則求食，飽則嬉焉，知有今日而不知有明日。人之所以為人，文明之所以為文明，亦曰知明日而已。惟明日能繫我於無極，而三日焉，而五日焉，而七日焉，而一旬焉，而一月焉，而一年焉，而十年焉，而百年焉，而千萬年焉，而億兆京垓無量數不可思議年焉，皆明日之積也。保守今日，故進取之念消；偷安今日，故冒險之氣亡。若此者，是棄其所以為人之具，而自儕於群動也。吾乃知進取冒險之不可以已如此其甚也。

二曰生於熱誠。吾讀《史記．李將軍列傳》，至「廣出獵，見草中石，以為虎，射之，中石沒羽；視之，石也。因復更射之，終不能復入石矣！」未嘗不歎人生之能力，無一定界限，無一定程度，而惟以其熱誠之界限程度為比例差。其動機也希微，其結果也殊絕；而深知夫天下古今之英雄豪傑、孝子烈婦、忠臣義士，以至熱心之宗教家、政治家、美術家、探險家，所以能為驚天地、泣鬼神之事業，震宇宙而昭蘇之者，其所得皆有由也。西儒姚哥氏[3]有言：「婦人弱也，而為母則強。」夫弱婦何以能為強母？惟其愛兒至誠之一念，則雖平生嬌不勝衣，情如小鳥，而以其兒之故，可以獨往獨來於千山萬壑中，虎狼吼咻，魍魎出沒，而無所於恐，無所於避。大矣哉！熱誠之愛之能易人度也。朱壽昌之棄官行乞[4]，跋涉風雪，愛其親也。豫讓之漆身為厲[5]，被髮為奴，愛其君也。諸葛武侯之扶病出師，洒一掬之淚於五丈原頭而不辭者，愛知己也。克林威爾冒弑君之大不韙，且兩度解散國會，受專制之嫌而無憚者，愛國民也。林肯不顧國內之分裂，不恤戰爭之塗炭，而毅然布放

---

3 Victor Hugo (1802–1885)，今譯為雨果，是法國浪漫主義文學的代表作家。

4 朱壽昌（一〇一四－一〇八三年），宋代官員。幼年時母親改嫁，朱壽昌後來為了尋找生母而辭官。

5 豫讓（?－西元前四五三年），是春秋時代晉國卿相智伯的家臣。智伯被殺之後，豫讓在身上塗漆以使皮膚長惡瘡、吞炭讓聲音喑啞，以伺機為智伯報仇。

奴令於南美者，愛公理也。十六、七世紀之間，新教徒抵抗教皇者二百餘年，死者以千數百萬計，而未嘗悔者，愛上帝，愛自由也。十九世紀革命風潮遍於全歐，擲無量數之頭顱、血肉，前者仆而後者繼，亦以其民之愛國而自愛也。彼男女之相悅，則固常背父母、犯輿論，千回百折以相從矣，甚者乃相為死矣。夫人情孰不愛生而惡死，顧其所愛有甚於生者，故或可以得生而不用也。《戰國策》言，有攫金於齊市者，士官拘而鞫之，其人曰：「吾攫金時，只見金，不見人。」彼夫英雄豪傑，孝子烈婦，忠臣義士，以至熱心之宗教家、政治家、美術家、探險家，當其徇其主義，赴其目的，何一非「見金不見人」之類也？若是者，莫之為而為，莫之致而至，豈惟不見有人，並不見有我焉。無以名之，名之曰「煙士披里純」(Inspiration)。「煙士披里純」者，熱誠最高潮之一點，而感動人，驅迫人，使上於冒險進取之途者也。而此熱誠又不惟於所愛者有之，乃至哀之極、怒之極、危險之極，亦常為驅發熱誠之導線。處火宅者，弱女能運千鈞之筩；臨敵陣者，疲馬亦作突圍之想。故曰：「不摶不躍，不激不行。」可愛者而不知愛，可哀者而不知哀，可怒者而不知怒，可危者而不知危；此所謂無人性也。吾乃知進取冒險之不可以已如此其甚也！

三曰生於智慧。凡人之有所畏縮也，必其於事理見之未明者也。孩童婦嫗最畏鬼，暮夜則不敢出也；野蠻民族最畏禨祥，龜筮不從則不敢動作也；日食、彗見則恐懼潛藏也；禮拜五曰不宜出行也，十三人不敢共膳也（二者皆西俗）。此皆知有所蔽，而行遂有所怯也。灘石錯落，河流激湍，非習水性者不敢渡焉；大雪漫野，坑谷皆盈，非識地勢者不敢凌焉。見之不審，則其氣先餒；餒則進取之精神萎地矣。故王陽明以知行合一為教義，誠得其本也。哥倫布之敢於航大西洋而西也，蓋深信地圓之理，而知彼岸必有極樂世界也。格蘭斯頓之堅持愛爾蘭自治也，蓋深信民族主義、自由平等主義，知非此而英、愛不能相安也。猛虎躡於後，則越澗穿林如平地；大火燎於棟，則飛簷走壁如轉蓬。知虎與火之能殺人，而不得不冒次險以避最險也。若乳嬰之子，不知虎之暴而火之烈，則嬉然安之而已。故進取冒險之精神，又常以其見地之淺深高下為比例差。欲養氣者必先積智，非虛言也。而不然者，為教宗之奴隸，為先哲之奴隸，為習俗之奴隸，為居上位有權勢者之奴隸，乃至自為其心之奴隸，其心又為四支百體之奴隸，重重縛軛，奄奄就死，無復生人之趣矣。吾乃知進取冒險之不可以已如此其甚也。

四曰生於膽力。拿破崙曰：「『難』之一字，惟愚人所用字典為有之耳。」又曰：「『不能』二字，非法蘭西人所用也。」納爾遜[6]曰：「吾未見所謂可畏者，吾不識『畏』之為何物也。」（納爾遜，英國名將，即掃盪拿破崙海軍者也。當五歲時，常獨游山野，遇迅雷風烈，入夜不歸。其家遣人覓得之，則危坐於山巔一破屋也。其祖母責之曰：「嘻！異哉！何物怪童，此可怖之現象，竟不能驅汝歸家耶？」納則答曰：「Fear? I never saw fear, I do not know what it is!」即此文是也。譯為華言，不能得其精神於萬一。）嗚呼！至今讀此言，神氣猶為之王焉。豈偉人之根器，固非吾輩所能企乎？抑自有之而

6 Horatio Nelson (1758–1805)，英國十八世紀末至十九世紀初著名將領，曾在一八〇五年特拉法加戰役擊敗拿破崙與西班牙聯軍，但納爾遜也在戰役中身亡。

自不用也？拿破崙所歷，至難之境正多；納爾遜所遇，可畏之端亦不少。而拿、納若行所無事者，無他，其氣先足以勝之也。佛說三界唯心，萬法唯識[7]。吾以為不能焉，以為可畏焉，斯不能矣，斯可畏矣；吾以為能焉，以為無畏焉，斯亦能矣，斯亦無畏矣。此其理真非鈍根眾生之所能悟也。雖然，猶有二義焉：凡人之有疾病者，雖復齒痛鼻眩之微末，而其日之精神志氣，輒為之萎縮，蓋氣力與體魄常相依而為用者也。此一說也。又莊敬日強，安惰日偷，生理之大經也。曾文正曰：「身體強弱，卻不宜過於愛惜；精神愈用則愈出，陽氣愈提則愈盛。若存一愛惜精神的意思，將前將卻，奄奄無氣，決難成事。」此又一說也。若是乎體魄之不可不自壯，而膽力亦未嘗不可以養成也。若拿破崙，若納爾遜，若曾國藩，皆進取冒險之豪傑，永為後輩典型者也。（曾文正最講踏實地步，謹慎小心；然其中自有冒險之精神，細讀全集自能見之。）吾乃知進取冒險之不可以已如此其甚也！

危乎，微哉！吾中國人無進取冒險之性質，自昔已然，而今且每況愈下也。曰：「知足不辱，知止不殆」，曰：「知白守黑，知雄守雌」，曰：「不為物先，不為物後」，曰：「未嘗先人，而常隨人」，此老氏之讕言，不待論矣。而所稱誦法孔子者，又往往遺其大體，摭其偏言，取其「狷」主義，而棄其「狂」主義；取其「勿」主義，而棄其「為」主義；（「勿」主義者，懲忿窒欲之學也；如「非禮勿視」四句等義是。「為」主義者，開物成務之學也；如「天下有道，某不與易」等義是。）取其

7佛教將人所身處的世間分為欲界、色界、無色界；萬法指世上的一切道理。「三界唯心，萬法唯識」意為三界都是由「心」所創造的；一切事物、思想都是由「識」所產生的。

「坤」主義，而棄其「乾」主義；（地道、妻道、臣道，此「坤」主義也。自強不息，此「乾」主義也。）取其「命」主義，而棄其「力」主義。（《列子》有〈力命篇〉，《論語》稱子罕言命，又稱子不語力。其實力、命兩者，皆孔子所常言。知命之訓，力行之教，昭昭然矣。）其所稱道者曰：「樂則行之，憂則違之」也，曰：「無多言，多言多患；無多事，多事多敗」也，曰：「危邦不入，亂邦不居」也，曰：「孝子不登高，不臨深」也。夫此諸義，亦何嘗非孔門所傳述，然言非一端，義各有當，孔子曷嘗以此義盡律天下哉？而末俗承流，取便利己，遂蒙老馬以孔皮，[8]易尼鄫以聃莒，[9]於是進取冒險之精神澌滅以盡。試觀一部十七史之列傳，求所謂如哥侖布、立溫斯敦者有之乎？曰無有也。求所謂如馬丁路得、林肯者有之乎？曰無有也。求所謂如克林威爾、華盛頓者有之乎？曰無有也。藉有一二，則將為一世之所戮辱而非笑者也。不曰好大喜功，則曰忘身及親也。積之數千年，浸之億萬輩，而霸者復陽芟之而陰鋤之，務使一國之人，鬼脈陰陰，病質奄奄，女性纖纖，暮色沉沉。嗚呼！一國之大，有女德而無男德，有病者而無健者，有暮氣而無朝氣，甚者乃有鬼道而無人道。恫哉！恫哉！吾不知國之何以立也？君夢如何？我憂孔多！撫絃慷慨，為少年進步之歌。歌曰：

8 指將老子思想蒙上孔子學說的外皮。

9 「尼」指孔仲尼（孔子），「聃」即老聃（老子）。鄫為中國古代的小國，在春秋時被莒國所滅。此句是指當時老子學說盛行，孔學為其所奪。

Never look behind, boys,
When you’re on the way;
Time enough for that, boys,
On Some future day.
Though the way be long, boys,
Face it with a will;
Never stop to look behind
When climbing up a hill.
First be sure you’re right, boys,
Then with courage strong
Strap your pack upon your back;
And tramp, tramp along.
When you’re near the top, boys,
Of the rugged way,
Do not think your work is done,
But climb, climb away.

Success is at the top, boys,
Waiting there until
Patient, plodding, plucky boys,
Have mounted up the hill.

論權利思想

人人對於人而有當盡之責任，人人對於我而有當盡之責任。對人而不盡責任者，謂之間接以害群；對我而不盡責任者，謂之直接以害群。何也？對人而不盡責任，譬之則殺人也；對我而不盡責任，譬之則自殺也。一人自殺，則群中少一人；舉一群之人而皆自殺，則不啻其群之自殺也。

我對我之責任奈何？天生物而賦之以自捍自保之良能，此有血氣者之公例也。而人之所以貴於萬物者，則以其不徒有「形而下」之生存，而更有「形而上」之生存。形而上之生存，其條件不一端，而權利其最要也。故禽獸以保生命為對我獨一無二之責任。而號稱人類者，則以保生命、保權利兩者相倚，然後此責任乃完。苟不爾者，則忽喪其所以為人之資格，而與禽獸立於同等之地位。故羅馬法視奴隸與禽獸等，於論理上誠得其當也。（以論理學三段法演之，其式如下：無權利者禽獸也。奴隸者，無權利者也。故奴隸即禽獸也。）故形而下之自殺，所殺者不過一人；形而上之自殺，則舉全社會而禽獸之。且禽獸其苗裔，以至於無窮。吾故曰，直接以害群也。嗚呼！吾不解吾中國人之甘於自殺者何其多也。

權利何自生？曰生於強。彼獅虎之對於群獸也，酋長國王之對百姓也，貴族之對平民也，男子之對女子也，大群之對於小群也，雄國之對於孱國也，皆常占優等絕對之權利。非獅、虎、酋長等之暴惡也，人人欲伸張己之權利而無所厭，天性然也。是故權利之為物，必有甲焉，先放棄之，然後有乙焉，能侵入之。人人務自強以自保吾權，此實固其群、善其群之不二法門也。古代希臘有供養正義之神者，其造像也，左手握衡，右手提劍。衡所以權權利之輕重，劍所以護權利之實行。有劍無衡，是豺狼也；有衡無劍，則權利者亦空言而卒歸於無效。德儒伊耶陵(Jhering)[1]所著《權利競爭論》[2]（原名為 *Der Kampf ums Recht*，英譯為 *The Struggle for Law*。伊氏為私法學大儒，生於一八一八年，卒於一八九二年。此書乃其被聘於奧國維也納大學為教授時所著也。在本國重版九回，他國文翻譯者二十一種，其書之價值可知矣。去年譯書彙編同人，曾以我國文翻譯之。僅成第一章，而其下闕如。余亟欲續成之，以此書藥治中國人尤為對病也。本論要領，大率取材伊氏之作，故述其崖略如此）云：「權利之目的在平和，而達此目的之方法，則不離戰鬥。有相侵者，則必相拒；侵者無已時，故拒者亦無盡期。質而言之，則權利之生涯競爭而已。」又曰：「權利者，不斷之勤勞也。勤勞一弛，而權利即歸於滅亡。」若是乎，權利之為物，其所以得之與所以保之者，如此其不易也。

藉欲得之，藉欲保之，則權利思想，實為之原。夫人之有四肢五臟也，是形而下生存之要件也。使內而或肝或肺，外而或指或趾，其有一不適者，孰不感苦痛而急思療治之？夫肢臟之苦痛，是即

1 Rudolf von Jhering (1818–1892)，今譯為耶林，十九世紀德國法學家。

2 根據一八七二年伊耶陵在維也納的一場著名演講整理而成，為其代表作之一。

其身內機關失和之徵也，是即其機關有被侵焉之徵也。而療治者，即所以防禦此侵害以自保也。形而上者之侵害亦有然，有權利思想者，一遇侵壓，則其苦痛之感情，直刺焉、激焉，動機一撥而不能自制，亟亟焉謀抵抗之，以復其本來。夫肢臟受侵害而不覺苦痛者，必其麻木不仁者也。權利受侵害而不覺苦痛，則又奚擇焉？故無權利思想者，雖謂之麻木不仁可也。

權利思想之強弱，實為其人品格之所關。夫彼為臧獲者，雖以窮卑極恥之事廷辱之，其受也泰然。若在高尚之武士，則雖擲頭顱以抗雪其名譽，所不辭矣。為穿窬者，雖以至醜極垢之名過毀之，其居也恬然。若在純潔之商人，則雖傾萬金以表白其信用，所不辭矣，何也？當其受侵、受壓、受誣也，其精神上無形之苦痛，直感覺而不能自已。彼誤解權利之真相者，以為是不過於形骸上、物質上之利益，齗齗計較焉。嘻！鄙哉！其為淺丈夫之言也。譬諸我有是物，而橫奪於人，被奪者奮然抗爭於法庭，彼其所爭之目的，非在此物也，在此物之主權也。故常有訴訟之先，聲言他日訟直所得之利益，悉以充慈善事業之用者。苟其志而在利也，則此胡為者，故此等之訴訟，可謂之道德上問題，而不可謂算學上之問題。苟為算學上之問題，則必先持籌而計之曰：吾訴訟費之所損，可以償訟直之所得乎？能償則為之，不能則已之，此鄙夫之行也。夫此等計算者，對於無意識之損害可以用之。譬如墜物於淵，欲傭人而索之，因預算其物值與傭值之相償，是理之當然也。其目的在得物之利益也。爭權利則不然，其目的非在得物之利益也。故權利與利益，其性質正相反對。貪目前之苟安，計錙銖之小費者，其勢必至視權利如弁髦，此正人格高下垢淨所由分也。

昔藺相如叱秦王曰：「臣頭與璧俱碎！」以趙之大，何區區一璧是愛？使其愛璧，則碎之胡為者？乃知璧可毀，身可殺，敵可犯，國可危，而其不可屈者，別有在焉。噫！此所謂權利者也。伊耶陵又言曰：「英國人之遊歷歐洲大陸者，或偶遇旅館輿夫有無理之需索，輒毅然斥之。斥之不聽，或爭議不決者，往往寧延遲行期數日數旬，所耗旅費，視所爭之數增至十倍，亦所不恤焉。無識者莫不笑其大愚，而豈知此人所爭之數喜林[3]（英國貨幣名，一喜林約當墨銀半圓），實所以使堂堂英吉利國屹然獨立於世界之要具也。蓋權利思想之豐富，權利感情之敏銳，即英人所以立國之大原也。今試舉一奧大利人（伊氏著書教授於奧大利，故以此鞭策奧人），與此英人地位同、財力同者相比較，其遇此等事，則所以處置者何如？必曰：此區區者，豈值以之自苦而滋事也？直擲金拂衣而去耳。而烏知夫此英人所拒，奧人所擲數片喜林之中，有一絕大之關係隱伏焉。即兩國數百年來政治上之發達，社會上之變遷，皆消息乎其間也。」嗚呼！伊氏之言，可謂博深而切明矣。吾國人試一自反，吾儕之權利思想，視英人奧人誰似也？

論者或疑此事為微末而不足道乎，請言其大者。譬有兩國於此，甲國用無理之手段，以奪乙國磽确不毛之地一方里。此被害國者，將默而息乎？抑奮起而爭？爭之不得，而繼以戰乎？戰役一起，則國帑可以竭，民財可以盡；數十萬之壯丁，可以一朝暴骨於原野之中。帝王之瓊樓玉宇，窶民之篳門圭竇，可以同成一燼。馴至宗社可以屋，國祀可以滅，其所損與一方里地之比較，何啻十百千

3 即先令（Shilling），曾為英國通行之貨幣，現已不使用。

萬？就其得之，亦不過一方里石田耳。若以算學上兩兩相衡，彼戰焉者可不謂大愚哉！而豈知一方里被奪而不敢問者，則十里亦奪，百里亦奪，千里亦奪，其勢不至以全國委於他人而不止也。而此避競爭、貪安逸之主義，即使其國喪其所以立國之原也。故夫受數喜林之欺騙屈辱而默然忍容者，則亦可以對於本身死刑之宣告自署名而不辭者也。被奪一方里之地而不發憤者，則亦可以舉其父母之邦之全圖獻賣於他人，而不以動其心者也。此其佐證豈在遠？反觀我國，而使我慚悚無地矣。

盎格魯撒遜人不待言矣，條頓人不待言矣，歐洲之白種人不待言矣。試就近比照之於日本。日本當四十年前，美國一軍艦始到，不過一測量其海岸耳，而舉國無論為官、為士、為農、為工、為商、為僧、為俗，莫不瞋目切齒，攘臂扼腕，風起水涌，遂以奏尊攘之功，成維新之業。而我中國以其時燔圓明園，定〈南京條約〉，割香港，開五口。試問我國民之感情何如也？當八年前，俄、德、法三國逼日本還遼，不過以其所奪人者歸原主耳。而舉國無論為官、為士、為農、為工、為商、為僧、為俗，莫不瞋目切齒，攘臂扼腕，風起水涌，汲汲焉擴張軍備，臥薪嘗膽，至今不忘。而我中國以其時割膠州、旅順等六、七軍港，定各國勢力範圍，浸假而聯軍入京，燕、薊塗炭，試問我國民之感情何如也？彼其智寧不知曰，此我之權利也。但其有權利而不識有之之為尊榮，失權利而不知失之之為苦痛。一言蔽之，曰無權利思想而已。

吾中國先哲之教曰：「寬柔以教，不報無道。」曰：「犯而不校。」曰：「以德報怨，以直報怨。」此自前人有為而發之言，在盛德君子偶一行之，雖有足令人起敬者，而末俗承流，遂藉以文其怠惰恇怯之劣根性，而誤盡天下。如所謂百忍成金，所謂唾面自乾，豈非世俗傳為佳話者耶？夫人而至於唾面自乾，天下之頑鈍無恥，孰過是焉？今乃欲舉全國人而惟此之為務，是率全國人而為無骨、無血、無氣之怪物，吾不知如何而可也。中國數千年來，誤此見解，習非成是，並為一談。使勇者日即於銷磨，怯者反有所藉口。遇勢力之強於己者，始而讓之，繼而畏之，終而媚之。弱者愈弱，強者愈強，奴隸之性，日深一日。對一人如是，對團體亦然；對本國如是，對外國亦然。以是而立於生存競爭最劇最烈之場，吾不知如何而可也。

大抵中國善言仁，而泰西善言義。仁者，人也。我利人，人亦利我，是所重者常在人也。義者，我也。我不害人，而亦不許人之害我，是所重者常在我也。此二德果孰為至乎？在千萬年後大同太平之世界，吾不敢言。若在今日，則義也者，誠救時之至德要道哉。夫出吾仁以仁人者，雖非侵人自由，而待仁於人者，則是放棄自由也。仁焉者多，則待仁於人者亦必多，其弊可以使人格日趨於卑下。（歐西百年前，以施濟貧民為政府之責任，而貧民日以多。後悟此理，釐而裁之，而民反殷富焉。君子愛人以德，不聞以姑息。故使人各能自立，而不倚賴他人者上也。若曰吾舉天下人而仁之，毋乃降斯人使下己一等乎。）若是乎仁政者，非政體之至焉者也。吾中國人惟日望仁政於其君上也。故遇仁焉者，則為之嬰兒；遇不仁焉者，則為之魚肉。古今仁君少而暴君多，故吾民自數千年來祖宗之遺傳，即以受人魚肉為天經地義，而權利二字之識想，斷絕於吾人腦質中者固已久矣。

楊朱曰：「人人不損一毫，人人不利天下，天下治矣。」吾疇昔最深惡痛恨其言，由今思之，蓋亦有所見焉矣。其所謂人人不利天下，固公德之蟊賊；其所謂人人不損一毫，抑亦權利之保障也。（《列子・楊朱篇》記楊徒孟孫陽與墨徒禽滑釐問答之言云：「孟孫陽難禽子曰：『有侵若肌膚獲萬金者，為之乎？』曰：『為之。』孟孫陽曰：『有斷若一節，得一國，子為之乎？』禽子默然有間。孟孫陽曰：『一毛微於肌膚，肌膚微於一節，省矣。然則積一毛以成肌膚，積肌膚以成一節，一毛固一體萬分中之一物，奈何輕之乎？』」此語與前所引英人爭數喜林之事，及為一方里地而構兵之事，正同一理。蓋哲學開派一大師之言，其持論必有所根據，非徒放誕縱樂而已。不然，其言何以能盈天下，而與儒、墨鼎足為三也。然則楊朱者，實主張權利之哲學家，而亦中國救時一良方也，不過其論有雜駁焉者耳。）夫人雖至鄙吝，至不肖，亦何至愛及一毫？而顧斷斷焉爭之者，非爭此一毫，爭夫人之損我一毫所有權也（所有權即主權）。是推權利思想充類至義之盡者也。一部分之權利，合之即為全體之權利；一私人之權利思想，積之即為一國家之權利思想。故欲養成此思想，必自個人始。人人皆不肯損一毫，則亦誰復敢攖他人之鋒而損其一毫者？故曰：天下治矣。非虛言也。（西哲名言曰：「人人自由，而以他人之自由為界。」實即人人不損一毫之義也。不過其語有完有不完者耳。）雖然，楊朱非能解權利之真相者也，彼知權利當保守而勿失，而不知權利以進取而始生。放佚也，偷樂也，任運也，厭世也，皆殺權利之劊子手也。而楊朱日昌言之，以是求權利，則何異飲鴆以祈永年也？此吾中國所以雖盛行楊學，而惟薰染其人人不利天下之流毒，而不能實行其人人不損一毫之理想也。權利思想薄弱使然也。

權利思想者，非徒我對於我應盡之義務而已，實亦一私人對於一公群應盡之義務也。譬之兩陣交綏，同隊之人，皆賭生命以當公敵，而一人獨貪安逸，避競爭，曳兵而走焉。此人之犧牲其名譽，不待言矣。而試思此人何以能幸保首領？且其禍仍未延及於全群者，毋亦恃同隊之人，有代己而抗敵者耳。使全軍將卒，皆與此怯夫同流，望風爭逃，則此怯夫與其群，非悉為敵所屠而同歸於盡不止也。彼一私人自拋棄其權利者，與此逃亡之弱卒何擇也？不寧惟是，權利者，常受外界之侵害而無已時者也。故亦必常出內力之抵抗而無已時，然後權利始成立。抵抗力厚薄，即為權利強弱比例差。試更以前喻明之。夫以千人之隊，則其間一卒之去就，微末亦甚矣。然使百人乃至數百人，脫隊而逃，則其結果如何？其所餘不逃之卒，必不可不加數倍之苦戰，代此逃者而荷其負擔，雖復忠勇義烈，而其力亦有所不逮矣。是何異逃者親揕不逃者之胸而剚以刃也？夫權利之競爭，亦若是則已耳。為國民者，協力各盡其分內競爭之責任，則侵壓自不得行。設有苟免倖脫而避其衝者，是不啻對於國民全體而為叛逆也。何也？是使公敵增其力，而跳梁暴肆之所由行也。彼淺見者，以為一私人之放棄權利，不過其本身之受虧被害，而影響不及於他人，何其傎也？

權利競爭之不已，而確立之、保障之者，厥恃法律。故有權利思想者，必以爭立法權為第一要義。凡一群之有法律，無論為良為惡，而皆由操立法權之人制定之，以自護其權利者也。強於權利思想之國民，其法律必屢屢變更，而日進於善。蓋其始由少數之人出其強權以自利，其後由多數之人復出其強權相抵制，而亦以自利（余所著《飲冰室自由書・論強權》一條參觀）。權利思想愈發達，則人人務為強者。強與強相遇，權與權相衡。於是平和善美之新法律乃成。雖然，當新法律與舊法律相嬗之際，常為最劇最慘之競爭。蓋一新法律出，則前此之憑藉舊法律以享特別之權利者，必受異常之侵害。故倡議制新法律者，不啻對於舊有權力之人而下宣戰書也。夫是以動力與反動力相搏，而大爭起焉！此實生物天演之公例也。當此時也，新權利、新法律之能成就與否，全視乎抗戰者之力之強弱以為斷，而道理之優劣不與焉。而此過渡時代，則倚舊者與倡新者皆不可不受大損害。試一讀歐美諸國法律發達史，如立憲政、廢奴隸、釋傭農、勞力自由、信教自由等，諸大法律，何一不自血風肉雨中薰浴而來？使倡之者有所媮，有所憚，有所姑息，而稍稍遷就於其間乎。則此退一步，彼進一步，而所謂新權利者，亦必終歸於滅亡而已。吾中國人數千年來不識權利之為何狀，亦未始不由迂儒煦煦之說階之厲也。質而言之，則權利之誕生，與人類之誕生略同。分娩拆副之苦痛，勢所不免。惟其得之也艱，故其護之也力。遂使國民與權利之間，其愛情一如母子之關係。母之生子也，實自以其性命為孤注，故其愛有非他人他事所能易者也。權利之不經艱苦而得者，如飛鴻之遺雛，猛鸇狡狐，時或得而攫之。若慈母懷中之愛兒，雖千百狐鸇，豈能褫也？故權利之薰浴於血風肉雨而來者，既得之後，而永不可復失焉。謂余不信，請觀日本人民擁護憲法之能力，與英、美人民之能力相比較，其強弱之率何如矣？若是乎專言仁政者，果不足以語於立國之道。而人民之望仁政，以得一支半節之權利者，實含有亡國民之根性，明矣。

夫專言仁政猶且不可，而虐政更何論焉。大抵人生之有權利思想也，天賦之良知良能也。而其或強或弱，或隱伏或澌亡，至不齊者，何也？則常緣其國家之歷史政治之浸潤以為差。孟子旁山之喻[4]，先我言之矣。非無萌櫱，牛羊又從而牧之，是以若彼濯濯也。歷覽東西古今亡國之史乘，其始非無一二抵抗暴制以求自由者，一鋤之，再鋤之，三四鋤之，漸萎靡，漸衰頹，漸銷鑠，久之而猛烈沉醲之權利思想，愈制而愈馴，愈沖而愈淡，乃至回復之望絕，而受羈受軛，以為固然。積之數十年、數百年，每下愈況，而常至澌亡。此固由其人民能力之薄弱，而政府之罪又烏可逭也？夫此等政府，豈嘗有一焉能嗣續其命脈以存於今日者？即有一二，亦不過風燭殘年，旦夕待死而已。政府以此道殺人，毋乃適為自殺之利刃乎。政府之自殺，己作之而己受之，其又奚尤？顧所最痛者，其禍乃延及於國家全體而不能救也。國民者，一私人之所結集也；國權者，一私人之權利所團成也。故欲求國民之思想、之感覺、之行為，捨其分子之各私人之思想、感覺、行為，而終不可得見。其民強者謂之強國，其民弱者謂之弱國。其民富者謂之富國，其民貧者謂之貧國。其民有權者謂之有權國，其民無恥者謂之無恥國。夫至以無恥國三字成一名詞，而猶欲其國之立於天地，有是理耶？有是理耶？其能受閹宦差役之婪索一錢而安之者，必其能受外國之割一省而亦安之者也。其能現奴顏婢膝，昏暮乞憐於權貴之間者，必其能懸順民之旗，簞食壺漿以迎他族之師者也。譬之器然，其完固者，無論何物不能滲也。苟有穴焉，有罅焉，我能滲之，他人亦能滲之。夫安知乎虐政所從入

4 孟子曾以牛山之木來比喻人性。牛山本來樹木茂盛，後來嫩葉都被牛羊啃食殆盡，山林成了光禿一片，人們便以為牛山不曾有樹木生長，然而此並非山的本性。孟子以此比喻人性本善，就有如牛山原本草木茂盛一般，人之所以為惡，是因未得到良好的培育。

之門，乃即外寇所從入之門也。挑鄰婦而利其從我，及為我婦則欲其為我詈人，安可得也？平昔之待其民也，鞭之、撻之、敲之、削之、戮之、辱之。積千數百年霸者之餘威，以震蕩摧鋤天下之廉恥，既殄、既獮、既夷。一旦敵國之艨艟麕集於海疆，寇仇之貔貅迫臨於城下，而後欲藉人民之力以捍衛是而綱維是，是何異不胎而求子，蒸沙而求飯也。嗟夫！嗟夫！前車之覆者不知幾何矣，而獨不解丁茲陽九[5]者，曾一自審焉否也？

重為言曰：國家，譬猶樹也。權利思想，譬猶根也。其根既撥，雖復幹植崔嵬，華葉蓊鬱，而必歸於槁亡。遇疾風橫雨，則摧落更速焉。即不爾，而旱暵之所暴炙，其萎黃凋敝，亦須時耳。國民無權利思想者，以之當外患，則槁木遇風雨之類也。即外患不來，亦遇旱暵之類。吾見夫全地球千五兆生靈中，除印度、非洲、南洋之黑蠻外，其權利思想之薄弱，未有吾國人若者也。孟子有言：「逸居而無教，則近於禽獸。」若取羅馬法之法理，而以論理解釋之，則豈惟近法而已？一國之大，而僅有四萬萬禽獸居焉，天下之可恥，孰過是也？我同胞其恥之乎？為政治家者，以勿摧壓權利思想為第一義；為教育家者，以養成權利思想為第一義；為一私人者，無論士焉、農焉、工焉、商焉、男焉、女焉，各以自堅持權利思想為第一義。國民不能得權利於政府也，則爭之。政府見國民之爭權利也，則讓之。欲使吾國之國權與他國之國權平等，必先使吾國中人人固有之權皆平等，必先使吾國民在我國所享之權利與他國民在彼國所享之權利相平等。若是者國庶有瘳，若是者國庶有瘳。

5 丁茲是安定興盛之意，陽九指困厄的時運。

論自由

「不自由，毋寧死。」斯語也，實十八、九兩世紀中，歐美諸國民所以立國之本原也。自由之義，適用於今日之中國乎？曰：自由者，天下之公理，人生之要具，無往而不適用者也。雖然有真自由，有偽自由；有全自由，有偏自由；有文明之自由，有野蠻之自由。今日自由云、自由云之語，已漸成青年輩之口頭禪矣。新民子曰：「我國民如欲永享完全文明真自由之福也，不可不先知自由之為物果何如矣。」請論自由。

自由者，奴隸之對待也。綜觀歐美自由發達史，其所爭者不出四端：一曰政治上之自由，二曰宗教上之自由，三曰民族上之自由，四曰生計上之自由（即日本所謂經濟上自由）。政治上之自由者，人民對於政府而保其自由也。宗教上之自由者，教徒對於教會而保其自由也。民族上之自由者，本國對於外國而保其自由也。生計上之自由者，資本家與勞力者相互而保其自由也。而政治上之自由，復分為三：一曰平民對於貴族而保其自由，二曰國民全體對於政府而保其自由，三曰殖民地對於母國而保其自由是也。自由之徵諸實行者，不外是矣。

以此精神，其所造出之結果，厥有六端：㈠四民平等問題：凡一國之中，無論何人，不許有特權（特別之權利與齊民異者），是平民對於貴族所爭得之自由也。㈡參政權問題：凡生息於一國中者，苟及歲而即有公民之資格，可以參與一國政事，是國民全體對於政府所爭得之自由也。㈢屬地自治問題：凡人民自殖於他土者，得任意自建政府，與其在本國時所享之權利相等，是殖民地對於母國所爭得之自由也。㈣信仰問題：人民欲信何教，悉由自擇，政府不得以國教束縛干涉之，是教徒對於教會所爭得之自由也。㈤民族建國問題：一國之人，聚族而居，自立自治，不許他國或他族握其主權，並不許干涉其毫末之內治，侵奪其尺寸之土地，是本國人對於外國所爭得之自由也。㈥工群問題（日本謂之勞働問題，或社會問題）：凡勞力者，自食其力，地主與資本家不得以奴隸畜之，是貧民對於素封者所爭得之自由也。試通覽近世三、四百年之史記，其智者敝口舌於廟堂，其勇者塗肝腦於原野，前者仆，後者興，屢敗而不悔，弗獲而不措者，其所爭豈不以此數端耶？其所得豈不在此數端耶？試一述其崖略。

昔在希臘羅馬之初政，凡百設施，謀及庶人。共和自治之制，發達蓋古。然希臘純然貴族政體，所謂公民者，不過國民中一小部分，而其餘農工商及奴隸，非能一視也。羅馬所謂公民，不過其都會中之拉丁民族，而其攻取所得之屬地，非能一視也。故政治上之自由雖遠濫觴於希、羅，然貴族之對平民也，母國之對屬地也，本國人之對外國也，地主之對勞力者也；其種種侵奪自由之弊，亦自古然矣。及耶穌教興，羅馬帝國立，而宗教專制、政治專制乃大起。中世之始，蠻族猖披，文化蹂躪，不待言矣。及其末也，則羅馬皇帝與羅馬教皇分司全歐人民之軀殼、靈魂兩界，生息於肘下而不能自拔。故中世史者，實泰西之黑暗時代也。及十四、五世紀以來，馬丁路得興，一抉舊教藩籬，思想自由之門開，而新天地始出現矣。爾後二、三百年中，列國或內爭，或外伐，原野饜肉，谿谷填血，天日慘淡，神鬼蒼黃，皆為此一事而已。此為爭宗教自由時代。及十七世紀，克林威爾起於英；十八世紀，華盛頓興於美；未幾而法國大革命起，狂風怒潮，震撼全歐。列國繼之，雲滃水湧，遂使地中海以西，亙於太平洋東岸，無一不為立憲之國。加拿大、澳洲諸殖民地，無一不為自治之政。直至今日而其機未止。此為爭政治自由時代。自十六世紀，荷蘭人求脫西班牙之軛，奮戰四十餘年。其後諸國踵興，至十九世紀，而民族主義磅礴於大地。意大利、匈牙利之於奧大利；愛爾蘭之於英倫；波蘭之於俄、普、奧三國；巴爾幹半島諸國之於土耳其；以至現今波亞之於英，菲律賓之於美，所以死亡相踵而不悔者，皆曰「非我種族，不得有我主權」而已。雖其所向之目的，或達或不達，而其精神一也。此為爭民族自由時代。（民族自由與否，大半原於政治，故此二者其界限常相混。）前世紀（十九）以來，美國布禁奴之令，俄國廢農傭之制，生計界大受影響。而廿、卅年來，同盟罷工之事，所在紛起。工廠條例，陸續發布。自今以往，此問題遂將為全地球第一大案。此為爭生計自由時代。凡此諸端，皆泰西四百年來改革進步之大端，而其所欲以去者，亦十之八九矣。噫嘻！是遵何道哉？皆「不自由毋寧死」之一語聳動之，鼓舞之，出諸壞而升諸霄，生其死而肉其骨也。於戲！璀璨哉！自由之花。於戲！莊嚴哉！自由之神。

今將近世史中爭自由之大事，列一年表如下：

一五三二年	舊教徒與新教徒結條約，許信教自由	宗教上之自由
一五二四年	瑞士信新教諸市府始聯合行共和政	同
一五三六年	丁抹[1]國會始定新教為國教	同
一五七〇年	法國內訌暫息，新教徒始自由	同
一五九八年	法國許新教徒以參政權	同
一六四八年	荷蘭與西班牙積四十年苦戰，始得自立	民族上之自由亦因宗教
一六一八至一六四八年	西班牙、法蘭西、瑞典、日耳曼、丁抹等國連兵不止，卒定新舊教同享平等權利	宗教上之自由
一六四九年	英民弒其王查理士第一，行共和政	政治上之自由
一七七六年	北美合眾國布告獨立	同（殖民地之關係）
一七八九年	法國大革命起	同（貴族平民之關係）
一八二二年	墨西哥獨立	同（殖民地之關係）
一八一三至一八一九年	南美洲諸國獨立	同
一八三二年	英國改正選舉法	同
一八三三年	英國布禁奴令於殖民地	生計上之自由
一八四八年	法國第二次革命	政治上之自由
同年	奧國維也納革命起	同

1 日文 Danmark 音似「丁抹」，即丹麥。

同年	匈牙利始立新政府，次年奧匈開戰	民族上之自由
同年	意大利革命起	同
同年	日耳曼謀統一不成	同
同年	意大利、瑞士、丁抹、荷蘭發布憲法	政治上之自由
一八六一年	俄國解放隸農	生計上之自由
一八六三年	希臘脱土耳其自立	民族上之自由
同年	波蘭人拒俄亂起	同
同年	美國因禁奴事，南北相爭	同
一八六七年	北德意志聯盟成	民族上與政治上之自由
一八七〇年	法國第三次革命	政治上之自由
一八七一年	意大利統一功成	民族上與政治上之自由
一八七五至一八七八年	土耳其所屬門的內哥羅、塞爾維亞、赫斯戈偉訥等國皆起倡獨立[2]	民族上與宗教上之自由
一八八一年	俄皇亞歷山大第二將布憲法，旋為虛無黨所弑	政治上之自由
一八八二年	美國大同盟罷工起，此後各國有之，歲歲不絕	生計上之自由
一八八九年	巴西獨立，行共和政	政治上之自由（殖民地之關係）
一八九三年	英國布愛爾蘭自治案	民族上之自由
一八九九年	菲律賓與美國戰	同
同年	波亞與英國戰	同
一九〇一年	澳洲自治聯邦成	政治上之自由

2 赫斯戈偉訥今譯為赫塞哥維納。

由此觀之，數百年來世界之大事，何一非以自由二字為之原動力者耶？彼民之求此自由也，其時不同，其國不同，其所需之種類不同，故其所求者亦往往不同。要其用諸實事而非虛談，施諸公敵而非私利，一也。試以前所列之六大問題，覆按諸中國。其第一條，四民平等問題，中國無有也。以吾自戰國以來，即廢世卿之制，而階級陋習，早已消滅也。其第三條，屬地自治問題，中國無有也。以其無殖民地於境外也。其第四條，信仰問題，中國更無有也。以吾國非宗教國，數千年無教爭也。其第六條，工群問題，他日或有之，而今則尚無有也。以其生計界尚沉滯而競爭不劇烈也。然則今日吾中國所最急者，惟第二之參政問題，與第四之民族建國問題而已。此二者事本同源，苟得其乙，則甲不求而自來。苟得其甲，則乙雖弗獲，猶無害也。若是夫，吾儕之所謂自由，與其所以求自由之道，可以見矣。

自由之界說曰：「人人自由，而以不侵人之自由為界。」夫既不許侵人自由，則其不自由亦甚矣。而顧謂此為自由之極則者何也？自由云者，團體之自由，非個人之自由也。野蠻時代，個人之自由勝，而團體之自由亡；文明時代，團體之自由強，而個人之自由滅。斯二者，蓋有一定之比例，而分毫不容忒者焉。使其以個人之自由為自由也，則天下享自由之福者，宜莫今日之中國人若也。紳士武斷於鄉曲，受魚肉者莫能抗也。駔商逋債而不償，受欺騙者莫能責也。夫人人皆可以為紳士，人人皆可以為駔商，則人人之自由亦甚矣。不寧惟是，首善之區，而男婦以官道為圊牏[3]，何其自由

3 「官道」指政府修築的道路；「圊牏」為廁所之意。此句指人們在道路上隨意便溺，骯髒不已。

也？市邑之間，而老稚以鴉片為菽粟[4]，何其自由也？若在文明國，輕則罰鍰，重則輸城旦矣。諸類此者，若悉數之，則更十僕而不能盡。由是言之，中國人自由乎？他國人自由乎？顧識者揭櫫自由之國，不於此而於彼者何也？野蠻自由，正文明自由之蟊賊也。文明自由者，自由於法律之下。其一舉一動，如機器之節腠；其一進一退，如軍隊之步武，自野蠻人視之，則以為天下之不自由，莫此甚也。夫其所以必若是者何也，天下未有內不自整，而能與外為競者。外界之競爭無已時，則內界之所以團其競爭之具者亦無已時。使濫用其自由，而侵他人之自由焉，而侵團體之自由焉。則其群固已不克自立，而將為他群之奴隸，夫復何自由之能幾也？故真自由者，必能服從。服從者何？服法律也。法律者，我所制定之，以保護我自由，而亦以箝束我自由者也。彼英人是已。天下民族中，最富於服從性質者，莫如英人。其最享自由幸福者，亦莫如英人。夫安知乎服從之即為自由母也？嗟夫！今世少年，莫不囂囂言自由矣。其言之者，固自謂有文明思想矣。曾不審夫泰西之所謂自由者，在前此之諸大問題，無一役非為團體公益計，而決非一私人之放恣桀驁者所可託以藏身也。今不用之向上以求憲法，不用之排外以伸國權，而徒耳食一二學說之半面，取便私圖，破壞公德，自返於野蠻之野蠻。有規語之者，猶敢靦然抗說曰：「吾自由！吾自由！」吾甚懼乎「自由」二字，不徒為專制黨之口實，而實為中國前途之公敵也。

「愛」主義者，天下之良主義也。有人於此汲汲務愛己，而曰我實行愛主義，可乎？「利」主

---

4 「菽」為豆類的總稱；「粟」為穀實的總稱。此句指清末大量人民吸食鴉片的情形。

義者，天下之良主義也。有人於此孳孳務利己，而曰我實行利主義，可乎？「樂」主義者，亦天下之良主義也。有人於此媞媞務樂己，而曰我實行樂主義，可乎？故凡古賢今哲之標一宗旨以易天下者，皆非為一私人計也。身與群校，群大身小。詘身伸群，人治之大經也。當其二者不兼之際，往往不愛己、不利己、不樂己，以達其愛群、利群、樂群之實者，有焉矣。佛言：「我不入地獄，誰入地獄？」佛之說法，豈非欲使眾生脫離地獄者耶？而其下手，必自親入地獄始。若是乎有志之士，其必悴其形焉，困衡其心焉，終身自棲息於不自由之天地，然後能舉其所愛之群與國而自由之也，明矣。今世之言自由者，不務所以進其群其國於自由之道，而惟於薄物細故，日用飲食，齗齗然主張一己之自由。是何異簞豆見色，而曰我通功利派之哲學；飲博無賴，而曰我循快樂派之倫理也。《戰國策》言：「有學儒三年，歸而名其母者。」吾見夫誤解自由之義者，有類於是焉矣。

然則自由之義，竟不可行於個人乎？曰：惡是何言？團體自由者，個人自由之積也。人不能離團體而自生存，團體不保其自由，則將有他團焉自外而侵之、壓之、奪之，則個人之自由更何有也？譬之一身，任口之自由也，不擇物而食焉，大病浸起，而口所固有之自由亦失矣。任手之自由也，持梃而殺人焉，大罰浸至，而手所固有之自由亦失矣。故夫一飲一食，一舉一動，而皆若節制之師者，正百體所以各永保其自由之道也。此猶其與他人他體相交涉者，吾請更言一身自由之事。

一身自由云者，我之自由也。雖然，人莫不有兩我焉：其一，與眾生對待之我，昂昂七尺，立於人間者是也。其二，則與七尺對待之我，瑩瑩一點，存於靈臺者是也。（孟子曰：「物交物，則引之而已矣。」物者，我之對待也。上物指眾生，下物指七尺〔即耳目之官〕，要之，皆物而非我也。我者何？心之官是已。先立乎其大者，則其小者不能奪也。惟我為大，而兩界之物皆小也。小不奪大，則自由之極軌焉矣。）是故人之奴隸我，不足畏也，而莫痛於自奴隸於人。自奴隸於人，猶不足畏也，而莫慘於我奴隸於我。莊子曰：「哀莫大於心死，而身死次之。」吾亦曰：「辱莫大於心奴，而身奴斯為末矣。」夫人強迫我以為奴隸者，吾不樂焉，可以一旦起而脫其絆也，十九世紀各國之民變是也。以身奴隸於人者，他人或觸於慈祥焉，或迫於正義焉，猶可以出我水火而蘇之也，美國之放黑奴是也。獨至心中之奴隸，其成立也，非由他力之所得加，其解脫也，亦非由他力之所得助。如蠶在繭，著著自縛；如膏在釜，日日自煎。若有欲求真自由者乎，其必自除心中之奴隸始。

吾請言心奴隸之種類，而次論所以除之之道。

一曰，勿為古人之奴隸也。古聖賢也，古豪傑也，皆嘗有大功德於一群。我輩愛而敬之，宜也。雖然，古人自古人，我自我，彼古人之所以能為聖賢，為豪傑者，豈不以其能自有我乎哉？使不爾者，則有先聖無後聖，有一傑無再傑矣。譬諸孔子誦法堯舜，我輩誦法孔子，曾亦思孔子所以能為孔子，彼蓋有立於堯舜之外者也。使孔子而為堯舜之奴隸，則百世後必無復有孔子者存也。聞者駭吾言乎？盍思乎？世運者，進而愈上；人智者，濬而愈瑩。雖有大哲，亦不過說法以匡一時之弊，規當世之利，而決不足以範圍千百萬年以後之人也。泰西之有景教也，其在中古，曷嘗不為一世文明之中心點。逮夫末流，束縛馳驟，不勝其敝矣。非有路得、倍根、笛卡兒、康德、達爾文、彌勒、赫胥黎諸賢起而附益之，匡救之，夫彼中安得有今日也？中國不然，於古人之言論行事，非惟辨難之辭不敢出於口，抑且懷疑之念不敢萌於心。夫心，固我有也。聽一言，受一義，而曰我思之！我思之！若者我信之，若者我疑之。夫豈有刑戮之在其後也？然而舉世之人，莫敢出此。吾無以譬之，譬之義和團。義和團法師之被髮仗劍踽步，念念有詞也。聽者苟一用其思索焉，則其中自必有可疑者存。而信之者竟遍數省，是必其有所懾焉，而不敢涉他想者矣。否則有所假焉，自欺欺人以逞其狐威者矣。要之為奴隸於義和團一也。吾為此譬，非敢以古人比義和團也。要之四書、六經之義理，其非一一可以適於今日之用，則雖臨我以刀鋸鼎鑊，吾猶敢斷言而不憚也。而世之委身以嫁古人，為之薦枕席而奉箕帚者，吾不知其與彼義和團之信徒果何擇也？我有耳目，我物我格；我有心思，我理我窮。高高山頂立，深深海底行；其於古人也，吾時而師之，時而友之，時而敵之，無容心焉。以公理為衡而已。自由何如也！

二曰，勿為世俗之奴隸也。甚矣！人性之弱也。「城中好高髻，四方高一尺；城中好廣袖，四方全幅帛。」古人夫既謠之矣。然曰鄉愚無知，猶可言也。至所謂士君子者，殆又甚焉！當晚明時，舉國言心學，全學界皆野狐矣。當乾嘉間，舉國言考證，全學界皆蠹魚矣。然曰歲月漸遷，猶可言也。至如近數年來，丁戊之間，舉國慕西學若羶；己庚之間，舉國避西學若厲，今則厲又為羶矣。夫同一人也，同一學也，而數年間可以變異若此，無他，俯仰隨人，不自由耳。吾見有為猴戲者，跳焉，則群猴跳；擲焉，則群猴擲；舞焉，則群猴舞；笑焉，則群猴笑；鬨焉，則群猴鬨；怒焉，則群猴罵。諺曰：「一犬吠影，百犬吠聲。」悲哉！人秉天地清淑之氣以生，所以異於群動者安在乎？胡自汙巇以與猴犬為倫也。夫能鑄造新時代者，上也。即不能，而不為舊時代所吞噬、所汩沉，抑其次也。狂瀾滔滔，一柱屹立；醉鄉夢夢，靈臺昭然；丈夫之事也。自由何如也！

三曰，勿為境遇之奴隸也。人以一身立於物競界，凡境遇之圍繞吾旁者，皆日夜與吾相為鬥而未嘗息者也。故戰境遇而勝之者則立；不戰而為境遇所壓者則亡。若是者，亦名曰天行之奴隸。天行之虐，逞於一群者有然，逞於一人者亦有然。謀國者而安於境遇也，則美利堅可無獨立之戰，匈牙利可無自治之師[5]，日耳曼、意大利可以長此華離破碎，為虎狼奧之附庸也。使謀身者而安於境遇也，則賤族之的士黎禮[6]（英前宰相，與格蘭斯頓齊名者，本猶太人。猶太人在英視為最賤之族）何敢望挫俄之偉勳？蛋兒之林肯（前美國大統領，漁人子也，少極貧）何敢企放奴之大業？而西鄉隆盛當以患難易節，瑪志尼當以竄謫灰心也。吾見今日所謂識時之彥者，開口輒曰：「陽九之厄，劫灰之運，天亡中國，無可如何！」其所以自處者，非貧賤而移，則富貴而淫。其最上者，遇威武而亦屈也。一事之挫跌，一時之潦倒，而前此權奇磊落不可一世之概，銷磨盡矣。咄！此區區者果何物？而顧使之操縱我心如轉蓬哉？善夫！《墨子．非命》之言也，曰：「執有命者，是覆天下之義，而說百姓之誶也。」天下善言命者，莫中國人若，而一國之人，奄奄待死矣。有力不庸，而惟命是從。然

5 此指一九一八年第一次世界大戰結束後，奧匈帝國瓦解，匈牙利獨立。

6 Benjamin Disraeli (1804–1881)，今譯為迪斯雷利，英國保守黨領袖，曾兩次出任首相。

則人也者，亦天行之芻狗而已，自動之機器而已，曾無一毫自主之權，可以達己之所志。則人之生也，奚為哉？奚樂哉？英儒赫胥黎曰：「今者欲治道之有功，非與天爭勝焉不可也。固將沉毅用壯，見大丈夫之鋒穎，彊立不反，可爭可取而不可降。所遇善，固將寶而維之，所遇不善，亦無懼焉。」陸象山曰：「利害毀譽，稱譏苦樂，名曰八風。八風不動，入三摩地。」邵堯夫[7]之詩曰：「卷舒一代興亡手，出入千重雲水身。」眇茲境遇，曾不足以損豪傑之一腳指，而豈將入其笠也？自由何如也！

四曰，勿為情慾之奴隸也。人之喪其心也，豈由他人哉？孟子曰：「嚮為身死而不受，今為宮室之美，妻妾之奉，所識窮乏者得我而為之，是亦不可以已乎？」夫誠可以已，而能已之者，百無一焉。甚矣！情慾之毒人深也。古人有言：「心為形役。」形而為役，猶可瘉也；心而為役，將奈之何？心役於他，猶可拔也；心役於形，將奈之何？形無一日而不與心為緣，則將終其生趦趄瑟縮於六根六塵之下，而自由權之萌櫱俱斷矣。吾常見有少年嶽嶽犖犖之士，志願才氣，皆可以開拓千古，推倒一時。乃閱數年而餒焉，更閱數年而益餒焉。無他，凡有過人之才者，必有過人之欲。有過人之才，有過人之欲，而無過人之道德心以自主之，則其才正為其欲之奴隸。曾幾何時，而消磨盡矣。故夫泰西近數百年，其演出驚天動地之大事業者，往往在有宗教思想之人。夫迷信於宗教而為之奴隸，固非足貴，然其藉此以克制情慾，使吾心不為頑軀濁殼之所困，然後有以獨往獨來，其得力固不可誣也。日本維新之役，其倡之成之者，非有得於王學，即有得於禪宗。其在中國近世，

7 邵雍（一〇一一—一〇七七年），字堯夫，北宋理學家。

勳名赫赫在人耳目者，莫如曾文正，試一讀其全集，觀其困知勉行，厲志克己之功何如。天下固未有無所養而能定大艱，成大業者。不然，日日恣言曰：「吾自由，吾自由。」而實為五賊（佛典亦以五賊名五官）所驅遣，勞苦奔走以藉之兵而齎其糧耳。吾不知所謂自由者何在也？孔子曰：「克己復禮為仁。」己者，對於眾生稱為己，亦即對於本心而稱為物者也。所克者己，而克之者又一己。以己克己，謂之自勝。自勝之謂強。自勝焉，強焉。其自由何如也！

吁！自由之義，泰西古今哲人，著書數十萬言剖析之，猶不能盡也。淺學如余，而欲以區區片言單語發明之，烏知其可？雖然精義大理，當世學者，既略有述焉，吾故就團體自由，個人自由兩義，刺取其淺近直捷者演之，以獻於我學界。世有愛自由者乎？其慎勿毒自由以毒天下也。

論自治

治者何？不亂之謂。亂者何？不治之謂。此訓詁其誰不能解。雖然，吾有味乎其言，吾有惕乎其言。

行其庭，草樹淩亂然；入其室，器物狼藉然。若是者，雖未見其鬩牆誶帚，吾知其家之必不治。不治斯謂亂家，過其野，有闐於墟者而莫之或解；適其邑，有溲於途者而莫之或禁。若是者，雖未見其干戈疾癘，吾知其國之必不治。不治斯謂亂國。飲食起居無定時，手足眉眼無定容，言語舉動無定規。若是者，雖未見其失德敗行，吾知其人之必不治，不治斯謂亂人。

天下事，亂固不可久也。己不能治，則必有他力焉起而代治之者。不自治則治於人，勢所不可逃也。人之能治禽獸也，成人之能治小兒也，文明人之能治野蠻也，皆其無自治力使然也。人而無自治力，則禽獸也，非人也。藉曰人矣，而小兒也，非成人也。藉曰成人矣，野蠻之成人，非文明之成人也。今天下最龐大最壯活之民族，莫如盎格魯撒遜人。彼嘗自誇曰：「使吾英國民百人，與他國民百人，同時徙居於一地。不十年後，而英國之百人，粲然成一獨立國。他國之百人，渾然如一盤散沙，受轄治於英人矣。」又曰：「彼半開（在文野之間者謂之半開）野蠻之國土，雖其土著之民數百千萬，吾英族但有一二人足跡蹈其地，不數十年，即為英藩矣。」吾徵諸實事，吾信其所誇之不誣。不見夫北美一洲、南洋群島，其始本為西班牙、荷蘭人所開闢，而今之享其利者，皆盎格魯撒遜族乎？不見今日之印度，英人居者不及萬，而使二萬萬之印人，戢戢如群羊乎？不見中國十八行省中，英人官商教士，統計來者不過四千人，而遍布要隘，儼若敵國乎？其所以如是者，何也？世界中最富於自治力之民族，未有盎格魯撒遜人若者也。

《書》曰：「節性惟日其邁。」荀子曰：「人之性惡也，其善者偽也。」節者何？制裁之義也。偽者何？人為之義也。（偽，從人從為，楊注云：矯其本性也。謂凡非天性而人作為之者也。）故夫人之性質，萬有不齊，駁雜而無紀。苟順是焉，則將橫溢亂動，相觸相鬩，而不可以相群。於是不可不以人為之力，設法律而制裁之。然此法律者，非由外鑠也，非有一人首出，制之以律群生也。蓋發於人人心中良知所同然，以為必如是，乃適於人道，乃足保我自由，而亦不侵人自由。故不待勸勉，不待逼迫，而能自置於規矩繩墨之間。若是者謂之自治，自治之極者，其身如一機器然。一生所志之事業，若何而預備，若何而創始，若何而實行，皆自定之。一日之行事，某時操業，某時治事，某時接人，某時食，某時息，某時游，皆自定之。稟氣之習慣，嗜欲之薰染，苟覺為害吾事業，戕吾德性者，克而治之，不少假借。一言一動，一顰一笑，皆常若有金科玉律，以為之範圍。一人如是，人人如是，於是乎成為群之自治。群之自治之極者，舉其群如一軍隊然。進則齊進，止則齊止。

一群之公律罔不守，一群之公益罔不趨，一群之公責罔不盡，如是之人，如是之群，而不能自強立於世界者，吾未之聞也。不如是焉，而能自強立於世界者，吾未之聞也。

或曰：「機器者，無精神之物也；軍隊者，專制之體也。子乃以比於是者為美德，何也？且中國風俗，他事或不如人，至於規行矩步，繩尺束縛，正中國人受用最慣，受病最深之處。數千年來，霸者絜之，儒者坊之，人奄奄無生氣久矣。而子猶欲揚其毒以毒將來，不亦甚乎？」應之曰：「不然！機器，死物也，而有主其動力者。」古哲曰：「天君泰然，百體從令。」夫能使其一身之起居動作如機器者，正其天君活潑自由之極者也。軍隊之形式，專制也，而有其精神焉。一群如一軍隊，其軍隊之將帥，則群中人人之良心所結成的法律是也。故制則制矣，而不可謂之專。以其法律者出自眾人，非出自一人。是人人為軍隊中之小卒，實無異人人為軍隊中之主帥也。故夫自治云者，與彼霸者之所束縛，儒者之所矜持，固有異焉矣。何也？彼則治於人，而此則自治也。且中國人何規矩繩尺之與有？人人言奉法，然國家有憲令，官吏且勿守，無論民氓也。人人言尊教，然聖賢有條訓，士夫且勿遵，無論雜流也。〈堯典〉曰：「天敘有典，天秩有禮。」秩敘者，一群所以團治之大原也。今試觀我中國，朝野上下，其所謂秩敘者安在乎？望其官府，則魑魅魍魎所出沒，黑闇詭僻，無復人道也。察其民間，則盜賊之藪，貪詐之府，與野蠻時代未立政府者，無以異也。何以故？以不能自治故。不能自治而待治於人，未能真治焉者也。

然則吾人今日所當務者，可知矣。一曰，求一身之自治。凡古來能成大事者，必其自勝之力甚強者也。泰西人不必論，古人不必論，請言最近者。曾文正自其少年，有吸煙及晏起之病。後發心戒之。初常倔強，不能自克。而文正視之如大敵，必拔其根株而後已焉。彼其後此能殲十餘年盤踞金陵之巨憝，正與其前此能殲十餘年盤踞血氣之積習，同一精神也。胡文忠在軍，每日必讀《通鑑》十頁。曾文正在軍，每日必填日記數條，讀書數頁，圍棋一局。李文忠在軍，每日晨起必臨〈蘭亭〉百字，終身以為常。自流俗人觀之，豈不以為區區小節，無關大體乎。而不知制之有節，行之有恆，實為人身品格第一大事。善觀人者，必於此覘道力焉。□□□論陳蕃云：「蕃不能掃除一室，而欲廓清天下，吾知其無能為矣。」（此語適忘為誰氏之言，讀者諸君如能記憶，望順教我。著者附識。）[1]此雖似過刻之言，實則中正之論也。泰西通例，凡來復日必休息，每日八點鐘始治事，十二點而小憩。一點復治事，四、五點而畢憩。舉國上自君相官吏，下至販夫屠卒，莫不皆然。作則舉國皆作，息則舉國皆息。是豈所謂如軍隊，如機器者耶？於文，經緯整列曰理，條段錯紊曰亂。誠以中西人之日用起居相比較，其一理一亂，相去何如矣？毋曰薄物細故。夫豈知今日之泰西，其能整然秩然舉立憲之美政者，皆自此來也。孟德斯鳩云：「法律者，無終食之間而可離者也。凡人類文野之別，以其有法律無法律為差。於一國亦然，於一身亦然。」今吾中國四萬萬人，皆無法律之人也。群四萬萬無法律之人而能立國，吾未之前聞。然則豈待與西人相遇於硝雲彈雨之中，而後知其勝敗之數也？

1 此為東漢山陽太守薛勤之語。

二曰，求一群之自治。國有憲法，國民之自治也。州郡鄉市有議會，地方之自治也。凡善良之政體，未有不從自治來也。一人之自治其身，數人或十數人之自治其家，數百、數千人之自治其鄉、其市。數萬乃至數十萬、數百萬、數千萬、數萬萬人之自治其國。雖其自治之範圍廣狹不同，其精神則一也。一者何？一於法律而已。管子曰：「鄉與朝爭治。」又曰：「朝不合眾，鄉分治也。」西人言政者，謂「莫要於國內小國。」國內小國者，一省、一府、一州、一縣、一鄉、一市、一公司、一學校，莫不儼然具有一國之形。省、府、州、縣、鄉、市、公司、學校者，不過國家之縮圖。而國家者，不過省、府、州、縣、鄉、市、公司、學校之放大影片也。故於其小焉者能自治，則其大焉者舉而措之矣。不然者，則不得不仰治於人。仰治於人，則人之撫我也聽之，人之虐我也亦聽之；同族之豪強者，據而專也聽之；異族之橫暴者，紾而奪也亦聽之。如是，則人之所以為人之具，其途地矣。抑彼西人之所以得此者，何也？曰有制裁，有秩序，有法律，以為自治之精神也。真能自治者，他人欲干涉焉而不可得；不能自治者，他人欲無干涉焉而亦不可得也。此其事固有絲毫不容假借者。我國民仰治於人，數千年矣。幾以此為天賦之義務，而莫敢萌他想。曾亦思本身之樂利，豈旁觀者所能代謀？而當今之時局，又豈散漫者可以收拾也？

仰今士大夫言民權、言自由、言平等、言立憲、言議會、言分治者，亦漸有其人矣。而吾民將來能享民權、自由、平等之福與否？能行立憲議會分治之制與否？一視其自治力之大小、強弱、定、不定以為差。吾民乎！吾民乎！勿以此為細碎，勿以此為迂腐。勿徒以之責望諸團體，而先以之責望諸個人。吾試先舉吾身而自治焉。試合身與身為一小群而自治焉。更合群與群為一大群而自治焉。更合大群與大群為一更大之群而自治焉。則一完全高尚之自由國、平等國、獨立國、自主國出焉矣。而不然者，則自亂而已矣。自治與自亂，事不兩存，勢不中立，二者必居一。於是惟我國民自訟之，惟我國民自擇之。

論進步

泰西某說部，載有西人初航中國者，聞羅盤針之術之傳自中國也。又聞中國二千年前即有之也。默忖此物入泰西不過數紀，而改良如彼其屢，效用如彼其廣。則夫母國數千年之所增長，更當何若？登岸後不遑他事，先入市購一具。乃問其所謂最新式者，則與歷史讀本中所載十二世紀時亞剌伯人傳來之羅盤圖，無累黍之異，其人乃廢然而返云。此雖諷刺之寓言，實則描寫中國群治濡滯之狀，談言微中矣。

吾昔讀黃公度《日本國志》[1]，好之，以為據此可以盡知東瀛新國之情狀矣。入都見日使矢野龍谿[2]偶論及之。龍谿曰：「是無異據《明史》以言今日中國之時局也。」余怫然叩其說，龍谿曰：「黃書成於明治十四年，我國自維新以來，每十年間之進步，雖前此百年不如也。然則二十年前之書，

1 黃遵憲（一八四八－一九〇五年），字公度，清末外交家，曾出使日本。其《日本國志》詳細論述日本明治維新的經過與得失，認為中國欲自強，應以日本為借鑑。

2 一八五一－一九三一年，明治維新時的官員。

非《明史》之類如何？」吾當時猶疑其言，東游以來，證以所見，良信。亞丹斯密《原富》稱：「元代時，有意大利人瑪可波羅游支那，歸而著書，述其國情，以較今人遊記，殆無少異。」吾以為豈惟瑪氏之作，即《史記》、《漢書》二千年舊籍，其所記載，與今日相去能幾何哉？夫同在東亞之地，同為黃族之民，而何以一進一不進，霄壤若此？

中國人動言郅治之世在古昔，而近世則為澆末，為叔季，此其義與泰西哲學家進化之論最相反。雖然，非讕言也，中國之現狀實然也。試觀戰國時代，學術蠭起，或明哲理，或闡技術，而後此則無有也。兩漢時代，治具粲然。宰相有責任，地方有鄉官，而後此則無有也。自餘百端，類此者不可枚舉。夫進化者，天地之公例也。譬之流水，性必就下；譬之拋物，勢必向心。苟非有他人焉從而搏之，有他物焉從而吸之，則未有易其故常者。然則吾中國之反於彼進化之大例，而演出此凝滯之現象者，殆必有故。求得其故而討論焉，發明焉，則知病而藥，於是乎在矣。

論者必曰：「由於保守性質之太強也。」是固然也。雖然，吾國中人保守性質，何以獨強？是亦一未解決之問題也。且英國人以善保守聞於天下，而萬國進步之速，殆莫英若。又安見夫保守之必為群害也。吾思之，吾重思之。其原因之由於天然者有二，由於人事者有三。

一曰大一統而競爭絕也。競爭為進化之母，此義殆既成鐵案矣。泰西當希臘列國之時，政學皆稱極盛。洎羅馬分裂，散為諸國，復成近世之治，以迄於今，皆競爭之明效也。夫列國並立，不競爭則無以自存。其所競者，非徒在國家也，而兼在個人。非徒在強力也，而尤在德智。分途並趨，人自為戰，而進化遂沛然莫之能禦。故夫一國有新式鎗炮出，則他國棄其舊者恐後焉，非是不足以操勝於疆場也。一廠有新式機器出，則他廠亦棄其舊者恐後焉，非是不足以求贏於闤闠也。惟其然也，故不徒恥下人，而常求上人。昨日乙優於甲，今日丙駕於乙，明日甲還勝丙。互相傲，互相妒，互相師，如賽馬然，如鬥走然，如競渡然。有橫於前，則後焉者自不敢不勉；有躡於後，則前焉者亦不敢即安。此實進步之原動力所由生也。中國惟春秋戰國數百年間，分立之運最久，而群治之進，實以彼時為極點。自秦之後，一統局成，而為退化之狀者，千餘年於今矣。豈有他哉？競爭力銷乏使然也。

二曰環蠻族而交通難也。凡一社會與他社會相接觸，則必產出新現象，而文明遂進一步。上古之希臘殖民，近世之十字軍東征，皆其成例也。然則統一非必為進步之障也。使統一之於內，而交通之於外，則其飛躍或有更速者也。中國環列皆小蠻夷，其文明程度無一不下我數等。一與相遇，如湯沃雪。縱橫四顧，常覺有上天下地，唯我獨尊之概。始而自信，繼而自大，終而自畫。至於自畫，而進步之途絕矣。不寧惟是，所謂諸蠻族者，常以其牛羊之力，水草之性，來破壞我文明。於是所以抵抗之者，莫急於保守我所固有。中原文獻，漢官威儀，實我黃族數千年來戰勝群裔之精神也。夫外之既無可師法以為損益之資，內之復不可不兢兢保持，以為自守之具。則其長此終古也亦宜！

以上由於天然者。

三曰言文分而人智局也。文字為發明道器第一要件，其繁簡難易，常與民族文明程度之高下為比例差。列國文字，皆起於衍形。及其進也，則變而衍聲。夫人類之語言，遞相差異，經千數百年後，而必大遠於其朔者，勢使然也。故衍聲之國，言文常可以相合；衍形之國，言文必日以相離。社會之變遷日繁，其新現象、新名詞必日出。或從積累而得，或從交換而來，故數千年前一鄉一國之文字，必不能舉數千年後萬流匯沓、群族紛拏時代之名物意境而盡載之、盡描之。此無可如何者也。言文合，則言增而文與之俱增，一新名物、新意境出，而即有一新文字以應之，新新相引，而日進焉。言文分，則言日增而文不增，或受其新者而不能解，或解矣而不能達，故雖有方新之機，亦不得不窒。其為害一也。言文合，則但能通今文者，已可得普通之智識，其古文之學（如泰西之希臘、羅馬文字），待諸專門名家者之討求而已。故能操語言者即能讀書，而人生必需之常識，可以普及。言文分，則非多讀古書通古義，不足以語於學問。故近數百年來學者，往往瘁畢生精力於《說文》[3]、《爾雅》[4]之學，無餘裕以從事於實用，夫亦有不得不然者也。其為害二也。且言文合而主衍聲者，識其二三十之字母，通其連綴之法，則望文而可得其音，聞音而可解其義。言文分而主衍形者，則《蒼頡篇》三千字，斯為字母者三千。《說文》九千字，斯為字母者九千。《康熙字典》四萬字，斯為字母者四萬。夫學二三十之字母，與學三千、九千、四萬之字母，其難易相去何如？故泰西、日本婦孺可以操筆札，車夫可以讀新聞。而吾中國或有就學十年，而冬烘之頭腦如故也。其為害三

3 指東漢許慎編纂的《說文解字》。

4 是中國古代的一部詞典，編著者不詳，約成書於西元前四世紀晚期至西元前二世紀早期。

也。夫群治之進，非一人所能為也。相摩而遷善，相引而彌長。得一二之特識者，不如得百千萬億之常識者，其力逾大，而效逾彰也。我國民既不得不疲精力以學難學之文字，學成者固不及什一，即成矣，而猶於當世應用之新事物、新學理多所隔閡，此性靈之濬發所以不銳，而思想之傳播所以獨遲也。

四曰專制久而民性漓也。天生人而賦之以權利，且賦之以擴充此權利之智識，保護此權利之能力，故聽民之自由焉，自治焉，則群治必蒸蒸日上。有桎梏之戕賊之者，始焉窒其生機，繼焉失其本性，而人道乃幾乎息矣。故當野蠻時代，團體未固，人智未完，有一二豪傑起而代其責，任其勞，群之利也。過是以往，久假不歸，則利豈足以償其弊哉？譬之一家一廛之中，家長之待其子弟，廛主之待其伴傭，皆各還其權利而不相侵，自能各勉其義務而不相佚。如是而不浡焉以興，吾未之聞也。不然者，役之如奴隸，防之如盜賊，則彼亦以奴隸盜賊自居。有可以自逸，可以自利者，雖犧牲其家其廛之公益以為之，所不辭也。如是而不萎焉以衰，吾未之聞也。故夫中國群治不進，由人民不顧公益使然也。人民不顧公益，由自居於奴隸盜賊使然也。其自居於奴隸盜賊，由霸者私天下為一姓之產，而奴隸盜賊吾民使然也。善夫！立憲國之政黨政治也。彼其黨人，固非必皆秉公心稟公德也，固未嘗不自為私名私利計也。雖然，專制國之求勢利者，則媚於一人；立憲國之求勢利者，則媚於庶人。媚一也，而民益之進不進，於此判焉。政黨之治，凡國必有兩黨以上。其一在朝，其他在野。在野黨欲傾在朝黨而代之也，於是自布其政策，以掊擊在朝黨之政策。曰使吾黨得政，則吾所施設者如是如是。某事為民除公害，某事為民增公益。民悅之也，而得占多數於議院，而果與前此之在朝黨易位，則不得不實行其所布之政策，以副民望而保大權，而群治進一級焉矣。前此之在朝黨，既幡而在野。欲恢復其已失之權力也，又不得不勤察民隱，悉心布畫，求更新更美之政策而布之曰，彼黨之所謂除公害，增公益者，猶未盡也。使吾黨而再為之，則將如是如是，然後國家之前途愈益向上。民悅之也，而復占多數於議院，復與代興之在朝黨易位，而亦不得不實行其所布之政策，以副民望而保大權，而群治又進一級焉矣。如是相競相軋，相增相長，以至無窮，其競愈烈者，則其進愈速。歐美各國政治遷移之大勢，大率由此也。是故無論其為公也，即為私焉，而其有造於國民，固已大矣。若夫專制之國，雖有一二聖君賢相，徇公廢私，為國民全體謀利益。而一國之大，鞭長難及，其澤之真能遍逮者，固已希矣。就令能之，而所謂聖君賢相者，曠百世不一遇。而桓、靈、京、檜項背相望於歷史[5]。故中國常語稱「一治一亂」，又曰「治日少而亂日多」，豈無萌蘖？其奈此連番之狂風橫雨何哉？進也以寸，而退也以尺；進也以一，而退也以十，所以歷千百年而每況愈下也。

五曰學說隘而思想窒也。凡一國之進步，必以學術思想為之母，而風俗政治皆其子孫也。中國惟戰國時代，九流雜興，道術最廣，自有史以來，黃族之名譽，未有盛於彼時者也。秦、漢而還，孔教統一。夫孔教之良固也。雖然，必強一國人之思想，使出於一途，其害於進化也莫大。自漢武

5 指東漢桓、靈二帝（時有黨錮之禍），宋代宰相蔡京、權臣秦檜。

表章六藝，罷黜百家，凡非在六藝之科者絕勿進，爾後束縛馳驟，日甚一日。虎皮羊質，霸者假之以為護符；社鼠城狐，賤儒緣之以謀口腹。變本加厲，而全國之思想界銷沉極矣。敘歐洲史者，莫不以中世史為黑闇時代，夫中世史則羅馬教權最盛之時也。舉全歐人民，其軀殼界則糜爛於專制君主之暴威，其靈魂界則匍伏於專制教主之縛軛。故非惟不進，而以較希臘羅馬之盛時，已一落千丈強矣。今試讀吾中國秦、漢以後之歷史，其視歐洲中世史何如？吾不敢怨孔教，而不得不深惡痛絕夫緣飾孔教，利用孔教，誣罔孔教者之自賊而賊國民也。

以上由於人事者。

夫天然之障，非人力所能為也，而世界風潮之所簸蕩，所衝激，已能使吾國一變其數千年來之舊狀。進步乎！進步乎！當在今日矣。雖然，所變者外界也，非內界也。內界不變，雖日烘動之，鞭策之於外，其進無由。天下事無無果之因，亦無無因之果。我輩積數千年之惡因，以受惡果於今日。有志世道者，其勿遽責後此之果，而先改良今日之因而已。

新民子曰：吾不欲復作門面語，吾請以古今萬國求進步者，獨一無二不可逃避之公例，正告我國民。其例維何？曰破壞而已。

不祥哉！破壞之事也。不仁哉！破壞之言也。古今萬國之仁人志士，苟非有所萬不得已，豈其好為俶詭涼薄，憤世嫉俗，快一時之意氣，以事此事而言此言哉？蓋當夫破壞之運之相迫也，破壞亦破壞，不破壞亦破壞。破壞既終不可免，早一日則受一日之福，遲一日則重一日之害。早破壞者，其所破壞可以較少，而所保全者自多。遲破壞者，其所破壞不得不益甚，而所保全者彌寡。用人力以破壞者，為有意識之破壞，則隨破壞隨建設。一度破壞，而可以永絕第二次破壞之根。故將來之樂利，可以償目前之苦痛而有餘。聽自然而破壞者，為無意識之破壞，則有破壞，無建設。一度破壞之不已，而至於再。再度不已，而至於三。如是者可以歷數百年千年，而國與民交受其病，至於魚爛而自亡。嗚呼！痛矣哉破壞。嗚呼！難矣哉不破壞。

聞者疑吾言乎？吾請與讀中外之歷史。中古以前之世界，一膿血世界也。英國號稱近世文明先進國，自一千六百六十年以後，至今二百餘年無破壞。其所以然者，實自長期國會之一度大破壞來也。使其憚破壞，則安知乎後此之英國，不為十八世紀末之法蘭西也？美國自一千八百六十五年以後，至今五十餘年無破壞。其所以然者，實自抗英獨立、放奴戰爭之兩度大破壞來也。使其憚破壞，則安知乎後此之美國，不為今日之秘魯、智利、委內瑞辣[6]、亞爾然丁[7]也。歐洲大陸列國自一千八百七十年以後，至今三十餘年無破壞，其所以然者，實自法國大革命以來綿亙七、八十年，空前絕後之大破壞來也。使其憚破壞，則安知乎今日之日耳曼、意大利不為波蘭，今日之匈牙利及巴爾幹半島諸國不為印度，今日之奧大利不為埃及，今日之法蘭西不為疇昔之羅馬也。日本自明治元年以後，至今三十餘年無破壞，其所以然者，實自勤王討幕，廢藩置縣之一度大破壞來也。使其憚破壞，則

6 今譯為委內瑞拉。

7 日本舊譯阿根廷為亞爾然丁。

安知乎今日之日本不為朝鮮也。夫吾所謂二百年來、五十年來、三十年來無破壞云者，不過斷自今日言之耳，其實則此諸國者，自今以往，雖數百年千年無破壞，吾所敢斷言也，何也？凡破壞必有破壞之根原。孟德斯鳩曰：「專制之國，其君相動曰輯和萬民，實則國中常隱然含有擾亂之種子，是苟安也，非輯和也。」故擾亂之種子不除，則蟬聯往復之破壞，終不可得免。而此諸國者，實以人力之一度大破壞，取此種子芟夷蘊崇之，絕其本根而勿使能殖也。故夫諸國者，自今以往，苟其有金革流血之事，則亦惟以國權之故，構兵於域外，容或有之耳。若夫國內相閱糜爛鼎沸之慘劇，吾敢決其永絕而與天地長久也。今我國所號稱識時俊傑，莫不豔羨乎彼諸國者。其群治之光華美滿也如彼，其人民之和親康樂也如彼，其政府之安富尊榮也如彼。而烏知乎皆由前此之仁人志士，揮破壞之淚，絞破壞之腦，敝破壞之舌，禿破壞之筆，瀝破壞之血，填破壞之屍，以易之者也。嗚呼！快矣哉破壞。嗚呼！仁矣哉破壞。

此猶僅就政治一端言之耳。實則人群中一切事事物物，大而宗教、學術、思想、人心、風俗，小而文藝、技術、名物，如一不經過破壞之階段，以上於進步之途也。故路得破壞舊宗教，而新宗教乃興；倍根、笛卡兒破壞舊哲學，而新哲學乃興；斯密破壞舊生計學，而新生計學乃興；盧梭破壞舊政治學，而新政治學乃興；孟德斯鳩破壞舊法律學，而新法律學乃興；歌白尼破壞舊曆學，而新曆學乃興。推諸凡百諸學，莫不皆然。而路得、倍根、笛卡兒、斯密、盧梭、孟德斯鳩、歌白尼之後，復有破壞路得、倍根、笛卡兒、斯密、盧梭、孟德斯鳩、歌白尼者。其破壞者，復有踵起而破壞之者。隨破壞，隨建設，甲乙相引，而進化之運，乃遞衍於無窮。（凡以鐵以血而行破壞者，破壞一次，則傷元氣一次。故真能破壞者，則一度之後，不復再見矣。以腦以舌而行破壞者，雖屢摧棄舊觀，只受其利而不蒙其害。故破壞之事無窮，進步之事亦無窮。）又如機器興，而手民之利益不得不破壞；輪船興，而帆檣之利益不得不破壞；鐵路電車興，而車馬之利益不得不破壞；公司興，而小資本家之利益不得不破壞；「托辣士特」（Trust）[8]興，而尋常小公司之利益不得不破壞。當其過渡迭代之頃，非不釀婦歎童號之慘，極棼亂杌隉之觀也。及建設之新局既定，食其利者，乃在國家，乃在天下，乃在百年。而前此蒙破壞之損害者，亦往往於直接間接上得意外之新益。善夫西人之恆言曰：「求文明者，非徒須償其價值而已，而又須忍其苦痛。」夫全國國民之生計，為根本上不輕搖動者，而當夫破壞之運之相代乎前也，猶且不能恤小害以擲大利，而況於害有百而利無一者耶？故夫歐洲各國自宗教改革後，而教會教士之利益被破壞也；自民立議會後，而暴君豪族之利益被破壞也；英國改正選舉法（千八百三十二年），而舊選舉區之特別利益被破壞也；美國布禁奴會（千八百六十五年），而南部素封家之利益被破壞也。此與吾中國之廢八股，而八股家之利益破壞，革胥吏，而胥吏之利益破壞，改官制，而官場之利益破壞，其事正相等。彼其所謂利者，乃偏毗於最少數人之私利，而實則溺陷大多數人之公敵也。諺有之：「一家哭何如一路哭。」於此而猶曰不破壞，不破壞，吾謂其無人心矣。夫中國今日之事，何一非蠹，大多數人而陷溺之者耶？而八股、胥吏、官制，其小

8 今譯為托拉斯，為企業壟斷的形式。

焉者也。

欲行遠者，不可不棄其故步；欲登高者，不可不離其初級。若終日沾滯，呆立於一地，而徒望遠而歆，仰高而羨，吾知其終無濟也。若此者，其在毫無阻力之時，毫無阻力之地，而進步之公例，固既當如是矣。若夫有阻之者，則鑿榛莽以闢之，烈山澤而焚之，固非得已。苟不爾，則雖欲進而無其路也。諺曰：「螫蛇在手，壯士斷腕。」此語至矣！不觀乎善醫者乎？腸胃癥結，非投以劇烈吐瀉之劑，而決不能治也；瘡癰腫毒，非施以割剖洗滌之功，而決不能療也。若是者，所謂破壞也。苟其憚之，而日日進參苓以謀滋補，塗珠珀以求消毒，病未有不日增而月劇者也。夫其所以不敢下吐瀉者，慮其耗虧耳；所以不敢施割剖者，畏其苦痛耳。而豈知不吐瀉而後此耗虧將益多，不割剖而後此之苦痛將益劇。循是以往，非至死亡不止，夫孰與忍片刻而保百年，苦一部而養全體也？且等是耗虧也，等是苦痛也，早治一日，則其創夷必較輕；緩治一日，則其創夷必較重；此又理之至淺而易見者也，而謀國者乃昧焉，此吾之所不解也。大抵今日談維新者有兩種：其下焉者，則拾牙慧，蒙虎皮，借此以為階進之路。西學一八股也，洋務一苞苴也，游歷一暮夜也。若是者固不足道矣！其上焉者，則固嘗悴其容焉，焦其心焉，規規然思所以長國家而興樂利者。至叩其術，最初則外交也，練兵也，購械也，製械也；稍進焉，則商務也，開礦也，鐵路也；進而至於最近，則練將也，警察也，教育也。此舉舉諸大端者，是非當今文明國所最要不可缺之事耶？雖然，枝枝節節而行焉，步步趨趨而摹仿焉，其遂可以進於文明乎？其遂可以置國家於不敗之地乎？吾知其必不能也。

何也？披綺羅於嫫母，只增其醜；施金鞍於駑駘，只重其負；刻山龍於朽木，只毆其腐；築高樓於鬆壤，只速其傾；未有能濟者也。今勿一一具論，請專言教育。夫一國之有公共教育也，所以養成將來之國民也。而今之言教育者何如？各省紛紛設學堂矣，而學堂之總辦提調，大率皆最工於鑽營奔競，能仰承長吏鼻息之候補人員也。學堂之教員大率皆八股名家，弋竊甲第，武斷鄉曲之鉅紳也。其學生之往就學也，亦不過曰「此時世妝耳」，「此終南徑耳」。與其從事於閉房退院之詩云子曰，何如從事於當時得令之ABCD，考選入校，則張紅然爆以示寵榮（吾粵近考取大學堂學生者皆如是）。資派游學，則苞苴請托以求中選。若此者，皆今日教育事業開宗明義第一章，而將來為一國教育之源泉者也。試問循此以往，其所養成之人物，可以成一國國民之資格乎？可以任為將來一國之主人翁乎？可以立於今日民族主義競爭之潮渦乎？吾有以知其必不能也。不能，則有教育如無教育，而於中國前途何救也？請更徵諸商務。生計界之競爭，是今日地球上一最大問題也。各國所以亡我者在此，我國之所以爭自存者亦當在此。商務之當整頓，夫人而知矣。雖然，振興商務，不可不保護本國工商業之權利。欲保護權利，不可不頒定商法。僅一商法不足以獨立也，則不可不頒定各種法律以相輔。有法而不行，與無法等，則不可不定司法官之權限。立法而不善，弊更甚於無法，則不可不定立法權之所屬。壞法者而無所懲，法旋立而旋廢，則不可不定行法官之責任。推其極也，非制憲法，開議會，立責任政府，而商務終不可得興。今之言商務者，漫然曰吾興之，吾興之而已。吾不知其所以興之者，持何術也？夫就一二端言之，既已如是矣。推諸凡百，莫不皆然。吾故有以知今日所謂新法者之必無效也。何也？不破壞之建設，未有能建設者也。夫今之朝野上下，所以汲汲然崇拜新法者，豈不以非如是則國將危亡乎哉？而新法之無救於危亡也若此。有國家之責任者，當可擇矣！

然則救危亡求進步之道將奈何？曰：必取數千年橫暴混濁之政體，破碎而齏粉之，使數千萬如虎如狼，如蝗如蝻，如蜮如蛆之官吏，失其社鼠城狐之憑藉，然後能滌盪腸胃，以上於進步之途也。必取數千年腐敗柔媚之學說，廓清而辭闢之，使數百萬如蠹魚、如鸚鵡、如水母、如畜犬之學子，毋得搖筆弄舌，舞文嚼字，為民賊之後援，然後能一新耳目，以行進步之實也。而其所以達此目的之方法有二：一曰無血之破壞，二曰有血之破壞。無血之破壞者，如日本之類是也。有血之破壞者，如法國之類是也。中國如能為無血之破壞乎，吾馨香而祝之！中國如不得不為有血之破壞乎，吾衰絰而哀之！雖然，哀則哀矣，然欲使吾於此二者之外，而別求一可以救國之途，吾苦無以為對也。嗚呼！吾中國而果能行第一義也，則今日其行之矣。而竟不能，則吾所謂第二義者，遂終不可免。嗚呼！吾又安忍言哉？嗚呼！吾又安忍不言哉？

吾讀宗教改革之歷史，見夫二百年干戈雲擾，全歐無寧宇，吾未嘗不頞蹙。吾讀一千七百八十九年之歷史，見夫殺人如麻，一日死者以十數萬計，吾未嘗不股慄。雖然，吾思之，吾重思之，國中如無破壞之種子，則亦已耳。苟其有之，夫安可得避？中國數千年以來歷史，以天然之破壞相終始者也。遠者勿具論，請言百年以來之事。乾隆中葉，山東有所謂教匪者王倫之徒起，三十九年平。

同時有甘肅馬明心之亂，據河州、蘭州，四十六年平。五十一年，臺灣林爽文起，諸將出征，皆不有功。歷二年（五十二年），有福康安海蘭察督師乃平。而安南之役又起，五十三年乃平。廓爾喀又內犯，五十九年乃平。而五十八年，詔天下大索白蓮教首領不獲。官吏以搜捕教匪為名，恣行暴虐，亂機滿天下。五十九年，貴州苗族之亂遂作。嘉慶元年，白蓮教遂大起於湖北，蔓延河南、四川、陝西、甘肅，而四川之徐天德、王三槐等，又各擁眾數萬起事，至七年乃平。八年，浙江海盜蔡牽又起，九年，與粵之朱濆合，十三年乃平。十四年，粵之鄭乙又起，十五年乃平。同年，天理教徒李文成又起，十八年乃平。不數年，而回部之亂又起，凡歷十餘年，至道光十一年乃平。同時湖南之趙金龍又起，十二年平。天下凋敝之既極，始稍蘇息，而鴉片戰役又起矣。道光十九年，英艦始入廣東。二十年，旋逼乍浦，犯寧波。二十一年，取舟山、廈門、定海、寧波、乍浦，遂攻吳淞，下鎮江。二十二年，結〈南京條約〉乃平。而兩廣之伏莽已遍地，出沒無寧歲。至咸豐元年，洪、楊遂乘之而起，蹂躪天下之半。而咸豐七年，復有英人入廣東擄總督之事。九年，復有英、法聯軍犯北京之事。而洪氏據金陵凡十二年，至同治二年始平。而捻黨猶逼京畿，危在一髮，七年始平。而回部苗疆之亂猶未已，復血刃者數載。及其全平，已光緒三年矣。自同治九年天津教案起，爾後民教之鬨，連綿不絕。光緒八年，遂有法國安南之役，十一年始平。二十年，日本戰役起，二十一年始平。二十四年，廣西李立亭、四川余蠻子起，二十五年始平。同年，山東義和團起，蔓延直隸，幾至亡國，為十一國所挾，二十七年始平。今者二十八年之過去者，不過一百五十日耳。而廣宗鉅鹿之難，以袁軍全力，歷兩月乃始平之。廣西之難，至今猶蔓延三省，未知所屆，而四川又見告矣。由此言之，此百餘年間，我十八行省之公地，何處非以血為染？我四百餘兆之同胞，何日非以肉為糜？前此既有然，而況乎繼此以往？其劇烈將千百而未有艾也。昔人云：「一慚之不忍，而終身慚乎。」吾亦欲曰：「一破壞之不忍，而終古以破壞乎。」我國民試矯首一望，見夫歐、美、日本之以破壞治破壞，而永絕內亂之萌櫱也。不識亦曾有動於其心，而為臨淵之羨焉否也？

且夫懼破壞者，抑豈不以愛惜民命哉？姑無論天然無意識之破壞，如前所歷舉內亂諸禍，必非煦煦孑孑之所能弭也。即使弭矣，而以今日之國體，今日之政治，今日之官吏，其以直接間接殺人者，每歲之數，又豈讓法國大革命時代哉？十年前山西一旱，而死者百餘萬矣，鄭州一決，而死者十餘萬矣。冬春之交，北地之民死於凍餒者，每歲以十萬計。近十年來，廣東人死於疫癘者，每歲以數十萬計，而死於盜賊，與迫於飢寒自為盜賊而死者，舉國之大，每歲亦何啻十萬？夫此等雖大半關於天災乎，然人之樂有群也，樂有政府也，豈不欲以人治勝天行哉？有政府而不能為民捍災患，然則何取此政府為也？（天災之事，關係政府責任，余別有論。）嗚呼！中國人之為戮民久矣！天戮之，人戮之，暴君戮之，汙吏戮之，異族戮之。其所以戮之之具，則飢戮之，寒戮之，夭戮之，癘戮之，刑獄戮之，盜賊戮之，干戈戮之。文明國中有一人橫死者，無論為冤慘，為當罪，而死者之名，必出現於新聞紙中三數次，乃至百數十次。所謂貴人道，重民命者，不當如是耶？若中國則何有焉？草薙耳，禽獮耳。雖日死千人焉，萬人焉，其誰知之？其誰殣之？亦幸而此傳種學最精之國民，野火燒不盡，春風吹又生，其林林總總者如故也。使稍矜貴者，吾恐周餘子遺之詩，早實見於今日矣。然此猶在無外競之時代為然耳！自今以往，十數國之飢鷹餓虎，張牙舞爪，呐喊蹴踏，以入我闥而擇我肉。數年數十年後，能使我如埃及然，將口中未下咽之飯，挖而獻之，猶不足以償債主。能使我如印度然，日日行三跪九叩首禮於他族之膝下，乃僅得半腹之飽。不知愛惜民命者，何以待之？何以救之？我國民一念及此，當能信吾所謂「破壞亦破壞，不破壞亦破壞」者之非過言矣。而二者吉凶去從之間，我國民其何擇焉？其何擇焉？昔日本維新主動力之第一人曰吉田松陰[9]者，嘗語其徒曰：「今之號稱正義人，觀望持重者，比比皆是，是為最大下策。何如輕快拙速，打破局面，然後徐圖占地布石之為愈乎？」日本之所以有今日，皆恃此精神也，皆遵此方略也。（吉田松陰日本長門藩士，以抗幕府被逮死。維新元勳山縣[10]、伊藤[11]、井上[12]等，皆其門下士也。）今日中國之弊，視四十年前之日本又數倍焉。而國中號稱有志之士，捨松陰所謂最大下策者，無敢思之，無敢迫之，無敢行之。吾又烏知其前途所終極也？

雖然，破壞亦豈易言哉？瑪志尼曰：「破壞也者，為建設而破壞，非為破壞而破壞。使為破壞

9 一八三〇—一八五九年，長州藩武士，為明治維新的先行者，因主張尊皇討幕而遭處死。
10 山縣有朋（一八三八—一九二二年），明治維新時期曾任內閣總理大臣。
11 伊藤博文（一八四一—一九〇九年），明治維新時期曾任內閣總理大臣。
12 井上馨（一八三六—一九一五年），曾在伊藤內閣期間擔任內務大臣。

而破壞者，則何取乎破壞？且亦將並破壞之業而不能就也。」吾請更下一解曰：「非有不忍破壞之仁賢者，不可以言破壞之言。非有能回破壞之手段者，不可以事破壞之事。」而不然者，率其牢騷不平之氣，小有才而未聞道，取天下之事事物物，不論精粗美惡，欲一舉而碎之滅之，以供其快心一笑之具。尋至自起樓而自燒棄，自蒔花而自斬刈，囂囂然號於眾曰：「吾能割捨也。吾能決斷也。」若是者，直人妖耳！故夫破壞者，仁人君子不得已之所為也。孔明揮淚於街亭，子胥泣血於關塞，彼豈忍死其友而遺其父哉。

論自尊

日本大教育家福澤諭吉[1]之訓學者也，標提「獨立自尊」一語，以為德育最大綱領。夫自尊何以謂之德？自也者，國民之一分子也。自尊所以尊國民故。自也者，人道之一阿屯也，自尊所以尊人道故。

西哲有言：「人各立於自所欲立之地。」吉田松陰曰：「士生今日，欲為蒲柳，斯蒲柳矣。欲為松柏，斯松柏矣。」吾以為欲為松柏者，果能為松柏與否，吾不敢言。若夫欲為蒲柳者，而能進於松柏，吾未之聞也。孟子曰：「有是四端，而自謂不能者，自賊者也。」又曰：「自暴者，不可與有言也。自棄者，不可與有為也。」夫自賊、自暴、自棄之反面，則自尊是也！是以君子貴自尊。

悲哉！吾中國人無自尊性質也。簪纓何物？以一鉤金塞其帽頂，則腳靴手版，磕頭請安，戢戢然矣。阿堵何物？以一貫銅晃其腰纏，則色肆指動，圍繞奔走，喁喁然矣！夫沐冠而喜者，戲猴之態也。投骨而囓者，畜犬之情也。人之所以為人者，其資格安在耶？顧乃自儕於猴犬而恬不為怪也。

1 一八三五—一九〇一年，明治維新時期的著名教育家，曾提出脫亞論，主張日本應積極學習西方文化。

故夫自尊與不自尊，實天民奴隸之絕大關頭也。

且吾見夫今世所謂識時俊傑者矣。天下之危急，彼非無所聞也。國民之義務，彼非無所知也。顧口中有萬言之沸騰，肩上無半銖之負荷。叩其故，則曰：「天下大矣，賢者多矣，某自顧何人，其敢語於此！」推彼輩之意，以為一國四百兆人，其三百九十九兆九億九萬九千九百九十九人中，其德慧術智，無一不優於我；其聰明才力，無一不強於我。我之一人，豈足輕重云耳？率斯道也以往，其必四百兆人，人人皆除出自己，而以國事望諸其餘之三百九十九兆九億九萬九千九百九十九人。統計而互消之，則是四百兆人卒至實無一人也。夫一二人之自賊、自暴、自棄而不自尊，宜若於天下大局無與焉矣。然窮其弊，乃至若此。

不寧惟是，為國民者而不自尊其一人之資格，則斷未有能自尊其一國之資格焉者也。一國不自尊，而國未有能立焉者也。吾聞英國人自尊之言曰：「太陽曾無不照我英國國旗之時。」（英人屬地遍於五大洲，此地日方沒，彼地日已出。故曰太陽常照英國旗也。）曰：「無論何地，凡我英人有一個足跡踏於其土者，則其土必為吾英之勢力範圍也。」吾聞俄國人自尊之言曰：「俄羅斯者，東羅馬之相續人也。」（相續者繼襲之義。）曰：「我俄人必成先帝彼得之志，為東方之主人翁也。」吾聞法國人自尊之言曰：「法蘭西者，歐洲文明之中心點也，全世界進步之原動力也。」吾聞德國人自尊之言曰：「自由主義者，日耳曼森林中之產物也。日耳曼人者，條頓民族之宗子，歐洲中原之主帥也。」吾聞美國人自尊之言曰：「舊世界者，腐敗陳積之世界也。其有清新和淑之氣者，惟我新世界。」（舊世界指東半球，新世界指西半球。）「今日之天下，由政治界之爭競，而移於生計界之競爭，他日戰勝於生計界者，捨我美人莫屬也。」吾聞日本人自尊之言曰：「日本者，東方之英國也。萬世一系，天下無雙也。亞洲之先進國也，東西兩文明之總匯流也。」自餘各國，苟其能保一國之名譽於世界上者，則皆莫不各有其所以自尊之具。苟不爾者，則其國必萎縮而無以自存也。其遠焉者，吾不能遍舉，請徵諸其近者。吾嘗見印度人，輒曰：「英國之政治，高美完滿，盛德巍巍，勝於吾印往昔遠甚！」乃至英人之一顰一笑，一飲一啄，皆視為加己數十等也。吾嘗見朝鮮人，輒曰：「吾韓今日更無可望！惟望日本及世界文明各大國，扶而掖之也。」淺見者徒見夫英、俄、德、法、美、日之強盛也如彼，而以為其所以敢於自尊者有由。徒見夫印度、朝鮮之積弱也如此，而以為其所以自貶者出於不得已。此誤果為因，誤因為果之言也。而烏知夫自尊者，即彼六國致強之原；而自貶者，乃此二國取滅之道也。嗚呼！吾觀於此，而不能不重為中國惆矣！疇昔尚有一二侈然自大之客氣，乃挫敗不數度，至今日而消磨盡矣。聞他人之議瓜分我也，則噭然以啼；聞他人之議保全我也，則輾然以笑。君相官吏伺外國人之顏色，先意承志，如孝子之事父母。士農工商仰外國人之鼻息，趨承奔走，如游妓之媚情人。政府之意曰：中國不足恃矣。吾但求結納一大邦之奧援，為附庸下邑之陪臣，以保富貴，終餘年焉。民間之意曰，中國無可為矣，吾但求託庇一強國之宇下，為食毛踐土之蟻民，以逃喪亂，長子孫焉。即號稱有志之士者，亦曰今日之中國，非可以自力自救。庶幾有仁義和親之國，恤我、憐我、扶助我乎！嗟呼惆哉！我國家今日之資格，其如斯而已乎？我國家將來之前途，竟如斯而已乎？嗟呼恫哉！疇昔侈然自大之客氣，自居上國而藐人為夷狄者，先覺之士，竊竊然憂之，以為排外之謬想，不徒傷外交，而更阻文明輸入之途云耳。夫孰知夫數十年來得延一線之殘喘者，尚賴有此若明若昧，無規則無意識之排外自尊思想以維持之。並此而斲喪焉，而立國之具，乃真絕矣。夫孰知夫以真守舊誤國，而國尚有可為；以偽維新誤國，而國乃無可救也。孟子曰：「未聞以千里畏人者也。」誰為為之，而至於此？

夫國家本非有體也，藉人民以成體。故欲求國之自尊，必先自國民人人自尊始。伊尹曰：「予天民之先覺者也，予將以斯道覺斯民也，非予覺之而誰也？」顏淵曰：「舜何人也？予何人也？有為者亦若是。」孟子曰：「夫天未欲平治天下也。如欲平治天下，當今之世，舍我其誰也？」若此者，就尋常庸子視之，不以為狂，必以為泰矣！而聖賢之所以為聖賢者，乃在於此。英將烏爾夫[2]之將征加拿大也，於前一夜拔劍擊案，闊步室內，自誇其大業之必成。宰相鼈特[3]見之，語人曰：「余深慶此行為國家得人！」奧相加富爾，掌奧國政權者五十年。嘗喟然歎曰：「天為國家生非常之才，雖然其孕育之也百年，其休息之也又百年。吾每念及我百歲之後，不禁為奧帝國之前途危慄也。」鼈特當一千七百五十七年，語侯爵某曰：「君侯！君侯！予確信惟予能救此國。而舍予之外，無一人能當其任也。」加里波的[4]曰：「余誓復我意大利，還我古羅馬。」加富爾失意躬耕之時，其友贈

2 James Wolfe (1727–1759)，今譯為沃爾夫。他於七年戰爭中攻陷加拿大魁北克，本人也在此戰役中身亡。

3 William Pitt (1708–1778)，今譯為皮特（或稱老皮特，以與其子小皮特區別），曾任英國首相。

書弔之，乃戲答曰：「事未可知，天若假公以年，佇看他日加富爾為全意大利宰相之時矣。」彼數子者，其所以高白位置，與夫世俗之多大言少成事者，皮相焉殆無以異。而不知其後此之建豐功，揚偉烈，能留最高之名譽於歷史上，皆此不肯自賊、自暴、自棄之一念，驅遣而成就之也。嗟夫！國於天地，必有與立，歷覽古今中外之歷史，其所以能維繫國家於不敗之地者，何一非由人民之自尊而來？何一非由人民中之尤秀拔者，以自尊之大義，倡率一世而來哉？吾欲明自尊之義，請先言自尊之道。

凡自尊者必白愛，「在山泉水清，出山泉水濁；侍婢賣珠回，牽蘿補茆屋。摘花不插髮，采柏動盈掬。天寒翠袖薄，日暮倚修竹。」此杜老[5]〈絕代佳人〉之詩也。不如此而謬託於絕代佳人，未有能稱者也。孔明之表後主也，一則曰：「臣本布衣，躬耕南陽，苟全性命於亂世，不求聞達於諸侯。」再則曰：「臣於成都負郭，有桑八百株，沒後子孫無憂飢寒。」夫孔明非必如硜硜自守之匹夫，故為狷介以鳴高也。彼其所以自處者，固別有所以特拔於流俗，而以淡泊為明志之媒介，以寧靜為致遠之表記也。故夫浮華輕薄之士，謬託曠達，而以不矜細行為通才；犧牲名譽，而以枉尺直尋為手段者，其去豪傑遠矣。何也？先自菲薄，而所謂自尊者更持何道也？故真能自尊者，有豈豈冰雪之志節，然後能顯其落落雲鶴之精神；有謖謖松風之德操，然後能載其嶽嶽千仞之氣概。自尊

4 Giuseppe Garibaldi (1807–1882)，其主導了意大利的統一運動。

5 即杜甫。

者，實使人進其品格之法門也。

凡自尊者必自治。人何以尊於禽獸？人有法律，而禽獸無之也。文明人何以尊於野蠻？文明人能與法律相浹，而野蠻不能也。十人能自治，則此十人者，在其鄉市為一最固結之團體，而可以尊於一鄉市。百人能自治，則此百人者，在其省郡為一最固結之團體，而可以尊於一省郡。千人萬人能自治，則此千人萬人者，在其國中為一最固結之團體，而可以尊於一國。數十百千萬人能自治，則此數十百千萬人者，在世界中為一最固結之團體，而可以尊於全世界。其在古代，斯巴達以不滿萬人之國，而獨尊於希臘。其在現世，英國人口不過中國十五分之一，而尊於五洲。何也？皆由其自治之力強，法律之觀念重耳。蓋人也者，必非能以一人而自尊者也。故必其群尊，然後群內之人與之俱尊。而彼此自治力不足，則群且不成，尊於何有？我中國人格所以日趨於卑賤，其病源皆坐於是。

凡自尊必自立。莊子曰：「有人者累，見有於人者憂。」故夫大同太平之極，必無一人焉能有人，亦無一人焉見有於人。泰西之治，今猶未至也。而中國則更甚焉！其人非有人者，則見有於人者。故君有民，民見有於君。父有子，子見有於父。夫有婦，婦見有於夫。一室之中，主有僕，僕見有於主。一鋪店之中，股東有伴傭，伴傭見有於股東。一黨派之中，黨魁有徒眾，徒眾見有於黨魁，通四百兆人而計之，大率有人者百之一，見有於人者百之九十九。而此所謂有人者，時又更有他人焉從而有之。（如婦見有於夫，其夫或見有於其夫之父。其夫之父，或又見有於其所屬之鋪店之主人，衙署之長官。而彼等又見有於一二民賊之類。若是者，其級數無量，不可思議，雖恆河沙世界中一一蓮花，一一花中一一佛，一一佛身一一口，一一口中一一舌，說之猶不能盡。）若是乎，吾國中雖有四百兆人，而其見有於人者，實三百九十九兆強也。凡見有於人者，則喪其人格。（泰西慣例，婦人大率無選舉權，以其見有於男子也。餘仿此。）若是乎，則此四百兆人中能保存人格者，復幾何哉？是安得不瞿然驚也。夫吾之為此言，非謂欲使人盡去其所尊所親者，而倔強跋扈以為高也，乃正所以為合群計也。凡一群之中，必其人皆有可以自立之道，然後以愛情自貫聯之，以法律自部勒之。斯其群乃強有力，不然，則群雖眾，而所倚賴者不過一二人，則仍只能謂之一二人，不能謂之群也。有兩家於此，甲家則父母妻子兄弟，皆能有所業以食力，餘粟餘布，各盡其材。乙家則仰事俯畜，皆責望於一人，則其家之孰榮孰悴，豈待問也？有兩軍於此，甲軍則卒伍皆知兵，不待指揮，而各人之意見，既與主帥相針射，號令一下，則人人如其心中所欲發。乙軍則惟恃一二勇悍之首領，而他如木雞然。則其軍之孰贏孰負，豈待問也？夫家庭與軍伍，其制裁之當嚴整，殆視他種社會為尤要矣。而其自立力之萬不可缺也猶如此。故凡有自尊思想，不欲玷辱彼蒼所以予我之人格者，必以先求自立為第一要義。自立之具不一端，其最顯要者，則生計上之自勞自活，與學問上之自修自進也。力能養人者上也！即不能，而不可不求足以自養。學能濟人者上也！即不能，而不可不求足以自濟。苟不爾者，欲不倚賴人，烏可得也？專倚賴人，而欲不見有於人，烏可得也？夫倚賴人，非必志士之所諱也。然我有所倚賴於他，他亦有所倚賴於我，互相倚而群之形乃固焉。若一則專為倚賴者，一則專為被倚賴者，其群未有能立，即立未有能久者也。英人常自誇曰：「他國之學校，可以教成許多博士學士，我英之學校，則只能教成『人』而已。」人者何？人格之謂也。而求英人教育之特色，所以能養成此人格者，則惟受之實業，而使之可以自活。受之常職，而使之可以自謀。而盎格魯撒遜人種，所以高掌遠蹠於全世界，能有人而不見有於人者，皆恃此焉矣。

凡自尊者必自牧。《易》曰：「謙謙君子，卑以自牧。」自牧與自尊，寧非反對之兩極端耶？雖然有說焉，自尊云者，非尊其區區七尺也，尊其為國民之一分子，人類之一阿屯也。故凡為國民一分子，人類一阿屯者，皆必如其所尊以尊之，故惟自尊者為能尊人。臨深以為高，加少以為多，其為高與多也亦僅矣！殺人以自生，亡人以自存，其為生與存也亦殆矣！故夫沾沾一得，趾高氣揚者，其必器小易盈之細人也。甚或人之有技媢嫉以惡者，其必濁卑下流之鄙夫也。細人鄙夫，其去自尊之道，不亦遠乎？吾觀夫西人之所謂 Gentleman（此字中國語無確譯，俾斯麥嘗謂此英語中最有意味之字也。若強譯之，則君子二字庶乎近焉）者，其接人也，皆有特別一種溫、良、恭、儉、讓之德。雖對婢僕，其禮逾恭，有所命令，必曰 Please（含懇請之意）；有所取求，必曰 Thank you（謝也）。蓋重人者，人恆重之；侮人者，人恆侮之。勢必然矣！況夫人也者，參天兩地，列為三才。吾之能保存其高尚之資格也，不過適完其分際上應盡之義務，而何足以自炫耀也？是故欲立立人，先聖所以垂訓。「貢高我慢」，世尊所以設戒。

凡自尊者必自任。一群之人芸芸也。而於其中有獨為群內之所崇拜者，此必非可以力爭而術取也。必其所負於本群之責獨重，而其任之也獨勞。則眾人之所以酬之者，自不期然而然，莫之致而至。其自任也，非欲人之尊我而以此為釣也，彼實自認其天職之不可以不盡，苟不爾者，則為自貶，為自汙，為自棄，為道義上之自鬻，為精神上之自戕。是故適自尊者適自任，適自任者適自尊。自尊之極，乃有如伊尹所謂「天民先覺」，如孟子所謂「舍我其誰」，如佛所謂「普度眾生，為一大事出世」。豈抹煞眾人以為莫己若哉？蓋見夫己之責任，則己如是，而他人之能如是與否，且勿暇計也。抑吾嘗見夫老朽名士與輕薄少年之自尊矣。摭拾區區口耳四寸之學問，吐出訑訑氣燄萬丈之言詞。目無餘子，而我躬亦不知何存；口有千秋，而雙肩則不能容物。吾昔曾為〈呵旁觀者文〉，內一條寫其形狀曰：

四曰笑罵派。（中略）既罵維新，亦罵守舊。既罵小人，亦罵君子。對老輩則罵其暮氣已深，對青年則罵其躁進喜事。事之成也，則曰豎子成名；事之敗也，則曰吾早料及。彼輩常自立於無可指摘之地，何也？不辦事故無可指摘，旁觀故無可指摘。己不辦事，而立於辦事者之後，引繩批根以嘲諷掊擊。此最巧黠之術，而使勇者所以短氣，怯者所以灰心也。（中略）譬之孤舟遇風於大洋，彼輩罵雨、罵波、罵大洋、罵孤舟，乃至遍罵同舟之人。若問此船當以何術可達彼岸乎？彼等瞠然無對也。何也？彼輩藉旁觀以行笑罵，失旁觀之地位，則無笑罵也。

嗟夫！自尊者，本人道最不可缺之德。而在今日之中國，此二字幾成詬病之名詞者，皆此等偽自尊者之為累也。諺曰：「濟人利物非吾事，自有周公、孔聖人。」夫周公何人也？孔聖人何人也？顱同此員，趾同此方；官同此五，支同此四。而必曰：「此也者，彼之責任，非我之責任也。」天下之不自愛，孰有過是也。而若之何彼偽自尊者，竟奉此語為不二法門也。

朱子曰：「教學者如扶醉人，扶得東來西又倒。」吾今者，為我國民陳自尊之義，吾安保無誤讀之，以長其暴慢鄙倍之氣，增其驕盈予智之心，以為公德累，為合群蠹者。雖然，吾既略陳其界說，為自尊二字下一定義。吾敢申言之曰：「凡不自愛，不自治，不自立，不自牧，不自任者，決非能自尊之人也。」五者缺一，而猶施施然自尊者，則自尊主義之罪人也。嗟呼！因噎固不可以廢食，懲羹固不可以吹虀。吾深憂夫人人自尊之有流弊，吾尤憂乎人人不自尊。而此四百兆人者，且自以奴隸牛馬為受生於天之分內事。而此種自屈辱以倚賴他人之劣根性，今日施諸甲，明日即可以施諸乙；今日施諸室內，明日即可以施諸路人，施諸仇敵。嗚呼！吾每接見夫客之自燕來者，問以吾國民近日對外之情狀，未嘗不淚涔涔下也！嗚呼！吾又安能已於言哉？

論合群

自地球初有生物以迄今日，其間孳乳蕃殖，蠕者、泳者、飛者、走者、有覺者、無覺者、有情者、無情者、有魂者、無魂者，其種類，其數量，何啻京垓億兆。問今存者幾何矣？自地球初有人類以迄今日，其間孳乳蕃殖，黃者、白者、黑者、棕者、有族者、無族者、有部者、無部者、有國者、無國者，其種類，其數量，何啻京垓億兆。問今存者幾何矣？等是軀殼也，等是血氣也，等是品彙結集也，而存焉者不過萬億中之一。餘則皆萎然落，澌然滅矣。豈有他哉？自然淘汰之結果，劣者不得不敗，而讓優者以獨勝云爾。優劣之道不一端，而能群與不能群，實為其總原。

合群之義，今舉國中稍有知識者，皆能言之矣。問有能舉合群之實者乎？無有也。非惟國民全體之大群不能，即一部分之小群亦不能也。非惟頑固愚陋者不能，即號稱賢達有志者亦不能也。嗚呼！苟此不群之惡性而終不可以變也，則此蠕蠕芸芸之四百兆人，遂不能逃劣敗之數，遂必與前此之萎然落澌然滅者同一命運。夫安得不痛？夫安得不懼？吾推原不群之故，有四因焉。

一曰公共觀念之缺乏。凡人之所以不得不群者，以一身之所需求，所欲望，非獨力所能給也。

以一身之所苦痛，所急難，非獨力所能捍也。於是乎必相引相倚，然後可以自存。若此者，謂之公共觀念。公共觀念者，不學而知，不慮而能者也。而天演界之優劣，即視此觀念之強弱以為差。夫既曰不學而知，不慮而能矣，然其間又有強弱者，何也？則以公觀念與私觀念，常不能無矛盾。而私益之小者近者，往往為公益之大者遠者之蟊賊也。故真有公共觀念者，常不惜犧牲其私益之一部分，以擁護公益。其甚者，或乃犧牲其現在私益之全部分，以擁護未來公益。非拂性也，蓋深知夫處此物競天擇界，欲以人治勝天行，捨此術末由也。昧者不察，反其道以行之。知私利之可歆，而不知公害之可懼。此楊朱哲學所以橫流於天壤，而邊沁之名理所以為時詬病也。此為不能合群之第一病。

二曰對外之界說不分明。凡群之成，必以對待。苟對於外而無競爭，則群之精神與形式皆無所著，此人類之常情，無所容諱者也。故群也者，實以為我兼愛之兩異性，相和合而結構之。有我見而自私焉，非必群之害也。雖然，一人與一人交涉，則內吾身而外他人，是之謂一身之我。此群與彼群交涉，則內吾群而外他群，是之謂一群之我。同是我也，而有大我小我之別焉。有我則必有我之友與我之敵。既曰群矣，則群中皆吾友也。故善為群者，既認有一群外之公敵，則必不認有一群內之私敵。昔希臘列邦，干戈相尋，一遇波斯之來襲，則忽釋甲而相與歃血焉，對外之我見使然也。昔英國保守、自由兩黨，傾軋衝突，曾無寧歲。及格里迷亞戰爭起[1]，雖反對黨，亦以全力助政府焉。

1 即發生於一八五三至一八五六年的克里米亞戰爭，為俄國與英、法爭奪小亞細亞而起。

對外之我見使然也。昔日本自由、進步兩黨，政綱各異，角立對峙。遇藩閥內閣之解散議會，則忽相提攜，結為一憲政黨以抗之，對外之我見使然也。故凡結集一群者，必當先明其對外之界說，即與吾群競爭之公敵何在是也。今志士汲汲言合群者，非以愛國乎？非以利民乎？既以愛國也，則其環伺我而憑陵我者，國仇也，吾公敵也，捨是則無所為敵也。既以利民也，則其箝壓我而朘削我者，民賊也，吾公敵也！捨是則無所為敵也。苟其內相敵焉，則其群未有不為外敵所摧陷而夷滅者也。而志士顧昧此焉！往往捨公敵大敵於不問，而惟斷斷焉爭小意見於本團。無他，知小我而不知大我，用對外之手段以對內，所以鷸蚌相持，而使漁人竊笑其後也。此為不能合群之第二病。

三曰無規則。凡一群之立也，少至二三人，多至千百兆，莫不賴有法律以維持之。其法律或起於命令，或生於契約。以學理言，則由契約出者，謂之正，謂之善；由命令出者，謂之不正，謂之不善。以事勢言，則能有正且善之法律尚也。若其不能，則不正不善之法律，猶勝於無法律。此群學家政學家所同認也。今志士之倡合群者，豈不以不正不善之法律之病民弱國，而思所以易之耶？乃夷考其實，或反自陷於無法律之域，幾何不為彼輩所藉口以相鋤也！不寧惟是，而使本群中亦無所可恃以相團結，已集者望望然去，未來者裹足不前，旁觀者引為大戒。則群力安得擴張？而目的何日能達也？吾觀文明國人之善為群者，小而一地一事之法團，大而一國之議會，莫不行少數服從多數之律，而百事資以取決。乃今之為群者，或以一二人之意見武斷焉，梗議焉。其無規則者一也。善為群者，必委立一首長，使之代表全群，執行事務，授以全權，聽其指揮。乃今之為群者，只知有自由，不知有制裁。其無規則者二也。叩其故，則曰以少數服從於多數，是為多數之奴隸也。以黨員服從於代表人，是為代表人之奴隸也。嘻！是豈奴隸之云乎？人不可以奴隸於人，顧不可以不奴隸於群。不奴隸於本群，勢必至奴隸於他群。服從多數，服從職權（即代表人）。正所以保護其群而勿使墜也。而不然者，人人對抗，不肯相下；人人孤立，無所統一。其勢必相率為野蠻之自由，與未為群之前相等。雖無公敵，猶不足以自立，而況夫日有反對者之乘其後也。此為不能合群之第三病。

四曰忌嫉。吾昔讀曾文正〈戒子書〉中〈忮求詩〉而悚然焉！其言曰：「善莫大於恕，德莫凶於妒。妒者妾婦行，瑣瑣奚足數？己拙忌人能，己塞忌人遇。己若無事功，忌人得成務。己若無黨援，忌人得多助。勢位苟相敵，畏偪又相惡。己無好聞望，忌人文名著。己無賢子孫，忌人後嗣裕。爭名日夜奔，爭利東西鶩。但期一身榮，不惜他人污。聞災或欣幸，聞禍或悅豫。問渠何以然？不自知其故。」嗚呼！此雖曰老生常談乎！然以今日之誤解邊沁學說者[2]，實當頭一棒之言也。吾輩試夙夜一自省焉！其能悉免於如文正所訶乎？吾國人此等惡質，積之數千年，受諸種性之遺傳，染諸社會之習慣，幾深入於人人之腦中而不能自拔。以是而欲求合群，是何異磨磚以作鏡，蒸沙以求飯也。夫宗旨苟不同，則昌言以攻之可也。地位苟不同，則分功以赴之可也。乃若宗旨同，地位同，則戮力同心，以共大業，善莫大焉！夫所謂戮力同心者，非必強甲之事業，而使合於乙也。同歸而

2 指邊沁所提出的功利主義。

殊途，一致而百慮，目的既共指於一處。其成也，則後此終必有握手一堂之日。即不然，或甲敗而乙成，或乙敗而甲成；而吾之所志固已達矣。事苟有濟，成之何必在我？仁人君子之用心，不當如是耶？又就令見不及此，而求競勝於一時，專美於一己；則亦光明磊落，自出其聰明才力，以立於天演界中。苟其優也，雖千萬人與我競，亦何患不勝？苟其劣也，雖無一人與我競，亦何恃不敗？天下之事業多矣，豈必排倒他人，而始容卿一席耶？嗚呼！思之！思之！外有國難，內有民箝，同胞半在酣夢之中，前途已入泥犁之境。吾力而能及也，則自拯之；獨力不能也，則協力拯之。吾力而無濟也，則望他人拯之，其尚忍摧萌拉櫱，為一國之仇讎效死力耶？愚不肖者，吾無望焉，無責焉，顧安得不為號稱賢智者正告也。此為不能合群之第四病。

此其大略也。若詳語之，則如傲慢，如執拗，如放蕩，如迂愚，如嗜利，如寡情。皆足為合群之大蠹。有一於此，群終不成。吾聞孟德斯鳩之論政也，曰：「專制之國，其元氣在威力；立憲之國，其元氣在名譽；共和之國，其元氣在道德。」夫道德者，無所往而可以弁髦者也。然在前此之中國，一人為剛，萬夫為柔，其所以為群者，在強制而不在公意。則雖稍腐敗，稍渙散，而猶足以存其鞹以迄今日。若今之君子，既明知此等現象，不足以戰勝於天擇，而別思所以易之；則非有完全之道德，其奚可哉？其奚可哉？吾聞彼頑固者流，既聒有辭矣。曰：「今日之中國，必不可以言共和，必不可以言議院，必不可以言自治。以是畀之，徒使混雜紛擾，傾軋殘殺，以猶太我中華。不如因仍數千年專制之治，長此束縛焉，馳驟焉，猶可以免滔天之禍。」吾惡其言！雖然吾且悲其言！吾且慚其言！嗚呼！吾黨其猶不自省，不自戒乎？彼輩不幸言中，猶小焉者也。而坐是之故，以致自由、平等、權利、獨立、進取等最美善高尚之主義，將永為天下萬世所詬病。天下萬世相與談虎色變，曰當二十世紀之初，中國所謂有新思想、新知識、新學術之人，如是如是。亡中國之罪，皆在彼輩焉！嗚呼！嗚呼！則吾儕雖萬死，其何能贖也。

論生利分利

謂中國而貧國耶？《大學》曰：「有人此有土，有土此有財。」未聞以數十萬里之地，數十千萬之人，而患貧者也。謂中國而富國耶？稽其官府，則羅掘而無所於得；行其閭閻，則憔悴而無以自存。雖有辯者，不能為中國之貧諱也。貧之原因不一端。請先專言民事。

《大學》曰：「生之者眾，食之者寡。」此言至矣！後世生計學家，言殖產之術，未有能外者也。夫一國之歲殖者，國中人民歲殖之總計也。綜一國之民，無論或勞力或不勞力；勞力矣，或生利或不生利。而其待養於地之所產，民之所出，則均一國歲殖，只有此數，惟其養徒食者數寡，而後贍能生者數多；贍能生者數多，而後國之所殖乃歲進。反是則其未有不瘁焉者也。

生計家言財之所自出者有三：曰土地，曰資本，曰勞力。三者相需而貨乃成。顧同一土地也，在野蠻民族之手，則為石田；在文明民族之手，則為奇貨。其故何也？文明人能利用資本勞力以擴充之，而野蠻人不能也。所謂利用資本與勞力者何也？用之而蘄其有所復也。何謂有所復？用吾力以力田焉，製造焉。被其功於物材，成器之後，其值遂長。其所成之物，歷時甚久，猶存人間，可以轉售交易。今日以功成物，他日由物又轉為功，如是則勞力復焉矣。斥吾資以庀材焉，雇傭焉，材由生貨轉為熟貨，傭以人力，造出物力。已熟之貨，蓄力之物，其所值必餘於前此所斥之資。吾財無損，而且有贏，如是則資本復焉矣。所復者多一次，則所殖者進一級。何也？復者必不徒復也，而又附之以所贏，此富之所由起也。一人如是，一國亦然。

夫綜一國之資本勞力而歲計之，只有此數也。今年而投諸有所復之地，則明年而其率增若干焉，再明年而其率又增若干焉，歲而增之，以至於極富。今年而投諸無所復之地，則明年而其率減若干焉。再明年而其率又減若干焉，歲而減之，以至於極貧。故今年同一資本，同一勞力也。一有所復，一無所復之間，其結果之相遠，在明年則為一與四之比例矣。再明年則為一與十六之比例矣。又再明年，則為一與六十四之比例矣。嗚呼！其可驚有如此者！何以明其增減之率然也？此其事，於資本易見，而於勞力稍難明。一歲之所總殖，其所以用之者不外兩途。其即享即用而無所復者，命之曰消費，其斥以求贏而企其有所復者，命之曰母財（即資本），有人於此，今年以千金之母財，而所殖者得千五百焉。使其人一歲消費之率而適五百也，則適盡其所增殖者，而明年仍有千金為母財。仍殖千五百，則其產不進亦不退，或遇時機，而所殖者忽逾常率，則母財亦隨增矣。（然使偶一歲遇不利，而所殖不及常率，則又將必至蝕母財矣。故曰群治以進為期，中止則憂，退則為病。不必退也。即中止而已，岌然不終日也。）使其消費之率，歲僅三百也。則明年以今年所殖之餘，而合諸母。其母財為千二百，而所殖者千八百矣。再明年，所殖之餘而合諸母，則其母財為千五百，而所殖者二千二百餘矣。反是而使其消費之率，歲而七百也，則今歲所殖，不足供今歲，而不得不蝕及母財。明年之母財，僅餘八百，而所殖僅千二百矣。再明年而再蝕之，其母財僅餘五百，而所殖僅七百餘矣。蝕者其母，遂並其所生之子而亡之。不及三稔，而千金可以蕩然，此事之最易見者也。夫此等持籌握算之論，士君子每羞言焉，而其義實通於治國。一國之產，而依前者之比例焉，國未有不榮者也。一國之產，而依後者之比例焉，國未有不悴者也。抑一國之浪費與一人之浪費，理同而形異。一國之浪費有二：其一，國中之人人，皆歲費過於歲殖，於是結集成國，而一國之總歲費過於總歲殖是也。若是者，則其國不數年，而遂可以滅亡。雖然，天下從無此國民也。（羅馬之末路，殆將近是。故史家謂羅馬之亡，乃其自亡，而非日耳曼人能亡之者。）有善費之民，亦必有善殖之民與之相救。國之所以維持於不敝，賴此而已。其二，國中之人，雖有善費者，有善殖者，而殖者之人數，不及費者之人數。費者一人所費之數，又過於殖者一人所殖之數，截長補短以統計之，而一國之總歲費過於總歲殖是也。今之孱國比比然也，國之總費既過總殖，則勢不得不蝕及全國之總母財。總母能幾何？豈堪當此歲蝕也？此資本增減之比例率也。至勞力之增減，其事亦與資本相緣。夫母財之為用也，大率庀材者[1]居其半，給餼者[2]居其半，所給之餼，即所以養勞力者也。惟母財豐然後百業興，百業興然後給餼眾，給餼眾然後勞力者各得所養，而其力有所用。力被於物，復成母財。遞增遞進，

1 指準備材料。

2 餼，指穀糧。

而力乃盡其用。今使母財被蝕而無所餘，則民有力而無用之地，其力遂日以澌消。（生物學之公例，凡一能力久廢不用者，則其能力必寖亡。）亞丹斯密嘗言：「吾英今日之民，勤於昔者，緣今日國財，斥之為母以贍勞民者，多於三百年前也。三百年前之民，勞而無獲，乃多惰游。其言曰：『與其作苦而無獲，不若嬉戲而無餘。』大抵工商業廣之區，其民皆母財所贍雇，故其用力恆勤。而酣戲飲博，自以日銷。設其地為都會，養民者不在母財，而在支費，則皆呰窳媮生。」（嚴譯《原富》部乙篇三。）是資本之增減，與勞力之增減，成比例也明矣！而況夫既奪善殖者之所食以養善費者，則此善殖者雖不窳惰，而亦無以自存。或餓莩，或流亡，有妻不能迎，有子不能舉。勞力之損去者不可以復續。此又其銳減之跡，顯而易見者也。資本蝕矣，勞力萎矣，生財之三要素既毀其二。雖有土地，其將何所緣以產百物耶？國之所以有廣土眾民而不免於貧蹙者，坐是而已。

申而言之，則國之興衰，一視其總資本、總勞力之有所復、無所復而已。有所復者，資母孳子，《大學》謂之「生之者」，生計學家名之曰「生利」。無所復者，蝕母亡子，《大學》謂之「食之者」，生計學家名之曰「分利」。吾將論生利分利之種別。

吾聞生計學家言，生利之人有二種：一曰直接以生利者，若農若工之類是也。二曰間接以生利者，若商人，若軍人，若政治家，若教育家之類是也。而其生利之力亦有二種：一曰體力，二曰心力。心力復細別為二：一曰智力，二曰德力。若以其生利之事業分之，則有六種。

第一，發見及發明。（發見者，新覓得天然物，或新考出其物之利用也。如哥侖布發見亞美利加洲，又二三百年前新考出菸草中有一種特質足供人用者，皆是也。發明者，將天產物加以新法則能廣其用，而其法為前人所未知者，如最近發明無線電報之類是也。）

第二，先占。（先占者，採取未有主權之天產也。如伐木、獵獸、漁魚、採礦之類是。）

第三，用於生貨之勞力。（生貨謂物之未經製造者。如農業、森林業、牧畜業是也。各種製造品之材料，皆自此種勞力而來者也。）

第四，用於熟貨之勞力。（如製穀麥為麵包，製木材為家具，製土屬為陶磁，製金屬為機械，製綿絲為布帛，其餘各種關於製造者，皆屬此類。）

第五，用於交通之勞力。（變更貨物之位置，以運輸交通，便適民用者也。凡商業等，皆屬此類。）

第六，用於保助之勞力。（若官吏，若軍人，若醫生，皆所以保護生利者也。雖不能直接以生利，然其職若保險公司然，故非分利；若教育家，若文學家，所以助長生利者也。雖不直接以生利，然得此令人智識增長，性質改良。於生利大有所補，故亦不為分利。）

此皆生利之事業也。其不在此數者，皆謂之分利。亞丹斯密云：「人以多雇工傭而富，以多畜便辟使令之人而貧，何也？使令者之功，固匪所寄，則莫可轉，事竟力消，而不可得復也。」斯密氏充類至義之盡，則以為分利者，不僅便辟使令之賤者而已。自王侯君公，降至執法司理之官吏，稱戈擐甲之武夫，皆此屬也。故其言又曰：「品上者，若官吏師儒，若醫巫，若文章之士；品下者，若倡優、侏儒、鬥力、走馬、臧獲[3]、廝養，其用勞力也。雖貴賤迴殊，輕重各異，而皆投其力於不可復之地。當生即毀，皆與於分利致貧之數者也。」斯密此論，後賢聚訟紛然，吾今不具引，不具辯。吾請取我國中分利者之種類而細論之。

分利者之種類大別有二：一曰不勞力而分利者；二曰勞力而仍分利者。

第一，不勞力而分利者：

(一)乞丐：其人非老，非幼，非廢疾。以堂堂七尺之軀，乃至不能自養而行乞於途。是蕩與惰二者必居一也。人即憐而活之，而為蝨於一群莫大焉。故此輩非可愍而可憎也。若君上失政，天災流行，干戈劫後，不以此論。

(二)盜竊：盜者未嘗不用體力，竊者未嘗不用心力，然此不得以勞力論也。蓋其所用力，不敢以與人共見也。此其為分利最易明，不待贅論。

(三)棍騙：棍騙者，亦盜竊之一種也。然其操術稍精，其破裂稍難，故其毒害亦較深。而所分之利往往更鉅。棍騙之種類繁多，非可悉舉。如聚賭者，如巫覡，如堪輿星相卜筮之流，皆歸此類。不能醫而冒醫為衣食者，亦歸此類。

(四)僧道：歐洲教會之牧師神父，識者以為國之大蠹。前所引亞丹斯密之言，半為彼輩而發也。至近世革命屢起，奪其特權以儕齊民，然後歐治乃平。雖然歐之教會雖無實，然猶以覺民為名也。中國之僧道，則名實兩無取矣。

3 指奴婢。

㈤紈褲子弟：西人之養子也，育之使長成，教之以學業，令其足以自營自活，父母之責任，如是而已。及其既能自營矣，自活矣，則析而居之。他日父母遺產之能屬於己與否，非所知也。故其故家子弟，皆絕依賴根性，無敢託庇前人餘蔭以自暇逸。中國不然，家有數畝薄田，其子弟輒驕奢淫佚，一無生業，而豪宦富商之裔，更不待論。又以同居不析產為盛德，矯偽相效，往往有一家丁口至百數十人者。假使其家有萬金之產，則其百數十人之婦女子弟皆囂囂然曰：「吾之家，乃萬金之素封家也。」曾亦思此萬金者，析之為數百十焉，各人所占能有幾何？而此百數十人，皆以萬金之奉自奉。而於家中生計，絲毫不負其責任。吾見所謂故家名門，若此者比比然矣。又不必故家名門也。即以尋常論之，大率一家之中，其生利者不過一二人，而分利者動十數人。夫以一人之資本勞力而自養焉，雖中下之材而猶不至於不給。以一人之資本勞力而養十數人，雖賢智未有能善其後者也。故不得不歲耗其母財以為消費，而遂以陷於困窮。我國國民之總歲殖，所以不能多斥以為母財之用者，其大原因未始不由家族制度之不適宜使然也。故俗語曰：「富不過三代。」夫使能善用富，則雖十代百代可也。而吾中國率不能過三代者何也？生之者一人，而食之者百人；生之者一日，而食之者百日。雖有鉅母，其何足以再世也？西國法律所以重保護富民者，為其為一國積母財。積之愈久，則其數愈鉅，斥母興業，人己交利，而國殖歲進。喬木世臣所以為貴也。中國則貧有世襲，而富無世襲；此亦母財消耗之明效大驗矣。而其咎實紈褲子弟尸之。紈褲子弟者，真一國之大蟊賊也。雖然，追本窮原，則咎又不專在其子弟，而兼在其父兄。為父兄者既以自累，（己所生之利，為子弟所分，故曰自累。）而復以累其子弟，（令子弟不能為生利之人，故曰累子弟。）是誠愚不可及矣！

㈥浪子：浪子者，紈褲子弟居其強半。亦有非紈褲而亦浪子者。此類之人，尚未至為乞丐，尚未至為盜騙。其生涯也，飲酒看花，鬥雞走狗，馳馬角戲，六博蹋踘，吸鴉片，狎游妓，捨此之外，毫無所事。而衣必選色，食必選味。此類之人，其結局也，盜騙、乞丐二者，必居一於是。

㈦兵勇及應武試者：生計家之論軍人，有以為生利者，有以為分利者。吾謂今世文明國之軍人，決不可謂之分利，何也？若無國防，則國難屢起，民將不得安其業。故軍人者，實生利之民之保險也。藉曰分利矣，然亦當屬於勞力而分利之一類。中國則不然，中國之兵勇，實不勞力而分利者也。中國之兵勇，實兼浪子、盜騙、乞丐三者之長而有之者也。兵勇既皆分利，其應武試者，若武童、武生、武舉、武進士之流，更不待論。

㈧官吏之一大半：中國之官吏皆分利者也。然其勞力而分利者居小半，不勞力而分利者居大半。不勞力而分利者，其在京官中，則除軍機大臣章京及各部主稿司員外，其餘各官皆是也。其在外官中，則凡候補需次人員及道班同通班佐雜班實缺者之大半皆是也。此類人之性質位置與下篇第三類略相似。至其勞力而分利者，及其分利之理由，下篇乃論之。

㈨緣附於官以為養者：此等人所包甚廣，官親也，幕客也，胥吏也，僕役也，皁隸也，訟棍也，其性質大略相等，吾不暇遍論，但約括以此名。此類人，大率強而黠者則豺虎也，弱而笨者則蝗蝻也。其害群一也。一州縣衙署，而豢養此輩動數百人，他可知矣。通計全國衣食於此間者，殆常數百餘萬人，此階級亦幾蔚成大國矣。

㈩土豪鄉紳：土豪鄉紳大率皆紈褲子弟、讀書人、官吏及緣附於官者之四類人所變相也。雖然亦有不屬於此四類人，而不得不謂之土豪鄉紳者。即本屬於四類，而既已變相，則亦自別成為一孽種，故不得不另立一門以總括之，而此等實分利中之最強有力者也。

㈩婦女之一大半：論者或以婦女為全屬分利者，斯不通之論也。婦人之生育子女，為對於人群第一義務，無論矣！即其主持家計，司閫以內之事，亦與生計學上分勞之理相合。蓋無婦女，則為男子者不得不兼營室內之事，業不專而生利之效減矣。故加普通婦女以分利之名不可也。雖然，中國婦女則分利者十六七，而不分利者僅十三四。何以言之？凡人當盡其才，婦人之能力雖有劣於男子之點，亦有優於男子之點，誠使能發揮而利用之，則其於人群生計增益實鉅。觀西國之學校教師、商店會計，用婦女者強半，可以知其故矣。大抵總一國婦女，其當從事於室內生利事業者十而六，（育兒女、治家計，即室內生利事業也。）其當從事於室外生利事業者十而四。（泰西成年未婚之女子率皆有所執業以自養，即從事於室外生利事業者也。）而中國婦女，但有前者而無後者焉，是分利者已居其四矣。而所謂室內生利事業者，又復不能盡其用。不讀書、不識字，不知會計之方，不識教子之法。蓮步妖嬈，不能操作，凡此皆其不適於生利之原因也。故通一國總率而計，則分利者十六七，而不分利者僅十三四也。

㈡廢疾：廢疾者之為分利，不辨而明。雖然，苟在文明國，有訓盲訓啞等學校，雖有廢疾，而往往使之操作工藝，足以自養，故其分利不多。中國苟遇此等無告，則皆有分而無生者也。是非好自為之，而天然之缺憾及政府之失職，使之不得不然也。

㈢罪人：人至犯公罪而繫縲刑，必其對於一群之利益有所侵害明矣。故罪人之本屬分利者，殆十而八九也。（但今日文明未至，法律未完，則犯罪者或未必真罪，未必皆害一群公益也。）雖然，及其既犯罪之後，以一群治安所繫，不得不置諸囹圄以示懲。既入囹圄，惟受淩虐，一無所事，是使之重分利也。監之十年，則其分利者十年，監者百人，則其分利者百人，日損公家之母財以畜之，其蠹群抑更甚矣！故各文明國之懲釁囚也，不以虐刑而以苦役。（古者輸司空，輸城旦，輸鬼薪，即是此意。）誠得其道也。中國則獄囚充塞，而此輩既自苦，復無以自給，而不得不仰食於縣官或所親，是亦分利之一大族也。

兒童不勞力也，何以不為分利？曰：彼未及生利之年，宜儲備其力，以為他日生利之用也。兒童者，實一國將來之真母財也。（生計學家言以人身之德慧術智為生產力之一種，亦謂之無形之資本。故凡兒童皆可謂為一國之無形資本也。）老人不勞力也，何以不為分利？曰：彼已過生利之年，其前此所生之利，既有所儲備，而今之所享，非分之於他人者也。記曰：「十六以下，上所長也；六十以上，上所養也。」誠以其在一群之地位當如是也。若夫少年時代，荒嬉學業，不思預備將來所以報效國民之道，致使長成百無一能。若此者，則雖未成年，已不得不謂之分利。又如壯年時代，無業游手，曾未嘗致絲毫之力，有所貢獻於其群，及老而廢焉，徒待養於公產。若是者，則雖及耄期，仍不得不謂之分利。我中國之兒童、老人，若此者，蓋十而六七焉。故我國兒童老人之分利者，亦十而六七也。

地主往往不自勞力，而生計家不謂之分利（亦有謂為分利者）。何也？彼其前此之所以得此土地者，未有不從勞力而來。今之所享，即其前此勞力之所儲備而用之未盡者也（與老人不為分利者同例）。若夫藉父兄之業，其所以得此土地「所有權」者，既非經本身之勞力，而復一無所事，惟衣租食稅以自豪者，斯不得不謂之分利。故我中國之地主，其分利者亦十而六七也（萬國皆同）。然此等皆可謂之紈褲子弟，故不為另立一門。

以上說「不勞力之分利者」竟。

第二，勞力而仍分利者：

㈠奴婢：奴婢之勞力，有視尋常人加數倍者。雖然其所勞之力，只以伺主人之顰笑，供主人之使令。其力用之而無所復，故謂之分利。此分利種族之最易見者。

㈡優妓：優妓固有所甚勞甚苦者存，然其勞力皆無所復，且能牽動他人，而使之並為分利者。故其分利之毒亦頗甚。

以上兩者，其分利未必為本人之所欲，而有迫之使不得不然者。故分利之罪不在本人，而在迫之之人。凡有迫而分利者，皆屬此類。（衙署之皂隸與奴婢同類者，彼好自為之，非有迫之者也。故彼輩不可不自負其分利之責任。故謂之不勞力而分利者。）

㈢讀書人：士、農、工、商，號稱國之四民，而讀書人褎然居首焉。據斯密之論，則雖泰西之讀書人，彼且以為分利矣。顧吾平心論之，則西國之讀書人，其分利者雖或十之一二，其生利者猶十之七八，何也？彼其學成之後，非醫生，則法官也，則律師也。否則傳教也，學校教師也。若其學工商業，直接以生利者，更無論矣。故斯密之說施諸彼，吾不敢袒焉。若在我國，則至當無以易矣。吾國讀書界之現象，最奇者有二：一曰無所謂卒業不卒業也。二曰藉令卒業矣，而不知其所學作何用也？其潦倒者，則八股八韻，風簷矮屋，磨至頭童齒豁之年；其騰達者，則誇耀妻妾，武斷鄉曲，以為維桑與梓之蠹。謂其導民以知識耶？吾見讀書人多而國日愚也。謂其誨民以道德耶？吾見讀書人多而俗日偷也。四體不勤，五穀不分，偷懦憚事，無廉恥而嗜飲食，讀書人實一種寄生蟲也，在民為蠹，在國為蝨也。（若考據家，若詞章家及近今輕薄之時勢家，皆分利之尤者也。彼等或以為吾雖無益於群，亦無害於群。而不知其提倡此謬種以消耗後進之腦力，腐敗國民之道德，害已重矣。藉云無益亦無害，而坐蝕一國之母財，寧得謂非害耶？若講明道學，匡翼民德，以培國家元氣者，不在此論。而惜乎我國讀書界能若此者，萬億人中不得一二也。）

㈣教師：讀書人中為教師者，宜若非分利焉。雖然所教成者，為一群之公益，則謂之生利；所教成者，為一群之公蠹，則謂之分利。彼今日之讀書人，實前此之教師所產也。他日之讀書人，又今此之教師所產也。日產公蠹，謂之不分利得乎？

㈤官吏之一小半：亞丹斯密以官吏為分利，後人糾之詳矣。雖然，若中國之官吏，則無論為勞力者不勞力者，而皆不得不謂之分利。官吏之勞力者，若京官之軍機大臣、軍機章京、各部署之掌印主稿司員，外官之督撫，乃至實缺之提鎮、司道、府廳州縣、各要局之委員，以及出使大臣領事等，皆是矣。其數度不過官吏中十之一二，此輩固自謂盡瘁於王事，鞅掌於賢勞也。至問其勞力所用者在何處？則腳韡手版耳！簿書期會耳！問其於國民公益，有絲毫關係乎？無有也。英人邊沁嘗言：「政府者有害之物也。然所以設之者，以小害物制大害物而已。」日人西村茂樹[4]申其義曰：「政府害民之事少，而能制止他之大害者，謂之良政府；害民之事多，而不能制止他之大害者，謂之惡政府。」若是乎官吏之分利賊民，固已鐵案如山，不容為諱矣。特視其所賊之率多少何如耳？然苟能奉其職，以為民捍禦他種大災害，則其間接所生之利足以償其直接所分者而有餘。故文明國之官吏，不得謂之分利。夫國民之所謂大災害者何也？則水旱癘疫之流行也，豪強之欺凌也，爭鬩之枉屈也，盜賊之橫恣也；其尤甚者，則外侮之攘奪，喪我主權，失我公產也。若此者，皆不能不仰匡救於政府。政府而能捍衛是者，則民雖獻其血汗所得之權利之一二以贍養之，亦不過如營業者之有保險，而非可吝，非可避者也。若中國則何有焉？民有災而不能恤也，民有枉而不能伸也，餓殍遍道而不能救也，群盜滿山而不能監也。浸假而弄兵召戎，一遇挫敗，則割胸脅剝脂膏以為償也；浸假而畏敵如虎，承伺顰笑，則壓同胞媚仇讎以自固也。由前之說，則有官吏如無官吏；由後之說，則有官吏反不如其無官吏。夫官吏而不能捍民之患，則固已害矣。況以官吏之故，而民患益深且劇

4 一八二八—一九〇二年，明治維新時期的儒學家。

焉！是他種之分利分其一，而此輩之分利分其二也。（勞力而分利之官吏，其罪倍於不勞力而分利者。）故中國之官吏，實分利之罪魁，而他種之分利者，大率由彼輩而生者也。

(六)商業中之分利者：既執業，斯不可謂之分利。雖然，亦有辨焉。吾以為今日中國人所執之商業，其不分利者，不過十六七，而其分利者尚十二三。如彼投機射利，俗所稱買空賣空者，其操術類於賭博，其用心等於棍騙，斯為分利無論矣。至如劇園酒樓之類，導人於分利之途者，雖主者極勤勞，而不得不謂之分利。又如售賣分利之事物如鴉片、淡巴菰、酒及一切有害衛生之物；脂粉首飾及一切婦女治容之物；香燭楮爆及一切神祇供享之物；古董書畫及一切名士玩耍之物；印刷、八股、小說、考據、詞章等無用書籍，乃至文人墨客一切特別精緻之物。（吾八年前曾與一友行京師琉璃廠，數其商店不屬於分利者十不得一。）諸凡業此者，皆分利者也。雖然其罪不在執此業者，而在用此物者。何以故？苟無人焉從而流通之，則其業不禁自絕故。故此等實分利之果，而非分利之因也。

(七)農工業之分利者：農工業亦有分利者乎？曰有。如農之種罌粟、種菸葉，工之製造各種無益有害之物者，皆分利也。然科其罪，則亦與前所論之商業同，不可謂直接之分利。（如種罌粟之分利，人人知之矣。然以塞入口之漏卮，則又反似生利，而非分利。雖然種者愈多，吸者亦愈多，是此業又轉為分利之因矣。）又如分功不細，成物遲鈍，則工雖勞而亦分利。（如業針者，以一人始終其事，窮日之力不能成一針。若分其功而各專一事焉。凡為針之事十七八，以十八人分任之，則日可得八萬六千針，是人日四千八百也。一人任之，日成其一，是所廢者四千六百七十九矣。此等力皆委之無用，故曰分利。）器械不具，趨事拙久，則工雖勞而亦分利。（若有鐵路三日可達之路，無之則需二十日，是使人廢其十七日於旅行中，其力委之無用，故曰分利。又如有鐵路，則十噸之貨物不需人馬之力，不數日而可以致千里。苟無之，而恃車輛焉，以十車載之，走半月，馬力人力皆委之無用。斯分利矣。若並車輛而無焉，以數十人負載之，走一月始達，其力之委於無用者更多，斯益分利矣。又如開礦，無機器而百人乃任此役，有機器則數人任之而有餘。推之凡百工作，莫不皆然。夫人只有此數也，人之力只有此數也，用之於此，則不能同時復用之於彼。以一人一日可成之物，而今乃需百人百日，則此九十九人九十九日，皆委之無用也。故曰分利。）此等若充類至盡，則雖以今日極文明國之工藝，庸詎知後人視之，不有以為分利之尤者乎。故以分利之罪罪我工傭，不可也。雖然，以今日我國之工，與歐美諸國之工比較，固不可不謂之分利。若此者，非民之罪，有司之罪也；非一人之罪，團體之罪也。

以上說「勞力而仍分利者」竟。

吾今日欲取中國民數而約計之，以觀其生利分利之比較。（中國無統計，雖有巧算，萬不能得其真率，不過就鄙見臆度而已。然諒所舉者有少無多也。）

分利人數

- 中國四萬萬人
  - 婦女約二萬萬（分利者約十之六七）……約一萬三千萬
  - 男子約二萬萬
    - 老幼者約八千萬（分利者約十之六七）……四千五百萬
    - 丁男約一萬二千萬
      - 官吏約三十餘萬……三十餘萬
      - 讀書人約三百萬……三百萬
      - 兵勇及應武試者約四百萬……四百萬
      - 緣附於官以為食者約四百萬……四百萬
      - 僧道約三十萬……三十萬
      - 紈褲浪子土豪鄉紳共約五百萬……五百萬
      - 盜賊棍騙共約五百萬……五百萬
      - 乞丐約三百萬……三百萬
      - 奴婢娼優約五十萬……五十萬
      - 罪囚約四十萬……四十萬
      - 廢疾約二十萬……二十萬
      - 農工商業之分利者約三百萬……三百萬
        其以鈍拙遲曠而分利者不計
      - 其餘不便歸類者約百萬……一百萬

大約四萬萬人中分利者二萬萬一千萬有奇，自餘則為生利者。

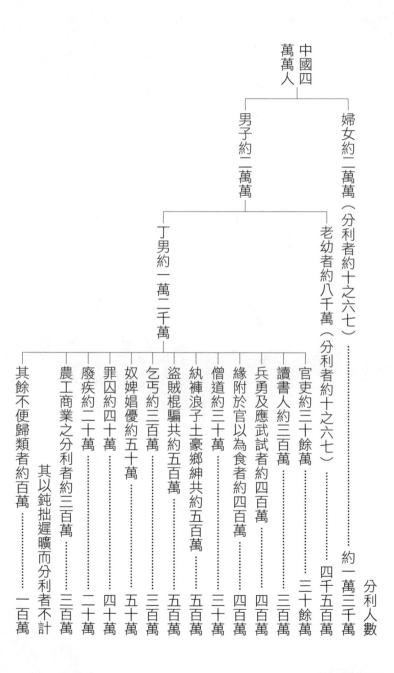

又分中國人爲五大族，稽其民業之大略而比較之。

一、漢族：約分利者十之五有奇，生利者十之四有奇。

二、滿洲族：其在關外者，生利分利之率，約與漢人等；其在內地者，皆分利者，無一生利者。（因本朝定例禁滿州人不許從事工商業，故其人在內地者，非官則兵，非讀書人則紈褲子，否則緣附於官以為食，終無可以生利之道。）

三、苗族：約分利者十之二，生利者十之八

四、回族：約分利者十之三，生利者十之七。

五、蒙古族：約分利者十之四，生利者十之六。

大抵分利之人，多出於上等社會、中等社會，而下等社會之人殆稀，蓋惟挾持強權者，乃得取他人所生之利而坐分之也。以上所舉分利諸種族，除乞丐、奴婢、罪囚、廢疾等數種外，其餘大率皆以一人而分數人之利者也。竊嘗計之，非以三四人之所贏，決不足以償一人之所耗。吾中國四萬萬人，分利者既二萬萬有奇矣，而此之二萬萬，又非徒盡蝕彼之二萬萬而遂足以給之也，必二倍焉，四倍焉。嗚呼！若之何民不窮且匱也。亦幸而吾土地之饒，物彙之衍，小民生產力之大且厚，猶足勉強支持彌縫以迄今日也。不然者，吁！無孑遺久矣。然此顧可久恃乎？彼生利之二萬萬人者，自生之而自食之，裕如也。今乃每人加以三倍、四倍之負擔，雖強有力，何以堪此。窮之蹙之至無復之，則不得不轉而入於乞丐、盜賊、棍騙、罪囚之數途，於是分利者益增，而生利者益減；分利者愈加多，則其餘生利者之負擔愈加重，愈不得不折而入於分利。如是遞相為因，遞相為果，極其弊，可以使一群之人分利者七八，而生利者不得一二。高麗是已。夫至八九人分一二人所生之利，則分之者亦寧有幸焉？涸轍之魚，相煦以沫，其斃直須時耳。夫以吾中國之民，勤儉善儲，吾固信其無下儕於高麗之懼。雖然，吾中國所處之地位，亦與高麗異，以五洲第一天府之國，擇肉者眈眈於其旁，吾國之總母財既日減消，而他國之母財且日輸入。彼利用吾土地，利用吾勞力，以運其母而殖其子，子之所殖，則彼之物而非我之物也。如是彼盈一度，則我朒一度。吾之總母財，有歲減而無歲增，其事至易明矣。至於母財無復可斥，而一國之人不聊生矣。印度是也。彼印度之土，豈小於我，其人豈遠匙於我，而今竟若此。吾念及此，而不禁汗流浹背，淚涔涔其承睫也。我國人之處堂而嬉游釜而戲者，其亦一動心焉否也。

夫以今不及二萬萬之生利者，於自養之外，復養彼二萬萬有奇之三四倍分利者，而其力猶可以勉支，則我國民之生產力可以四五倍於自養，昭昭然也。使無彼二萬萬之分利者以蝕之，則彼二萬萬生利者之所殖，必四五倍，是全國之總歲殖。視今日增四五倍也，使彼二萬萬分利者更轉而生利焉，則全國之總歲殖，視今日必增八倍乃至十倍，又昭昭然也。吾中國土地第一，勞力第一，生產之三要素既優占其二，所缺者獨資本耳。使傳以八倍十倍於今日之母財，則與萬國爭商戰於地球，誰能禦之？此猶就分功未精，器械未備時言之耳。使精矣備矣，而復加以人無不盡之力，地無不盡之利，則其富率之驟漲，豈復巧曆所能算也。國富矣，而猶弱於人，吾未之聞也。若是乎，二十世紀生計競爭之世界，果讓我執牛耳而莫與京也，雖然飢人說食，終不能飽，吾奈此蒼生何哉！吾奈此蒼生何哉！

他省吾不深知，吾請言粵事。吾粵自前督南皮張公改闈姓為正餉，合肥李公改番攤雜賭為正餉以來，生計界日益蹙。其鄉市子弟相與語曰，吾與其力穡於田而日得百錢，何如傭役於博而日得數百，或且喝雉成盧，一擲巨萬也，於是闔省人趨之者十而五六，至於田功、手技、小販、輿夫、負戴等種種雜工，日乏一日，小民何知，謂轉移執事以為吾利也，殊不知一省之總勞力，日擲於虛牝；一省之總母財，日耗於尾閭。曾幾何時，今則一金僅易斗粟餘矣（此最近報）。疇昔以分利為利者，而究何利也？粵中近日之窘狀，其根原雖非一端，然官吏之開賭以增分利之率，以消蝕此有限之勞力，有限之母財，實其原因之最重要者也。故粵中盜賊之多，亦甲於天下。雖由其俗之偷，抑豈不以生利者之不堪負擔，迫而為此也。使循此不變，十年之後，吾粵民之生利者將不及二三，而分利者必至七八矣。此吾所謂遞相為因、遞相為果之例也。今也粵人之在諸省中，以最富聞者也，而其敝既若此，嗚呼！諸省可以鑑矣！

讀者勿以吾為家人筐篋之言也，今日生計競爭之世界，一國之榮瘁升沉，皆係於是。君不見聯軍入京以後，豈嘗索我一坏土，而惟汲汲然擴張其商務權力範圍之為務，彼豈必瀦吾宮，屋吾社，繫累吾子弟，然後謂之亡，然後謂之滅？剝吾膚焉，鹽吾腦焉，吮吾血焉，馴使我萎黃蕉萃，乾枯瘦死，而其所欲固已給矣。然則吾應之之道奈何，曰政府當道，固與有責焉。雖然此必非恃政府當道一二人之力所能拯救也，其最要之著，不可不求一國中生利人多，分利人少，其轉移之次第，先求我躬勿為分利者，復闡明學理，廣勸一國人使皆恥為分利者，復講求政策，務安插前此之分利者，使有自新之道，以變為生利者。天下事無中立，不進則退，此兩者消長之率，若克一變，則吾國其庶幾有瘳乎？雖然改革之業，相因者也，欲將變甲，必先變乙；及其變乙，又當變丙。語及政策，則誰與思之，誰與行之？嗚呼！予欲無言。

論毅力

曾子曰：「士不可以不弘毅。任重而道遠，仁以為己任，不亦重乎！死而後已，不亦遠乎！」聖哉斯言！聖哉斯言！欲學為「人」者，苟非於此義篤信死守，身體而力行之，雖有高志，雖有奇氣雖有異才，終無所成。

人治者，常與天行相搏，為不斷之競爭者也。天行之為物，往往與人類所期望相背，故其反抗力至大且劇。而人類向上進步之美性，又必非可以現在之地位而自安也。於是乎人之一生，如以數十年行舟於逆水中，無一日而可以息。又不徒一人為然也，大而至於一民族，更大而至於全世界，皆循茲軌道而日孜孜者也。其希望愈遠，其志事愈大者，其所遭拂戾之境遇必愈眾。譬猶泛潤沚者，與行江河者，與航洋海者之比例，其艱難之程度，恆與其所歷境界之廣狹相應。事理固然，無足怪者。

天下古今成敗之林，若是其莽然不一途也。要其何以成？何以敗？曰：有毅力者成，反是者敗。蓋人生歷程，大抵逆境居十六七，順境亦居十三四。而順逆兩境，又常相間以迭乘。無論事之大小，而必有數次乃至十數次之阻力。其阻力雖或大或小，而要之必無可逃避者也。其在志力薄弱之士，始固曰吾欲云云，吾欲云云，其意以為天下事固易易也。及驟嘗焉，而阻力猝來，頹然喪矣。其次弱者，乘一時之客氣，透過此第一關，遇再挫而退。稍強者，遇三四挫而退。更稍強者，遇五六挫而退。其事愈大者，其遇挫愈多，其不退也愈難。非至強之人，未有能善於其終者也。夫苟其挫而不退矣，則小逆之後必有小順，大逆之後必有大順。盤根錯節之既破，而遂有應刃而解之一日。旁觀者徒豔羨其功之成，以為是殆幸運兒，而天有以寵彼也。又以為我蹇於遭逢，故所就不彼若也。庸詎知所謂蹇焉幸焉者，彼皆與我之所同，而其能征服此蹇焉，利用此幸焉與否，即彼成我敗所由判也。更譬諸操舟，如以兼旬之期行千里之地者，其間風潮之或順或逆，常相參伍。彼以堅苦忍耐之力，冒其逆而突過之，而後得從容以容度其順。我則或一日而返焉，或二三日而返焉，或五六日而返焉，故彼岸終不可得達也。孔子曰：「譬如為山，未成一簣，止，吾止也。譬如平地，雖覆一簣，進，吾往也。」孟子曰：「有為者譬若掘井，掘井九仞而不及泉，猶為棄井也。」成敗之數，視此而已。

人不可無希望，然希望常與失望相倚。至於失望，而心蓋死矣。養其希望勿使失者，厥惟毅力。故志不足恃，氣不足恃，才不足恃，惟毅力為足恃。昔摩西，古代之第一偉人也。彼憫猶太人受軛於埃及也，是其志之過人也。然其攜之以出埃及也，始焉猶太人不欲。經十餘年，乃能動焉。既動矣，而埃及人尼之截之，經十餘戰乃能出焉。既出矣，而所欲至之目的不得達。徬徨沙漠中者，又四十年焉。使摩西毅力稍不足，或於其初也，見猶太人之頑錮難動，而灰其心焉；於其中也，見埃及人之強悍難敵，而灰其心焉；於其終也，見迦南樂土之艱險不易達，而灰其心焉。苟有一者，則摩西必為失敗之人，無可疑也。昔哥侖布，新世界之開闢者也。彼信海西之必有大陸，是其識之過人也。然其早年，喪其愛妻，喪其愛子，喪其資財，窮餓無聊，行乞於市。既而游說於豪貴，豪貴笑之；建白於葡萄牙政府，政府斥之。及其承西班牙王之命，初航海也，舟西指，六十餘日不見寸土。同行之人，失望思歸。從而尼之撓之者，不下十數次，乃至共謀殺其身，飲其血。使哥侖布毅力稍不足，則初焉以窮困而沮，繼焉以不遇知己而沮，繼焉以艱難而沮，終焉以險禍而沮。苟有一者，則哥侖布必為失敗之人無可疑也。昔巴律西[1]，法蘭西著名之美術家也。嘗憫法國磁器之粗拙，欲改良之，築灶以試驗者數年，家資盡罄。再築灶而益以薪，又復失敗。已無復三度築灶之資，猶復集土器三百餘，附窯以試驗之。歷一日夜不交睫，曾無尺寸功。如是者殆十年，卒為第四度最後之大試驗，乃作灶於家，磚石築造，皆躬自任。閱七八月，灶始成。乃摶土製器，塗藥入灶。火熱一晝夜間，坐其旁以待旦。其妻持朝食供之，終不忍離。至第二日，質終未融。日沉西，又不去，待之。於是蓬首垢面，憔悴無人形。如是者越三日、四日、五日、六日，相續至七日，未一假寐，而功遂不就。自茲以往，調新質而擣煉之，坐守十餘日、二十日以為常。最後一度，質既備，火既焚，熱既熾，功將成矣，薪忽告竭，而火又不能滅也。巴律西爽然自失，傷其功之將墮，乃拔園籬

1 Bernard Palissy (1510–1589)，法國陶瓷藝術家，以改良瓷器製法而著名。

之木以代之。猶不足，碎其桌及椅，投諸火。猶不足，碎其架。猶不足，碎其榻。猶不足，碎其門。妻子以為狂，號於室而奔告其鄰。未幾所燒之質遂融，色光澤，儼然良器矣。於是巴律西送其至困極苦之生涯於此器者，已十八年。使巴律西毅力稍不足者，則必為失敗之人，無可疑也。昔維爾德[2]，創設海底電線之人也。彼其擁巨萬之貲，傾心以創此業。欲自美至英，超海以通電信。請助於英政府，幾經哀求，始見許。而美國議院，為激烈之反對，其贊助僅以一票之多數得通過，亦既困難極矣。及其始敷設也，第一次至五百里而失敗。第二次至二百里，以電流不通而失敗。第三次將告成矣，而所乘之軍艦，又以傾射不能轉運，線亦中斷。第四次以兩軍艦，一向愛爾蘭，一向尼科德蘭[3]，相距三里，線仍斷。第五次再試，則兩艦距離八十里，電流始通，又突失敗。監督諸員皆絕望。資本家亦有悔志。第六次，至海上七百里，地名利鞠者，電信始通，謂已成矣。既而電流忽突然停止，又復失敗。第七次更別購良線，建設至距尼科德蘭六百里處，將近結果，線又斷。此大業遂閱一年有奇，而維爾德之家資已耗盡矣。猶復嘵音瘏口，勞魂瘁形，游說英、美之有力者，別設一新公司，而功乃始就，至今全地球食其利。使維爾德毅力稍不足者，則雖歷一次、二次，乃至三、四、五、六、七、八次，其終為失敗之人，無可疑也。此其最著者也。乃若的士黎禮，四度爭議員選舉不第，

2 Cyrus West Field (1819–1892)，美國金融家，他創立了大西洋電報公司，並於一八五八年完成第一條橫跨大西洋的海底電纜。

3 即荷蘭。

而卒為英名相。加里波的五度起革命軍不成，而卒建新意大利。士提反孫[4]之作行動機器也，十五年始成。瓦特之作蒸氣機器也，三十年始成。孟德斯鳩之《萬法精理》二十五年始成。亞丹斯密之《原富》十年始成。達爾文之《種原論》，十六年始成。吉朋之《羅馬衰亡史》，二十年始成。倭斯達[5]之《大辭典》，三十六年始成。馬達加斯加之傳教師，十年始得一信徒。吉德森[6]之傳教於緬甸，拿利林[7]之傳教於中國，一則五年，一則七年，乃得一信徒。由此觀之，世無論古今，業無論大小，其卓然能成就以顯於世而傳於後者，豈有一不自堅忍沉毅而來哉？又不徒西國為然也。請徵諸我先民。勾踐之在會稽也，田單之在即墨也，漢高之在滎陽、成皋也，皆其敗也，即其所以成也。使三子者，毅力稍不足，則為失敗之人也。張騫之使西域也，瀕於死者屢，往往不食數日，乃至十數日，前後歷十三年，而卒宣漢威於域外。使騫毅力稍不足，則為失敗之人也。劉備初用徐州而蹶，次用豫州而又蹶，次用荊州而又蹶。年將垂暮，始得益州以定大業。使備毅力稍不足，則為失敗之人也。玄

---

4 George Stephenson (1781–1848)，今譯為史蒂芬生，英國發明家、機械工程師，他製造出世界上第一個火車頭。

5 Noah Webster (1758–1843)，今譯為韋伯斯特，被譽為美國學術與教育之父，其編纂的一系列字典被稱為《韋氏辭典》。

6 Adoniram Jadson (1788–1850)，今譯為賈德森，為美國傳教士，十九世紀初前往緬甸傳教，並建立了仰光的第一間教會。

7 John L. Nevius (1829–1893)，今譯為倪維思，為美國傳教士，十九世紀中時前往山東傳教。

奘以唐國師之尊，橫葱嶺，適印度。猛獸困之，瘴癘困之，飢渴困之，言語之不通困之，卒經十七年，盡學其正法外道，歸而弘布於祖國。使玄奘毅力稍不足，則為失敗之人也。且勿徵諸遠，即最近數十年來，威德巍巍，照耀寰宇，若曾文正其人者，其初起時之困心衡慮，寧復可思議。餉需則羅掘不足，（與李小泉書云：「僕在衡極力勸捐，總無起色。所入皆錢，尚不滿萬。各邑紳士來衡，殷殷相助。奈鄉間自乏此物，莫可如何！欲放手一辦，輒復以此阻敗，只惱人耳！」又復駱中丞書云：「捐輸一事，所託之友，所發之書，蓋已不少。據稱待至歲暮，某處一千，某處五百，俱可按籍而索。事雖同乎水中之月，猶冀得乎十分之五。一經搖動，則全局皆空。」云云。蓋當時以鄉紳辦團，只恃捐輸，不仰帑藏故也。）兵勇則調和兩難，（文正在衡初辦團時，標兵疾之，至鬨入公所與之為難。文正僅以身免，其文集中書札卷二與王璞山書、上吳甄甫制軍書各篇，苦情如訴，詞多不錄。）將裨則駕馭匪易，（覆駱中丞書云：「王璞山本侍所器倚之人。今年於各處表暴其賢，蓋亦口疲於贊揚，手倦於書寫。而璞山不諒我心，頗生猜嫌。侍所與之札，飭言撤勇事者，概不回答。既無公牘，又無私書。曾未同涉風波之險，已有不受節制之意。同舟而樹敵國，肝膽而變楚越。」云云。當時用人之難，可見一斑矣。類此者猶夥。）衡州水師，經營積年。甫出即敗於靖港。憤欲自沉，覆思乃止。直至咸豐十年，任江督，駐祁門，而蘇、常新陷，徽州繼之，圜左右八百里皆賊地。或勸移營江西以保餉源；或勸遷麾江干以通糧路。文正乃曰：「吾去此寸步無死所！」及同治元年，合圍金陵之際，疾疫忽行，上自蕪湖，下迄上海，無營不病。楊（岳斌）、曾（國荃）、鮑（超）諸統將，皆呻吟床蓐。堞無守望之兵，廚無炊爨之卒。

而苦守力戰，閱四十六日，乃得拔。事後自言，此數月中，心膽俱碎。觀其與邵位西書云：「軍事非權不威，非勢不行。弟處無權無勢之位，常冒爭權爭勢之嫌。年年依人，頑鈍寡效。」與劉霞仙書云：「虹貫荊卿之心，而見者以為淫氛；碧化萇弘之血，而覽者以為頑石；古今同慨，我豈伊殊？屈纍所以一沉而萬世不復者，良有以也。」又復郭筠仙書云：「國藩昔在湖南、江西，幾於通國不能相容。六七年間，浩然不欲復聞世事。然造端過大，以不顧生死自命，寧當更問毀譽。以拙進而以巧退，以忠義勸人，而以苟且自全，即魂魄猶有餘羞。」蓋當時所處之困難，如此其甚也！功成業定之後，論者以為乘時際會，天獨厚之。而豈知其停辛貯苦，銖積寸累，百折不回，而始有今日也。使曾文正毅力稍不足者，則其為失敗之人，無可疑也。嗚呼！綜觀此中西十數君子，則我輩所以求自立於天地間者，可以思矣，可以興矣。拿破崙曰：「兵家勝敗，在最後之十五分鐘而已。」蓋我困之時，人亦困之時也；我疲之時，人亦疲之時也。際人之困疲，而我一鼓勇氣以繼之，則勝利固不得不在我。」此言乎成功之術之非難也。古語曰：「行百里者半九十。」此言乎成功之道之非易也。難耶？易耶？惟志士自擇之！

　　抑成敗云者，又非可以庸耳俗目而論定者也。凡人所志所事愈大，則其結果愈大，而成就亦愈遲。如彼志救一國者，而一國之進步，往往數十百年乃始得達。志救天下者，而天下之進步，往往數百千年乃始得達。而此眇眇七尺之軀殼，雖豪傑，雖聖賢，曾不能保留之使踰數十寒暑以外。然則事事而欲親睹其成，寧復有大事之可任耶！是故當知馬丁路得固成也，而拉的馬[8]、列多黎[9]、格蘭瑪[10]（三人皆為宗教革命而死者，格蘭瑪縛於柱而焚殺）亦不可謂不成。哥侖布固成也，而伋頓曲[11]（伋頓曲在夏威夷為土人所殺）亦不可謂不成。狄渥固成也，而噶蘇士[12]亦不可謂不成。加富爾固成也，而瑪志尼亦不可謂不成。大久保[13]、木戶[14]固成也，而吉田松陰、藤田東湖[15]亦不可謂不成。曾國藩固成也，而江忠源[16]、羅澤南[17]、李續賓[18]亦不可謂不成。成敗云者，惟其精神，不惟其形式也。不然，若孔子干七十二君無所用，伐檀削跡，老於道路。若耶穌受磔十字架，其亦可謂之敗耶？其亦可謂之敗耶？故真有毅力者，惟懷久遠之希望，而不計目前之成敗。非不求成，知其成非在旦夕，故不求也。成

---

8 Hugh Latimer (c. 1487–1555)，今譯為拉蒂默，英國宗教改革家，後被英女王瑪麗一世處死。

9 Nicholas Ridley (c. 1500–1555)，今譯為雷德利，曾任倫敦主教，後被瑪麗一世處死。

10 Thomas Cranmer (c. 1489–1556)，今譯為克蘭默，曾領導英格蘭宗教改革，後被瑪麗一世處死。

11 即庫克船長 (James Cook, 1728–1779)，英國航海家，是首度抵達澳洲、紐西蘭與夏威夷的歐洲人，庫克海峽即是以他的姓氏命名。

12 Lajos Kossuth (1802–1894)，今譯為拉約什，匈牙利革命家，1848 年革命失敗後逃亡海外。

13 大久保利通（一八三〇—一八七八年），明治維新政治家，與西鄉隆盛、木戶孝允並稱維新三傑。

14 木戶孝允（一八三三—一八七七年），明治維新政治家。

15 一八〇六—一八五五年，日本幕末時期的學者，主張尊王攘夷。

16 一八一二—一八五四年，為清末湘軍名將。

17 一八〇七—一八五六年，為清末湘軍的創立者。

18 一八一八—一八五八年，為清末湘軍名將。

且不求，而寧復有可敗之道乎？淺見者流，睹其軀殼之或竄或錮或殺，而妄擬議之曰，是實敗焉。而豈知天下事，固往往敗於今而成於後，敗於我而成於人。有既造之因，必有終結之果。天下惟不辦事者，立於全敗之地，而真辦事者固必立於不敗之地也。故吾嘗謂毅力有二種：一曰兢惕於成敗，而竭全力以赴之，鼓餘勇以繼之者，剛毅之謂也。二曰解脫於成敗，而盡天職以任之，獻生命以殉之者，沉毅之謂也。

若是者，豈惟一私人為然耳？即一民族亦有然。偉大之民族，其舉動常有一遠大之目的，汲汲焉向之以進行，歷數十年、數百年如一日。不觀英國乎？自克林威爾以來，以通商殖民為國是，爾後數百年不一退轉，馴至世界大地圖中，五大洋深綠色裡，斑斑作硃點者，皆北端渺渺三島之附從奴僕也。十字角之旗，翩翻五大陸萬島嶼之上，乃至不與日同出入，而至今猶歉然若不足。殖民大臣漫游全世界，汲汲更講漲進之法。不見俄國乎？自彼得大帝以來，以東向侵略為國是。爾後數百年不一退轉。其於近東也，歐、亞諸國合力沮之。其於遠東也，乃至歐、亞、美諸國全力沮之，而銳氣不稍挫。近日確然益樹實力於滿洲，而達達尼爾事件[19]，（此最近之國際問題。俄國蔑視〈柏林條約〉，以兵船渡土耳其之達達尼爾海峽，以出黑海也。）又見告矣。計全球數十國中，其有朝氣方鼎盛者，不過十數。揆厥所由，未有不自彼國民之有毅力來者也。豈無一二仗客氣，趁風潮，隨雄國以

19 指一九一五至一九一六年的達達尼爾戰役，亦稱加里波利之戰。一次大戰時，俄國說服英、法以武力打通達達尼爾海峽，以占領鄂圖曼帝國首都伊斯坦堡。

學邯鄲步者？然曇花一瞥，頹落依然。今南美洲諸國，是其前車也。孟子曰：「禍福無不自己求之者。」天之降鑑下民，豈有所私耶？嗚呼！國民國民，可以鑑矣！

吾觀我祖國民性之缺點，不下十百，其最可痛者，則未有若無毅力焉者也。其老輩者，有權力者，眾目之曰守舊。夫守舊則何害，英國保守黨之名譽歷史，豈不赫赫在人耳目耶？（現內閣亦保守黨。）然守則守矣，既守之，則當以身殉之。顧何以戊戌新政一頒，而舉國無守舊黨者，竟三閱月也。義和團之起也，吾黨雖憐其愚，而猶驚其勇，以為排外義憤有足多焉。而何以數月之力，不能下一區區使館也？而何以聯軍一至，其在下者，惟有順民旗，不復有一義和團；其在上者，惟有二毛子，不復有一義和團也！各省鬧教之案，固野蠻之行也。雖然，吾聞日本三十年前，固常有民間暴動，濫戕外人之事。及交涉起，其首事者，則自戕於外國官吏之前，不以義憤貽君父憂。而吾國民之為此者，何以一呼而蜂蟻集，一鬨而鳥獸散，不顧大局，而徒以累國家也。若夫所謂新進者，稍知外事者，翹然揭櫫一維新之徽章於額角。夫維新則豈非善事？然既新矣，則亦當以身殉之！顧何以見聲色而新者去其十之三四；語金錢而新者去其十之五六；睹宦達而新者且去其十之八九也。或曰，此蓋其心術敗壞使然，彼其在初固未嘗確有見於舊之宜守，確有見於新之不可以已也。不過伺朝廷之眼波以為顯官計；博時髦之虛名，以為噉飯地耳。吾謂此等人固自不少，而吾終不敢以此陰險黠詐之惡名，盡概天下士也。要之，其志力薄弱，知及而仁不能守，有初而鮮克有終者，比比然爾！彼守舊者不足道矣。至如號稱維新者流，論者或謂但有此輩，亦慰情勝無。嗚呼！吾竊以為誤矣。天下事不知焉者尚有可望；知而不行者則無可望。知而不行尚有可望；行而不能力不能終者，最無可望。故得聰明而軟弱者億萬，不如得樸誠而沉毅者一二。今天下志士亦紛紛矣，其大多數者，果屬於此，抑屬於彼？吾每一念及，不能不為我國前途疑且懼也。嗟乎！一國中朝野上下，人人皆有假日媮樂之心，有遑恤我後之想。翩翩年少，弱不禁風；皤皤老成，尸居餘氣。無三年能持續之國的，無百人能固結之法團。嗚呼！有國如此，不亡何待哉！不亡何待哉！

守舊者吾無責焉，偽維新者吾無責焉！吾請正告吾黨之真有志於天下事者曰：公等勿恃客氣也，勿徒悚動於一時之高論，以為吾知此，吾言此，而吾事畢也。西哲有恆言：「知責任者大丈夫之始，行責任者大丈夫之終。」吾儕不認此責任則已耳，苟既認之，則當如婦人之於所天，終身不二，矢死靡他。吾儕初知責任之日，即此身初嫁與國民之日也。自頂至踵，夫豈復我所得私？於此而欲不亹亹焉，夫亦安得避也？然天下事，順逆之常相倚也，又如彼。吾黨乎，吾黨乎，當知古今天下，無有無阻力之事。苟其畏阻力也，則勿如勿辦，竟放棄其責任，以與齊民伍。而不然者，則種種煩惱，皆為我練心之助；種種危險，皆為我練膽之助；種種艱大，皆為我練智練力之助。隨處皆我之學校也，我何畏焉？我何怨焉？我何餒焉？我願無盡，我學無盡，我知無盡，我行無盡。孔子曰：「望其壙，睪如也，㡌如也！君子息焉，小人休焉。」毅之至也，聖之至也。

論私德

吾自去年著《新民說》，其胸中所懷抱欲發表者，條目不下數十，而以公德篇託始焉。論德而別舉其公焉者，非謂私德之可以已；謂夫私德者，當久已為盡人所能解悟，能踐履。抑且先聖昔賢，言之既已圓滿纖悉，而無待末學小子之曉曉詞費也。乃近年以來，舉國囂囂靡靡，所謂利國進群之事業，一二未睹，而末流所趨，反貽頑鈍者以口實，而曰新理想之賊人子而毒天下。噫！余又可以無言乎？作論私德。

一、私德與公德之關係

私德與公德，非對待之名詞，而相屬之名詞也。斯賓塞之言曰：「凡群者皆一之積也，所以為群之德，自其一之德而已定。群者謂之拓都，一者謂之么匿拓都之性情形制，么匿為之。么匿之所本無者，不能從拓都而成有；么匿之所同具者，不能以拓都而忽亡。」（按以上見侯官嚴氏所譯《群學肆言》，其云拓都者，東譯所稱團體也；云么匿者，東譯所稱個人也。）諒哉言乎！夫所謂公德云者，就其本體言之，謂一團體中人公共之德性也；就其構成此本體之作用言之，謂個人對於本團體，公共觀念所發之德性也。夫聚群盲不能成一離婁，聚群聾不能成一師曠，聚群怯不能成一烏獲。故一私人而無所私有之德性，則群此百千萬億之私人，而必不能成公有之德性，其理至易明也。盲者不能以視於眾而忽明，聾者不能以聽於眾而忽聰，怯者不能以戰於眾而忽勇。故我對於我而不信，而欲其信於待人。一私人對於一私人之交涉而不忠，而欲其忠於團體，無有是處！此其理又至易明也。若是乎今之學者，日言公德，而公德之效弗睹者，亦曰國民之私德有大缺點云爾。是故欲鑄國民，必以培養個人之私德為第一義。欲從事於鑄國民者，必以自培養其個人之私德為第一義。

且公德與私德，豈嘗有一界線焉？區劃之為異物哉？德之所由起，起於人與人之有交涉。（使如《魯敏遜漂流記》所稱，以孑身獨立於荒島，則無所謂德，亦無所謂不德。）而對於少數之交涉，與對於多數之交涉，對於私人之交涉，與對於公人之交涉，其客體雖異，其主體則同。故無論泰東、泰西之所謂道德，皆謂其有贊於公安公益者云爾；其所謂不德，皆謂其有戕於公安公益者云爾。公云私云，不過假立之一名詞，以為體驗踐履之法門。就汎義言之，則德一而已，無所謂公私；就析義言之，則容有私德醇美，而公德尚多未完者。斷無私德濁下，而公德可以襲取者！孟子曰：「古之人所以大過人者，無他焉，善推其所為而已矣。」公德者，私德之推也。知私德而不知公德，所缺者只在一推。蔑私德而謬託公德，則並所以推之具而不存也。故養成私德，而德育之事思過半焉矣。

二、私德墮落之原因

私德之墮落，至今日之中國而極！其所以致此之原因甚複雜，不得悉數，當推論其大者得五端：

一、由於專制政體之陶鑄也。孟德斯鳩曰：「凡專制之國，間或有賢明之主，而臣民之有德者則甚希。試徵諸歷史，乃君主之國。其號稱大臣近臣者，大率皆庸劣卑屈、嫉妒陰險之人，此古今東西之所同也。不寧惟是，苟在上者多行不義，而居下者守正不阿；貴族專尚詐虞，而平民獨崇廉恥，則下民將益為官長所欺詐，所魚肉矣。故專制之國，無論上下貴賤，一皆以變詐傾巧相遇。蓋有迫之使不得不然者矣！若是乎專制政體之下，固無所用其德義，昭昭明甚也。」夫物競天擇之公例，惟適者乃能生存。吾民族數千年生息於專制空氣之下，苟欲進取，必以詐偽；苟欲自全，必以卑屈。其最富於此兩種性質之人，即其在社會上占最優勝之位置者也。而其稍缺乏者，則以劣敗而澌滅，不復能傳其種於來裔者也。是故先天之遺傳，盤踞於社會中，而為其公共性，種子相熏，日盛一日。雖有豪傑，幾難自拔，蓋此之由！不寧惟是，彼跼蹐於專制之下，而全軀希寵以自滿足者，不必道。即有一二達識熱誠之士，苟欲攘臂為生民請命，則時或不得不用詭祕之道，時或不得不為偏激之行。夫其人而果至誠也，猶可以不因此而磷緇也。然習用之，則德性之漓，固已多矣。若根性稍薄弱者，幾何不隨流而沉汨也？夫所謂達識熱誠，欲為生民請命者，豈非一國中不可多得之彥哉？使其在自由國，則大政治家、大教育家、大慈善家，以純全之德性，溫和之手段，以利其群者也。而今乃迫之使不得不出於此途，而因是墮落者，十八九焉。嘻！是殆不足盡以為斯人咎也。

二、由於近代霸者之摧鋤也。夫其所受於數千年之遺傳者既如此矣，而此數千年間，亦時有小小之汙隆昇降，則帝者主持而左右之最有力焉。西哲之言曰：「專制之國，君主萬能。」非虛言也。顧亭林之論世風，謂東漢最美，炎宋次之，而歸功於光武、明章、藝祖真仁。[1]《日知錄》卷十三云：

> 「漢自孝武表章六經之後，師儒雖盛，而大義未明，故新莽居攝，頌德獻符者遍天下。光武有鑑於此，乃尊崇節義，敦厲名實，所舉用者莫非經明行修之士，而風俗為之一變。至其末造，朝政昏濁，國事日非，而黨錮之流，獨行之輩，依仁蹈義，舍命不渝。『風雨如晦，雞鳴不已』，三代以下，風俗之美，無尚於東京者。」又云：「《宋史》言『士大夫忠義之氣，至於五季，變化殆盡。藝祖首褒韓通，次表衛融，以示意嚮。真仁之世，田錫、王禹偁、范仲淹、歐陽脩諸賢，以直言讜論倡於朝，於是中外薦紳知以名節為高，廉恥相尚，盡去五季之陋。故靖康之變，士投袂起而勤王，臨難不屈，所在有之。及宋之亡，忠節相望。』」

且從而論之曰：「觀哀平之可以變而為東京，五代之可以變而為宋，則知天下無不可變之風俗。」此其言雖於民德汙隆之總因，或有所未盡乎？然不得不謂為重要關係之一端矣。嘗次考三千年來風俗之差異，三代以前，邈矣弗可深考。春秋時，猶有先王遺民。自戰國涉秦，以逮西漢，而懿俗頓改者，集權專制之趨勢。時主所以芻狗其民者，別有術也。戰國雖混濁，而猶有任俠尚氣

1 「藝祖」是對太祖或高祖的通稱，此處是指宋太祖。「真仁」則指宋真宗、宋仁宗。

之風。及漢初而摧抑豪強，朱家、郭解之流，漸為時俗所訕笑。故新莽之世，獻符闡媚者遍天下，則高、惠、文、景之播其種也。至東漢而一進，則亭林所論，深明其故矣。及魏武既有冀州，崇獎跅弛之士，於是權詐迭進，姦偽萌生。（建安二十二年八月下令，求負汙辱之名，見笑之行，不仁不孝，而有治國用兵之術者。）光武明章之澤，掃地殆盡。每下愈況，至五季而極！千年間民俗之靡靡，亦由君主之淫亂，有以揚其波也。及宋乃一進藝祖以檢點作天子，頗用專制力，挫民節以自固。（君臣坐而論道之制，至宋始廢。蓋范質輩與藝祖並仕周，位在藝祖上，及入宋為宰相，而遠嫌自下也。）而真仁守文，頗知大體，提倡士氣。宋俗之美，其大原因固不在君主，而君主亦與有力焉。胡元之篡，衣冠塗炭，純以游牧水草之性馳驟吾民，故九十年間，暗無天日。及明而一進。明之進也，則非君主之力也。明太祖以刻鷙之性，摧鋤民氣，戮辱臣僚，其定律至立不為君用之條，令士民毋得以名節自保。以此等專制力所挫抑，宜其惡果更烈於西漢。而東林、復社，舍命不渝。鼎革以後，忠義相屬者，則其原因別有在也。下逮本朝，順康間首開博學鴻詞以縶遺逸，乃為《貳臣傳》以辱之，晚明士氣，斲喪漸盡。及夫雍乾，主權者以悍鷙陰險之奇才，行操縱馴擾之妙術，摭拾文字小故以興冤獄，廷辱大臣耆宿以蔑廉恥。（乾隆六十年中，大學士尚侍供奉諸大員，無一人不曾遭黜辱者。）又大為《四庫提要》、《通鑑輯覽》等書，排斥道學，貶絕節義。自魏武以後，未有敢明目張膽，變亂黑白，如斯其甚者也。然彼猶直師商韓六蝨之教[2]，而人人皆得喻其非。此乃陰託儒術芻狗之言，

2 指危害國家的六件事，典出《商君・弱民》：「三官生蝨六：曰歲，曰食，曰美，曰好，曰志，曰行。」

而一代從而迷其信。嗚呼！何意百鍊鋼，化為繞指柔？百餘年前所播之惡果，今正榮滋稔熟，而我民族方刈之，其穢德之夐千古而絕五洲，豈偶然哉！豈偶然哉！

三、由於屢次戰敗之挫沮也。國家之戰亂，與民族之品性，最有關係。而因其戰亂之性質異，則其結果亦異。今先示其類別如下：

- 戰亂
  - 戰亂時
    - 本國內亂
      - 暫
      - 久
    - 外國戰爭
      - 主動者
      - 被動者
  - 戰亂後
    - 本國內亂
    - 外國戰爭
      - 征服者
      - 被征服者

內亂者，最不祥物也。凡內亂頻仍之國，必無優美純潔之民。當內亂時，其民必生六種惡性：一曰僥倖性。才智之徒，不務利群，而惟思用險鷙之心術，攫機會以自快一時也。二曰殘忍性。草薙禽獮之既久，司空見慣，而曾不足以動其心也。三曰傾軋性。彼此相鬩，各欲得而甘心。杯酒戈矛，頃刻倚伏也。此三者，桀黠之民所含有性也。四曰狡偽性。朝避猛虎；夕避長蛇。非營三窟，不能自全也。五曰涼薄性。一身不自保，何況戀妻子？於至親者尚不暇愛，而遑能愛人？故仁質斲喪澌滅以至於盡也。六曰苟且性。知我如此，不如無生。暮不保朝，假日媮樂；人人自危，無復遠計。馴至與野蠻人之不知將來者，無以異也。此三者，柔良之民所含有性也。當內亂後，其民亦生兩種惡性：一曰恐怖性。痛定思痛，夢魂猶噩；膽汁已破，勇氣全銷也。二曰浮動性。久失其業，無所依歸；秩序全破，難復故常也。故夫內亂者，最不祥物也。以法國大革命，為有史以來，驚天動地之一大事業，而其結果，乃至使全國之民，互相剸刃於其腹。其影響乃使數十年以後之國民，失其常度。史家波留謂法國至今不能成完全之民政，實由革命之役，斲喪元氣太過，殆非虛言也。

內亂之影響，則不論勝敗，何也？勝敗皆在本族也。故恢復平和之後，無論為新政府舊政府，其亂後民德之差異，惟視其所以勞來還定補救陶冶者何如？而暫亂偶亂者，影響希而補救易；久亂頻亂者，影響大而補救難，此其大較也。若夫對外之戰爭則異是！其為主動以伐人者，則運用全在軍隊，而境內安堵焉。惟發揚其尚武之魂，鼓舞其自尊之念，故西哲曰：「戰爭者，國民教育之一條件也。」是可喜而非可悲者也。其為被動而伐於人者，其影響雖與內亂絕相類，而可以變僥倖性為功名心，變殘忍性為敵愾心，變傾軋性而為自覺心，乃至變狡偽性而為謀敵心，變涼薄性而為敢死心，變苟且性而為自保心，何也？內亂則已無所逃於國中，而惟冀亂後之還定。外爭則決生死於一髮，而怵於後時之無可回復也。故有利用敵國外患以為國家之福者，雖可悲而非其至也。外爭而自為征服者，則多戰一次，民德可高一級。德人經奧大利之役，而愛國心有加焉；經法蘭西之役，而愛國心益有加焉。日本人於朝鮮之役、中國之役亦然，皆其例也。若夫戰敗而為被征服者，則其國民固有之性，可以驟變忽落，而無復痕跡。夫以斯巴達強武之精神，照耀史乘，而何以屈服於波斯之後，竟永為他族藩屬，而所謂軍國民之紀念，竟可不復睹也？波蘭當十八世紀前，泱泱幾霸全歐，何以一經瓜分後，而無復種民固有之特性也？燕、趙古稱多慷慨悲歌之士，今則過於其市，順民旗飄颭焉。問昔時屠狗者，闃如也，何也？自五胡、元魏、安史、契丹、女真、蒙古、滿州以來，經數百年六七度之征服，而本能湮沒盡矣。夫在專制政體之下，既已以卑屈詐偽兩者，為全身進取之不二法門矣。而況乎專制者之復非我族類也？故夫內亂與被征服二者，有一於此，其國民之人格，皆可以日趨卑下。而中國乃積數千年內亂之慣局，以膿血充塞歷史，日伐於人，而未嘗一伐人；屢被征服，而不克一自征服。此累變累下種種遺傳之惡性，既已瀰漫於社會。而今日者，又適承洪、楊十餘年驚天動地大內亂之後。而自歐勢東漸以來，彼征服者又自有其征服者。且匪一而五六焉，日瞵眈於我前，國民之失其人性，殆有由矣。

四、由於生計憔悴之逼迫也。管子曰：「倉廩實而知禮節，衣食足而知榮辱。」孟子曰：「民無恆產，斯無恆心；既無恆心，放僻邪侈，救死不贍，奚暇禮義。」嗚呼！豈不然哉！豈不然哉！並世之中，其人格最完美之國民，首推英、美，次則日耳曼。之三國者，皆在全球生計界中，占最高之位置者也。西班牙、葡萄牙人在數百年前，深有強武活潑沉毅嚴整之氣度，今則一一相反，皆由生計之日蹙為之也。其最劣下者，若泰東之朝鮮人，安南人，則生計最窮迫不堪之民也。俄羅斯政府，以鷹瞵虎視之勢，震慴五陸，而其人民稱罪惡之府，黑闇無復天日。（日本人有露西亞亡國論，窮形盡相。）亦生計沉窘之影響也。彼虛無黨以積年游說煽動之力，而不能得多數之同情，乃不得已而出於孤注兇險之手段，亦為此問題所困也。日本政術，幾匹歐美，而社會道德，百不逮一，亦由其富力之進步，與政治之進步不相應也。夫世無論何代，地無論何國，固莫不有其少數畸異絕俗之士，既非專制魔力所能束縛，亦非恆產困乏所能銷磨。雖然，不可以律眾人也，多數之人民，必其於仰事俯蓄之外，而稍有所餘裕，乃能自重而惜名譽，汎愛而好慈善。其腦筋有餘力，以從事於學問，以養其稍高尚之理想。其日力有餘暇，以計及於身外，以發其顧團體之精神。而不然者，朝饔甫畢，而憂夕飧；秋風未來，而泣無褐。雖有仁質，豈能自凍餒以念眾生？雖有遠慮，豈能捨現在以謀將來？西人群學家言，謂文明人與野蠻人之別，在公共思想之有無，與未來觀念之豐缺。而此兩者，所以差異之由，則生計之舒蹙，其尤著者也。故貪鄙之性、褊狹之性、涼薄之性、虛偽之性、諂阿之性、暴棄之性、偷苟之性，強半皆由生計憔悴造之。生計之關係於民德，如是其切密也。我國民數千年來，困於徭役，困於災癘，困於兵燹。其得安其居，樂其業者，既已間代不一覯。所謂虛偽、褊狹、貪鄙、涼薄、諂阿、暴棄、偷苟之惡德，既已經數十世紀，受之於祖若宗。社會之教育，降及現世，國之母財，歲不增殖。而宮廷土木之費，官吏苞苴之費，恆數倍於政府之歲入。國民富力之統計，每人平均額，不過七角一分有奇。（據日本橫山雅男氏[3]之統計調查，日幣七十錢有

3 日本社會統計學家。

奇。）而外債所負，已將十萬萬兩（利息在外）。以致有限之物力，而率變為不可復之母財，若之何民之可以聊其生也？而況乎世界生計競爭之風潮，席捲而來，而今乃始發軔也？民德之腐敗墮落，每下愈況。嗚呼！吾未知其所終極矣！

五、由於學術匡救之無力也。彼四端者，養成國民大多數惡德之源泉也。然自古移風易俗之事，其目的雖在多數人，其主動恆在少數人。若缺於彼而有以補於此，則雖敝而猶未至其極也。東漢節義之盛，光武明章之功，雖十之三，而儒學之效，實十之七也。唐之與宋，其專制之能力相若，其君主之賢否，亦不甚相遠。而士俗判若天淵者，唐儒以詞章浮薄相尚，宋儒以道學廉節為坊也。魏晉六朝之腐敗原因，雖甚雜複，而老莊清談宗派，半尸其咎也。明祖刻薄寡恩，挫抑廉隅，達於極點；而晚明士氣，冠絕前古者，王學之功，不在禹下也。然則近今二百年來，民德汙下之大原，從可睹矣！康熙博學鴻詞諸賢，率以耆宿為海內宗仰，而皆自汙貶。茲役以後，百年來支配人心之王學，掃蕩靡存。船山、梨洲、夏峰[4]、二曲[5]之徒，抱絕學，老巖穴，統遂斬矣。而李光地[6]，湯斌[7]，乃

4 孫奇逢（一五八五—一六七五年），世稱夏峰先生，為明末清初理學家，初學陸王心學，後轉向程朱理學，其學被稱為夏峰學派。

5 李顒（一六二七—一七〇五年），號二曲，與孫奇逢、黃宗羲並稱明末清初三大儒。

6 一六四二—一七一八年，清初官員，也是著名理學家。

7 一六二七—一六八七年，清初官員、理學家，曾拜孫奇逢為師。

以朱學聞。以李之忘親背交，職為姦諛，（李紿鄭成功以覆明祀，前人無譏，全謝山始訶之。[8]）湯之柔媚取容，欺罔流俗。（湯斌雖貴而食不御炙雞，帷帳不過枲絅，嘗奏對出語人曰：「生平未嘗作如此欺人語。」後為聖主所覺，蓋公孫弘之流也。）而以為一代開國之大儒，配食素王，末流所鼓鑄，豈待問矣！後此則陸隴其[9]、陸世儀[10]、張履祥[11]、方苞[12]、徐乾學[13]輩，以媕婀夸毗之學術，文致其奸。其人格殆猶在元許衡吳澄[14]之下。所謂《國朝宋學淵源記》者，殆盡於是矣。而乾嘉以降，閻王段戴[15]之流，乃標所謂漢學者，以相夸尚，排斥宋明，不遺餘力。夫宋明之學，曷嘗無缺點之可指摘，顧吾獨不許鹵莽滅裂之漢學家容其喙也。彼漢學則何所謂學？昔乾隆間內廷演劇，劇曲之大部分，則誨亂也，誨淫也，皆以觸忌諱，被呵譴，不敢進。乃專演神怪幽靈，牛鬼蛇神之事，既藉消遣，亦無愆尤。吾見夫本朝二百年來，學者之所學，皆牛鬼蛇神類耳，而其用心亦正與彼相等。蓋王學之激揚蹈厲，

8 李光地曾向康熙薦舉施琅領兵攻臺，結束鄭氏政權。

9 一六三〇—一六九二年，清初著名理學家，尊朱熹之學。

10 一六一一—一六七二年，清初著名理學家，宗程朱之學，與陸隴其並稱「二陸」。

11 一六一一—一六七四年，明末清初學者，明亡後便隱居江、浙，以教書為業。

12 一六六八—一七四九年，清代著名學者，康熙時曾被捲入文字獄，為清代桐城派散文開創者。

13 一六三一—一六九四年，清初官員、學者，曾被批評為「譎詭奸詐」。

14 許衡（一二〇九—一二八一年）、吳澄（一二四九—一三三三年）為元代理學家，兩人並稱「北許南吳」。

15 乾嘉學派的代表學者閻若璩、王念孫、段玉裁、戴震。

時主所最惡也，乃改而就朱學。朱學之嚴正忠實，猶非時主之所甚喜也，乃更改而就漢學。若漢學者，則立於人間社會以外，而與二千年前地下之僵石為伍。雖著述累百卷，而決無一傷時之語；雖辯論千萬言，而皆非出本心之談。藏身之固，莫此為妙。才智之士，既得此以為阿世盜名之一祕鑰，於是名節閑檢，蕩然無所復顧。故宋學之敝，猶有偽善者流；漢學之敝，則並其偽者而亦無之。何也？彼見夫盛名鼎鼎之先輩，明目張膽，以為鄉黨自好者所不為之事，而其受社會之崇拜，享學界之尸祝自若也。則更何必自苦，以強為禹行舜趨之容也。昔王鳴盛[16]（著《尚書後案》、《十七史商榷》等書，漢學家之鉅子也）嘗語人曰：「吾貪贓之惡名，不過五十年。吾著書之盛名，可以五百年。」此二語者，直代表全部漢學家之用心矣！莊子曰：「哀莫大於心死。」漢學家者率天下而心死者也。此等謬種，與八股同毒，盤踞於二百餘年學界之中心，直至甲午、乙未以後，而其氣燄始衰。而此不痛不癢之世界，既已造成，而今正食其報，耗矣哀哉！

五年以來，海外之新思想，隨列強侵略之勢力以入中國。始為一二人倡之，繼焉千百人和之。彼其倡之者，固非必盡蔑舊學也。以舊學之簡單而不適應於時勢也，而思所以補助之，且廣陳眾義，促思想自由之發達，以求學者之自擇，而不意此久經腐敗之社會，遂非文明學說所遽能移植。於是自由之說入，不以之增幸福，而以之破秩序；平等之說入，不以之荷義務，而以之蔑制裁；競爭之說入，不以之敵外界，而以之散內團；權利之說入，不以之圖公益，而以之文私見；破壞之說入，

16 一七二二—一七九七年，清代考據學大師。

不以之箴膏肓，而以之滅國粹。斯賓塞有言：「衰世雖有更張，弊泯於此者，必發於彼；害消於甲者，將長於乙。合通群而覈之，弊政害端，常自若也。是故民質不結，禍害可以易端，而無由禁絕。」嗚呼！吾觀近年來新學說之影響於我青年界者，吾不得不服斯氏實際經驗之言，而益為我國民增無窮之沉痛也！夫豈不拔十得一，能食新思想者之利者，而所以償其弊殆僅矣。記曰：「甘受和，白受采。忠信之人，可與學禮。」又曰：「橘在江南為橘，過江北則為枳。」夫孰意彼中最高尚醇美，利群進俗之學說，一入中國，遂被其偉大之同化力汩沒而去也。要而論之，魏晉間之清談，乾嘉間之考據，與夫現今學子口頭之自由、平等、權利、破壞，其挾持絕異，其性質則同。而今之受痼愈深者，則以最新最有力之學理，緣附其所近受遠受之惡性惡習，擁護而灌溉之。故有清二百年間，民德之變遷，在朱學時代，有偽善者，猶知行惡之為可恥也。在漢學時代，並偽焉者而無之，則以行惡為無可恥也。及今不救，恐後此歐學時代，必將有以行惡為榮者。今已萌芽於一小部分之青年矣！夫至以行惡為榮，則洪水猛獸，足喻斯慘耶？君子念此，膚粟股栗矣。

中國歷代民德升降原因表

	國勢	君主	戰爭	學術	生計	民德
春秋	列國並立，貴族專制	權不甚重，影響頗少	雖多而不甚烈	各宗派雖萌芽，而未甚發達，多承先王遺風	交通初開，競爭不甚劇	醇樸忠實

戰國	列國並立，集權專制漸鞏固	大率以尚武精神、外交手段兩者獎勵臣下	甚烈	自由思想大發達，儒墨道法縱橫諸派互角，而法家、縱橫家最握實權	商業漸興，兼併大起。因苛稅及兵亂，民困殊甚	其長在任俠尚氣，其短在僄佼詐偽，破壞秩序
秦	中央集權，專制力甚強	以塞民智、挫民氣為主	繼續	屏氣群學，稍任法家	大窘	卑屈浮動
西漢	同	高祖承用秦法，專挫任俠，刻薄寡恩	少	儒老並行	文景間家給人足，武昭以後稍困	卑屈甚於秦時
東漢	同	光武明章獎勵名節	少	儒學最盛時代，收孔教之良果	復蘇	尚氣節，崇廉恥，風俗稱最美
三國	本族分裂	魏武提倡惡風，吳、蜀亦獎勵權術	烈	缺乏	頗艱	汙下
六朝	外族侵入	獎勵浮薄侈靡之風	甚多，而本族率戰敗	佛老並用，詞章與清談極盛	憔悴	混濁柔靡
唐	本族恢復中央集權，旋復分裂	驕汰	上半期平和，下半期大亂	儒者於詞章外無所事，佛學稍發達	上半期頗蘇，下半期大困	上半期柔靡卑屈，下半期混濁
五季	不成國	無主	戰敗於外族	無	民不聊生	最下

宋	主權微弱，外族頻侵	真仁愛民崇禮	戰敗於外族	道學發達最盛，朱陸為其中心點	稍蘇	尚節義而稍文弱
元	外族主權專制力甚強	以游牧性蹴踏本族	本族全敗，戰爭與國民無與	摭朱學末流而精神不存	困	卑屈寡廉恥
明	本族恢復專制力甚強	太祖殘忍刻薄，挫抑民氣	戰勝後平和時代稍長	王學大興，思想高尚	稍蘇	發揚尚名節，幾比東漢
清	外族同化，主權專制力甚強	雍正、乾隆以谿刻陰險威群下	戰敗後平和時代稍長	士以考據詞章自遁，不復知學。其黠者以腐敗矯偽之朱學文其奸	頗蘇	庸懦卑怯狡詐
現今	文名之外族侵入，主權無存	四十年來主權者以壓制敷衍為事，近而益甚	內亂未已，外患又作，數敗之後，四海騷然	舊學澌滅，新學未成，青黃不接，謬想重疊	漏卮既甚，而世界生計競爭風潮侵來，全國憔悴	混濁達於極點，諸惡俱備

三、私德之必要

私德者，人人之糧，而不可須臾離者也。雖然吾之論著，以語諸大多數不讀書、不識字之人，莫予喻也。即以語諸少數讀舊書、識舊字之人，亦莫予聞也。於是吾忠告之所得及，不得不限於少數國民中之最少數者，顧吾信夫此最少數者，其將來勢力所磅礴，足以左右彼大多數者而有餘也。吾為此喜，吾為此懼，吾不能已於言。

今日踸踔俊發，有骨鯁，有血性之士，其所最目眩而心醉者，非破壞主義耶？破壞之必能行於今之中國與否，為別問題，姑勿具論！而今之走於極端者，一若惟建設為需道德，而破壞則無需道德。鄙人竊以為誤矣。古今建設之偉業，固莫不含有破壞之性質。古今破壞之偉人，亦靡不饒有建設之精神。實則破壞與建設，相倚而不可離；而其所需之能力，二者亦正相等。苟有所缺，則靡特建設不可得期，即破壞亦不可得望也。今之言破壞者，動引生計學上分勞之例，謂吾以眇眇之躬，終不能取天下事而悉任之。吾毋寧應於時勢而專任破壞焉！既破壞以後，則建設之責，以俟君子，無待吾過慮也。此其心豈不廓然而大公也耶？顧吾以為不惟於破壞後，當有建設，即破壞前，亦當有建設。苟不爾者，則雖日言破壞，而破壞之目的，終不得達，何也？群學公例，必內固者，乃能外競。一社會之與他社會競也，一國民之與他國民競也，苟其本社會本國之機體未立之營衛未完，則一與敵遇而必敗，或未與敵遇而先自敗。而破壞主義之性質，則以本社會本國新造力薄之少數者，而悍然與彼久據力厚之多數者為難也。故不患敵之強，而惟患我之弱。我之所恃以克敵者何在？在能團結一堅固有力之機體而已。然在一社會、一國家，承累年積世之遺傳習慣，其機體由天然發達，故成之尚易。在一黨派則反是，前者無所憑藉，並世無所利用，其機體全由人為發達，故成之最難。

所謂破壞前之建設者，建設此而已！苟欲得之，捨道德奚以哉？

今之言破壞者，動曰一切破壞，此讆言也。吾輩曷為言破壞？曰：「去其病吾社會者」云爾。如曰一切破壞也，是將並社會而亦破壞之也。譬諸身然，沉疴在躬，固不得不施藥石。若無論其受病不受病之部位，而一切鍼灸之，攻洩之，則直自殺而已！吾亦深知夫仁人志士之言破壞者，其目的非在破壞社會，而不知「一切破壞」之言，既習於口而印於腦，則道德之制裁，已無可復施，而社會必至於滅亡。吾亦深知夫仁人志士之言破壞者，實鑑於今日之全社會，幾無一部分而無病態也。憤慨之極，必欲翻根柢而改造之，斯固然也。然療病者，無論下若何猛劑，必須恃有所謂「元神真火」者，以為驅病之原。苟不爾者，則一病未去，他病復來，而後病必更難治於前病，故一切破壞之言，流弊千百，而收效卒不得一也。何也？苟有破壞者，有不破壞者，則其應破壞之部分，尚可食破壞之利。苟一切破壞，則不惟將來宜成立者不能成立，即目前宜破壞者，亦卒不得破壞。此吾所敢斷言也。吾疇昔以為中國之舊道德，恐不足以範圍今後之人心也，而渴望發明一新道德以補助之。（參觀〈論公德〉篇）由今以思，此直理想之言，而決非今日可以見諸實際者也。夫言群治者，必曰德、曰智、曰力，然智與力之成就甚易，惟德最難。今欲以一新道德易國民，必非徒以區區泰西之學說，所能為力也。即盡讀蘇格拉底、柏拉圖、康德、黑智兒之書，謂其有「新道德學」也則可，謂其有「新道德」也則不可。何也？道德者，行也，而非言也。苟欲言道德也，則其本原出於良心之自由。無古無今，無中無外，無不同一。是無有新舊之可云也！苟欲行道德也，則因於社會性質之不同，而各有所受。其先哲之微言，祖宗之芳躅，隨此冥然之軀殼，以遺傳於我躬，斯乃一社會之所以為養也。一旦突然欲以他社會之所養者養我，談何容易耶？竊嘗舉泰西道德之原質而析分之，則見其得自宗教之制裁者若干焉？得自法律之制裁者若干焉？得自社會名譽之制裁者若干焉？而此三者，在今日之中國能有之乎？吾有以知其必不能也。不能而猶云欲以新道德易國民，是所謂磨磚作鏡，炊沙求飯也。吾固知言德育者，終不可不求泰西新道德以相補助。雖然，此必俟諸國民教育大興之後，而斷非一朝一夕所能獲。而在今日青黃不接之頃，則雖日日聞人說食，而己終不能飽也。況今者無所挾持以為過渡，則國民教育一語，亦不過託諸空言，而實行之日，終不可期。是新道德之輸入，因此遂絕望也。然則今日所恃以維持吾社會於一線者何在乎？亦曰吾祖宗遺傳固有之舊道德而已。（道德與倫理異，道德可以包倫理，倫理不可以盡道德。倫理者，或因於時勢而稍變其解釋，道德則放諸四海而皆準，俟諸百世而不惑者也。如要君之為有罪，多妻之非不德，此倫理之不宜於今者也。若夫忠之德，愛之德，則通古今中西而為一者也。諸如此類，不可枚舉，故謂中國言倫理有缺點則可，謂中國言道德有缺點則不可。）而「一切破壞」之論興，勢必將並取舊道德而亦摧棄之。嗚呼！作始也簡，將畢也鉅。見被髮於伊川，知百年而為戎。毋曰吾姑言之以快一時云爾！汝之言而無力耶，則多言奚為？汝之言而有力耶，遂將以毒天下。吾願有言責者，一深長思也。

讀者其毋曰：今日救國之不暇，而曉曉然談性說理，何為也？諸君而非自認救國之責任也？則四萬萬人之腐敗，固已久矣！而豈爭區區少數之諸君？惟中國前途，懸於諸君，故諸君之重視道德，與蔑視道德，乃國之存亡所由繫也。今即以破壞事業論，諸君亦知二百年前，英國革命之豪傑為何如人乎？彼克林威爾，實最純潔之清教徒也。亦知百年前，美國革命之豪傑為何如人乎？彼華盛頓所率者，皆最質直善良之市民也。亦知三十年前，日本革命之豪傑為何如人乎？彼吉田松陰、西鄉南洲輩，皆朱學王學之大儒也。故非有大不忍人之心者，不可以言破壞。非有高尚純潔之性者，不可以言破壞。雖然，若此者，言之甚易，行之實難矣！吾知其難而日孜孜焉！兢業以自持，困勉以自勗。以忠信相見，而責善於友朋，庶幾有濟。若乃並其所挾持以為破壞之具者，而亦破壞之。吾不能為破壞之前途賀也。吾見世之論者，以革命熱之太盛，乃至神聖洪秀全，而英雄張獻忠者，有焉矣！吾亦知其為有為而發之言也。然此等孽因，可多造乎？造其因時甚痛快，茹其果時，有不勝其苦辛者矣！夫張獻忠更不足道矣！即如洪秀全，或以其所標旗幟，有合於民族主義也，而相與頌揚之。究竟洪秀全果為民族主義而動否？雖論者亦不敢為作保證人也。王莽何嘗不稱伊周，曹丕何嘗不法舜禹，亦視其人何如耳。大抵論人者，必於其心術之微。其人而小人也，不能以其與吾宗旨偶同也，而謂之君子。如韓侂胄之主伐金論[17]，我輩所最贊者。然贊其論，不能贊其人也。其人而君子也，不能以其與吾宗旨偶牾也，而竟斥為小人。王猛之輔苻秦[18]，我輩所最鄙者。然鄙其事，不能

17 韓侂胄（一一五二－一二〇七）為南宋權臣，宋室南渡後，力主抗金北伐。

18 王猛（三二五－三七五年）為前秦君主苻堅的丞相，曾勸苻堅不可伐晉，但王猛死後苻堅發動淝水之戰，以戰敗收場。

抹煞其人也。尚論者如略心術而以為無關重輕也。夫亦誰能尼之?但使其言而見重於社會也,吾不知於社會全體之心術所影響何如耳?不寧惟是而已。夫鼓吹革命,非欲以救國耶?人之欲救國,誰不如我?而國終非以此「瞎鬧派」之革命所可得救;非惟不救,而又以速其亡。此不可不平心靜氣而深察也。論者之意,必又將曰:「非有瞎鬧派開其先,則實力派不能收其成。」此論之是否,屬於別問題,茲不深辯。今但問論者之意,欲自為瞎鬧派,且使聽受吾言者,悉為瞎鬧派乎?恐君雖欲自貶損,而君之地位,固有所不能也。即使能焉,而舉國中能瞎鬧之人正多。現在未來瞎鬧之舉動,亦自不少。而豈待君之入其間而添一蛇足也?而更何待君之從旁勸駕也?況君之言,皆與彼無瞎鬧之資格者語,而其有瞎鬧之資格者,又非君之筆墨勢力範圍所能及也。然則吾儕今日,亦務為真救國之事業,且養成可以真救國之人才而已。誠如是也,則吾以為此等利口快心之言,可以已矣!昔曹操下教,求不仁不孝,而有治國用兵之術者。彼其意,豈不亦曰吾以救一時云爾?而不知流風所播,遂使典午以降,廉恥道喪,五胡迭侵,元魏憑陵。黃帝子孫勢力之墜地,即自茲始。此中消息,殆如銅山西崩,洛鐘東應。感召之機,銖黍靡忒,嗚呼!可不深懼耶!可不深懼耶!其父攫金,其子必將殺人。城中高髻,四方必高一尺。今以一國最少數之先覺,號稱為得風氣之先者,後進英豪,具爾瞻焉。苟所以為提倡者一誤其途,吾恐功之萬不足以償其罪也。古哲不云乎:「兩軍相對,哀者勝矣!」今日稍有知識、稍有血性之士,對於政府而有一重大敵,對於列強而復有一重大敵,其所以兢兢業業,蓄養勢力者宜何如?實力安在?吾以為學識之開通,運動之預備,皆其餘事,而惟道德為之師。無道德觀念以相處，則兩人且不能為群，而更何事之可圖也？自起樓而自摧燒之，自蒔種而自踐踏之，以云能破壞則誠有矣，獨惜其所破壞者，終在我而不在敵也。曾文正者，近日排滿家所最唾罵者也，而吾則愈更事而愈崇拜其人。吾以為使曾文正生今日而猶壯年，則中國必由其手而獲救矣。彼惟以天性之極純厚也，故雖行破壞可也；惟以修行之極嚴謹也，故雖用權變可也，故其言曰：「扎硬寨，打死仗。」曰：「多條理，少大言。」曰：「不為聖賢，便為禽獸；莫問收穫，但問耕耘。」彼其事業之成，有所以自養者在也。彼其能率厲群賢以共圖事業之成，有所以孚於人且善導人者在也。吾黨不欲澄清天下則已，苟有此志，則吾謂《曾文正集》不可不日三復也。夫以英、美、日本之豪傑證之則如彼，以吾祖國之豪傑證之則如此，認救國之責任者，其可以得師矣。

吾謂破壞家所破壞者，往往在我而不在敵，聞者或不慊焉！蓋倡破壞者，自其始斷未有立意欲自破壞焉者也。然其勢之所趨多若是，此不徒在異黨派有然也，即同黨派亦然。此其何故歟？竊嘗論之。共學之與共事，其道每相反，此有志合群者所不可不兢兢也！當其共學也，境遇同，志趣同，思想同，言論同，耦俱無猜，謂相將攜手以易天下。及一旦出而共事，則各人有各人之性質，各人有各人之地位，一到實際交涉，則意見必不能盡同，手段必不能盡同。始而相規，繼而相爭，繼而相怨，終而相仇者，往往然矣。此實中西歷史上所常見，而豪傑所不免也。諺亦有之：「相見好，同住難！」在家庭父子兄弟夫婦之間，尚且有然！而朋友又其尤甚者也。於斯時也，惟彼此道德之感情深者，可以有責善而無分離。觀曾文正與王璞山、李次青二人交涉之歷史[19]，可以知其故矣。讀者猶疑吾言乎?請懸之以待足下實際任事之日,必有不勝其感慨者!夫今之志士,必非可以個個分離孤立,而能救此瀕危之國,明也!其必協同運動,組成一分業精密,團結鞏固之機體,庶幾有濟。吾思之!吾重思之!此機體之所以成立,捨道德之感情,將奚以哉?將奚以哉?

且任事者,最為漓汨人之德性,而破壞之事,又其尤甚者也。當今日人心腐敗,達於極點之時,機變之巧,迭出相嘗。太行孟門,豈云巉絕?曾文正與其弟書云:「吾自信亦篤實人。只為閱歷世途,飽更事變,略參些機權作用,倒把自家學壞了。」以文正之賢,猶且不免,而他更何論也?故在學堂裡講道德尚易,在世途上講道德最難。若夫持破壞主義者,則更時時有大敵臨於其前,一舉手,一投足,動須以軍略出之。而所謂軍略者,又非如兩國之交綏云也!在敵則挾其無窮之威力以相臨,在我則偷期密約,此遷彼就,非極機巧,勢不能不歸於劣敗之數。故破壞家之地位之性質,嘗與道德最不能相容者也。是以躬親其役者,在初時或本為一極樸實極光明之人,而因其所處之地位,所習之性質,不知不覺而漸與之俱化。不一二年,而變為一刻薄寡恩、機械百出之人者有焉矣!此實最可畏之試驗場也。然語其究竟,則凡走入刻薄機詐一路者,固又斷未有能成一事者也。此非吾摭拾宋元學案上理窟之空談,實則於事故上,證以所見者,所歷者,而信其結果之必如是也。夫

19 王璞山是湘軍將領之一,與曾國藩不合。王璞山曾因戰敗而謊報軍情,為曾國藩所知,但曾國藩並未揭穿。李元度(一八二一—一八八七年),字次青,為曾國藩好友。某次曾國藩戰敗欲輕生,受到李次青的勸慰後才打消此念。

任事者，修養道德之難既若彼，而任事者必須道德之急又若此。然則當茲衝者，可不慄慄耶？可不孳孳耶？《詩》曰：「毋教猱升木，如塗塗附。」息息自克，猶懼未能挽救於萬一；稍一自放，稍一自文，有一落千丈而已。

問者曰：「今日國中種種老朽社會，其道德上之黑闇不可思議。今子之所論，反乃偏責備於新學之青年。新學青年，雖或間有不德，不猶愈於彼等乎？」答之曰：「不然！彼等者無可望無可責者也，且又非吾筆墨之勢力範圍所能及也。中國已亡於彼等之手，而惟冀新學之青年，致死而之生之。若青年稍不慎，而至與彼等同科焉，則中國遂不可救也。此則吾嘵音瘏口之微意也！記曰：『君子有諸己而后求諸人，無諸己而后非諸人。』率斯義也，則以執德不宏，信道不篤，尤悔積躬，忮求成習，如鄙人者，捨自責之外，更何敢覥然與天下之士說道義。雖然，西方之教亦有言：『己先自度，回向度他』，是為佛行。未能自度，而先度人，是為菩薩發心。以吾之自審，道力薄弱，而渴思得良友善言以相夾輔，而為吾藥也。則人之欲此，誰不如我？上附攻錯輔仁之義，下惟書紳自助之訓，吾言雖慚，烏可以已？」

竊嘗觀近今新學界中，其斷斷然提挈德育論者，未始無人，然效卒不睹者，無他焉，彼所謂德育，蓋始終不離乎智育之範圍也。夫其獺祭遍於汗牛充棟之宋、元、明儒學案，耳食飫乎入主出奴之英、法、德倫理學史，博則博矣，而於德何與也？若者為理？若者為氣？若者為太極無極？若者為已發未發？若者為直覺主義？若者為快樂主義？若者為進化主義？若者為功利主義？若者為自由主義？涉其藩焉，抵其奧焉，辨則辨矣，而於德又何與也？夫吾固非謂此等學說之不必研究也，顧吾學之也，只當視之為一科學，如學理化，學工程，學法律，學生計，以是為增益吾智之一端而已。若曰德育而在是也，則所謂聞人談食，終不能飽。所謂貧子說金，無有是處。率斯道也以往，豈惟今日？吾恐更閱數十年百年，而效之不可睹如故也。嗚呼！泰西之民，其智與德之進步，為正比例，泰東之民，其智與德之進步，為反比例。今日中國之現象，其月暈礎潤之幾既動矣，若是乎，則智育將為德育之蠹。而名德育而實智育者，益且為德育之障也。以智育蠹德育，而天下將病智育，以「智育的德育」障德育，而天下將並病德育。此寧細故耶？有志救世者，於德育之界說，不可不深長思矣。

「為學日益，為道日損。」斯語至矣！今吾儕於日益者，尚或孳孳焉，而於日損者莫或厝意。嗚呼！此道之所以日喪也。吾以為學者無求道之心，則亦已耳！苟其有之，則誠無取乎多言。但使擇古人一二語之足以針砭我，而夾輔我者，則終身由之不能盡。而安身立命之大原在是矣！黃梨洲曰：「學問之道，以各人自用得著者為真。」又曰「大凡學有宗旨，是其人之得力處，亦是學者之入門處。天下之義理無窮，苟非定以一二字，如何約之使其在我？」此誠示學者以求道不二法門哉！夫既曰各人自用得著，則亦聽各人之自為擇，而吾寧容嘵嘵焉？雖然，吾既欲以言責自效於國民，則以吾願學焉而未能至者，與同志一商榷之，可乎？

一曰正本。吾嘗誦子王子之〈拔本塞源論〉[20]矣，曰：「聖人之學，日遠日晦；而功利之習，愈趨愈下。其間雖嘗瞽惑於佛老，而佛老之說，卒亦未能有以勝其功利之心。雖又嘗折衷於群儒，而群儒之論，終亦未能有以破其功利之見。蓋至於今，功利之毒，淪浹於人之心髓，而習以成性也，幾千年矣。記誦之廣，適以長其傲也；智識之多，適以行其惡也；聞見之博，適以肆其辯也；辭章之富，適以飾其偽也。其稱名借號，未嘗不曰：吾欲以共成天下之務。而其誠心實意之所在，以為不如是，則無以濟其私而滿其欲也。以若是之積染，若是之心志，而又講之以若是之學術，宜其聞吾聖人之教，而以為贅疣枘鑿。」（下略）嗚呼！何其一字一句，皆凜然若為今日吾輩說法耶？夫功利主義，在今且蔚成大國，昌之為一學說，學者非惟不羞稱，且以為名高矣。陽明之學，在當時猶曰贅疣枘鑿，其在今日，聞之而不卻走不唾棄者幾何？雖然，吾今標一鵠於此，同一事也，有所為而為之，與無所為而為之，其外形雖同，而其性質及其結果乃大異。試以愛國一義論之。愛國者，絕對者也，純潔者也。若稱名借號於愛國，以濟其私而滿其欲，則誠不如不知愛國，不談愛國者之為猶愈矣。王子所謂功利與非功利之辨，即在於是。吾輩試於清夜平旦，返觀內照，其能免於子王子之所訶與否？此則非他人所能窺也！大抵吾輩當發心伊始，刺激於時局之事變，感受乎時賢之言論；其最初一念之愛國心，無不為絕對的，純潔的，此盡人所同也。及浸假而或有分之者，浸假而或有奪之者。既已奪之，則謂猶有愛國心之存，不可得矣。而猶貪其名之微，而足以炫人也，乃姑假焉！久假不歸，則亦烏自知其非有矣。夫其自始固真誠也，而後乃不免於虛偽。然則非性惡也，

20 明代王陽明所著，呈現其對社會理想及文明的批判。

而學有未至也。亦於所謂拔本塞源者，未嘗一下刻苦工夫焉耳。王子又言：「殺人須在咽喉處下刀，為學須從心髓入微處用力。」我輩而甘自暴棄也，則亦已耳。苟不爾者，則於心髓入微處，痛下自治力，其真不容已也。頃見某報，有排斥鄙人奮道德之論者，謂：「今日只當求愛國忘身之英雄，不當求束身寡過之迂士。既為英雄矣，即稍有缺點，吾輩當恕其小節，而敬其熱心。」又曰：「欲驅發揚蹈厲，龍拏虎擲之血性男子，而一一循規蹈矩，粹面盎背，以入於奄奄無氣之途。吾不知亡國之慘禍，既在目前，安用此等腐敗迂闊之人格為也？」吾以為此言又與於自文之甚者也。夫果為不拘小節之英雄，猶可言也，特恐英雄百不得一，而不拘小節者九十九焉。我躬之在此一人之內耶？抑在彼九十九人之內耶？則惟我乃能知之。如曰無須如王子所謂拔本塞源者，而亦可以為英雄也。則不誠無物，吾未見有能成就者也。如曰吾之本原本已純美，而無所用其拔與塞之功也。則君雖或能之，而非所可望於我輩習染深重，根器淺薄之人，夫安得不於此兢兢也？況吾之所謂舊道德者，又非徒束身寡過，循規蹈矩之云也。以束身寡過，循規蹈矩為道德之極則，此又吾子王子所謂「斷潢絕港，行焉而不能至」者也。苟不以心髓入微處自為課程，則束身寡過之虛偽，與愛國忘身之虛偽；循規蹈矩之虛偽，與龍拏虎擲之虛偽，正相等耳！何也？以其於本原之地，絲毫無與也。以愛國一義論之既有然，其他之諸德，亦例是而已。

二曰慎獨。〈拔本塞源論〉者，學道之第一著也。苟無此志，苟無此勇，則是自暴自棄，其他更無可復言矣。然志既立，勇既鼓，而吾所受於數千年來社會之薰染，與夫吾未志道以前所自造之結習，猶盤伏於吾腦識中，而時時竊發。非持一簡易之法以節制之，涵養之，不能保其無中變也。若是者，其惟慎獨乎?慎獨之義，吾儕自束髮受《大學》、《中庸》，誰不飫聞?顧受用者萬不得一，固由志之未立，亦所以講求者有未瑩也。吾又聞諸子王子曰：「謹獨即是致良知。」(〈與黃勉之書〉)然則王子良知之教，亦慎獨盡之矣。學者或問王子：「近來工夫稍知頭腦，然難尋個穩當處。」子曰：「只是致知。」曰：「如何致?」子曰：「一點良知，是爾自家的準則。爾意念著處，他是便知是，非便知非，更瞞他一些不得。爾只不要欺他，實實落落依著他做去，善便存，惡便去，何等穩當。」此真一針見血之言哉！(實則《大學》所謂「誠其意者，毋自欺也」，二語已直捷指點，無餘蘊矣。)其門下錢緒山引申之曰：「識得良知是一個頭腦，雖在千百人中，工夫只在一念微處。雖獨居冥坐，工夫亦只在一念微處。」故以良知為本體，以慎獨為致之之功。此在泰東之姚江，泰西之康德，前後百餘年間，桴鼓相應，若合符節。斯所謂東海、西海有聖人，此心同，此理同，而求道之方，片言居要，徹上徹下，真我輩所終身由之而不能盡者也。顧我輩於此一義，猶往往欲從之而末由者，何也?王子又言：「以道之變動不居，縱橫顛倒，皆可推之而通。世之儒者，各就其一偏之見，而又文飾之，其為習熟，既足以自信，而條目又足以自安。以是誑己誑人，終身沒溺而不悟，非誠有求為聖人之志者，莫能得其受病之原，而發其神奸所攸伏也。」又言：「以某之不肖，蓋亦嘗陷溺其間者有年。賴天之靈，偶悟良知。乃悔其向之所為者，固包藏禍機，作偽於外，而心勞日拙者也。十餘年來，雖痛自洗剔創艾，而病根深痼，萌糵時生。」夫以子王子之學，高尚純美，優入聖域，而自敘得力，猶曰：「包藏禍機，作偽於外。」猶曰：「病根深痼，萌櫱時生。」然則我輩之未嘗問道，未嘗志道，未嘗學道者，其神奸之所由伏，寧有底極耶？此〈拔本塞源論〉，所以必當先有事也。王子既沒，微言漸湮，浙中一派，提挈本體過重。迨於晚明，不勝其敝，而劉蕺山[21]乃復單標慎獨，以救王學末流。實則不過以真王學矯偽王學，其拳拳服膺者，始終仍此一義，更無他也。今日學界之受毒，其原因與晚明不同，而猖狂且十倍。其在晚明，滿街皆是聖人，而酒色財氣不礙菩提路。其在今日，滿街皆是志士，而酒色財氣之外，更加以陰險反覆，奸黠涼薄，而視為英雄所當然。晚明之所以猖狂者，以竊子王子直捷簡易之訓，以為護符也。今日所以猖狂者，則竊通行之「愛國忘身」、「自由平等」諸口頭禪，以為護符也。故有恥為君子者，無恥為小人者，明目張膽以作小人。然且天下莫得而非之，且相率以互相崇拜，以為天所賦與我之權，當如是也。夫寧知吾之所哆然自恣者，乃正為攸伏之神奸效死力耳！嗚呼！吾人而欲求為人，以立於天地間也，則亦誰能助我？誰能規我？捨息息慎獨之外，更何恃哉？更何恃哉？昔吾常謂景教為泰西德育之源泉，其作用何在？曰：在祈禱。祈禱者，非希福之謂也！晨起而祈焉，晝餐而祈焉，夕寢而祈焉，來復乃合稠眾而祈焉。其祈也，則必收視返聽，清其心以對越於神明，又必舉其本日中所行之事，所發之念，而一一紬繹之。其在平時，容或厭然，揜其不善而著其善。其在祈禱之頃，則以為全知全能之上帝，無所售其欺也。故正直純潔之思想，不期而自來。於涵養、省察、克治三者之功，皆最有

21 劉宗周（一五七八—一六四五年），明末浙東學派的重要學者。曾講學於浙江蕺山書院，世稱蕺山先生。

助力。此則普通之慎獨法也。日日如是，則個人之德漸進；人人如是，則社會之德漸進。所謂泰西文明之精神者，在是而已。《詩》曰：「上帝臨汝，無貳爾心。」又曰：「相在爾室，尚不愧於屋漏！」東西之教，寧有異耶？要之千聖萬哲之所以度人者，語上語下，雖有差別；頓法漸法，雖有異同。若夫本原之地，一以貫之，捨慎獨外，無他法門矣。此寧得曰某也欲為英雄，某也欲為迂士，而趨捨因之異路耶？諺曰：「英雄欺人。」欺人之英雄，容或有之，自欺之英雄，則吾未之前聞也。抑王子又曰：「去山中賊易，去心中賊難。」吾儕自命志士者，而皆有神奸伏於胸中，而不能自克。則一國之神奸，永伏於國中，而末由相克，其亦宜矣！

三曰謹小。「大德不踰閑，小德可出入。」此固先聖之遺訓哉！雖然，以我輩之根器本薄弱，而自治力常不足以自衛也，故常隨所薰習以為遷流。小德出入既多，而大德之踰閑，遂將繼之矣。所謂「涓涓不塞，將成江河。綿綿不絕，將尋斧柯」也。錢緒山云[22]：「學者工夫，不得伶俐直截，只為一『虞』字作祟。良知是非從違，何嘗不明？但不能一時決斷。如自虞度曰，此或無害於理否？㈠或可苟同於俗否？㈡或可欺人於不知否？㈢或可因循一時以圖遷改否？㈣只此一虞，便是致吝之端。」又曰：「平時一種姑容因循之念，常自以為不足害道。由今觀之，一塵可以瞇目，一指可以蔽天，良可懼也！」嗚呼！此又不啻一字一句，皆為吾徒棒喝也！以鄙人之自驗，生平德業所以不進者，皆此四種虞法梗乎其間。蓋道心與人心交戰之頃，彼人心者，常能自聘請種種之辯護士，設

22 錢德洪（一四九六—一五七四年），號緒山，是明代理學家王陽明的弟子，心學的重要代表人物之一。

無量巧說以為之辭。昔嘗有詩曰：「聞道亦不遲，其奈志不立！優柔既養奸，便佞更縱敵！謂茲小節耳，操之何太急？謂是戒將來，今且月攘一。」此實區區志行薄弱之徵驗，不敢自諱。而吾黨中之與吾同病者，當亦不乏人，斯乃不可不共勉也！曩見曾文正自述戒煙、早起、日記三事，其實行之難也如彼，初蓋疑焉，及一自試驗，然後知戔戔者之果不易也。而吾輩將來道行功業之不能及文正者，即可於此焉卜之。非謂此戔戔者足為道行事業之源泉也。文正自治力之強，過於吾輩，即小可以喻大也。蕺山先生曰：「吾輩習俗既深，平日所為，皆惡也，非過也。學者只有去惡可言，改過工夫，卻用不著。」又曰：「為不善，卻自恕為無害，不知宇宙儘寬，萬物可容，容我一人不得。」又曰：「吾輩偶呈一過，人以為無傷。不知從此過而勘之，先尚有幾十層；從此過而究之，後尚有幾十層。故過而不已必惡，謂其出有源，其流無窮也。」此等語，真所謂「一棒一條痕，一摑一掌血！」欲覺晨鐘，稍有腦筋者讀之，皆宜發深省焉矣！夫使吾之所謂小過者，果獨立焉，而無其因果，則區區一節，誠或不足以為病。而無如有前乎此者數十層，有後乎此者數十層，以相與為緣，若是乎則亦何小之非大也。譬諸治國，一偏區之飢寒盜賊，其事甚小也。而推其何以致此之由，則必其政府施政之有失也，社會進步之不調也。極其流弊，一偏區如此，他偏區如此，其禍亂遂將蔓及全國也。譬諸治身，一二日之風寒疥癬，其事甚小也。而推其何以致此之由，則必其氣血稍虧之感召也，衛生不協之釀成也。極其流弊，一日如此，他日如此，其痼疾或乃入於膏肓也。今吾輩之以不矜細行自恕者，其用心果何居乎？細行之所以屢屢失檢，必其習氣之甚深者也，必其自治之脆薄而無力者也。其自恕之一念，即不啻曰：「吾身不能居仁由義。」是並康德所謂良心之自由而放棄之也。必合此數原因，然後以不矜細行自安焉，是烏得更以小論也？而況乎以接為構，而日與相移，純粹之德性，勢不能敵旦旦之伐也。孟子曰：「能充無欲穿窬之心，而義不可勝用也。」以反比例觀之，則知充纖毫涼薄之心，可以弒父，充纖毫險黠之心，可以賣國也。所惡者，不在其已發之跡象，而在其所從發之根原也。以不拘小節之英雄自命者，其亦可以思矣。

以上三者，述鄙人所欲自策厲之言也。天下之義理無窮，僅舉三義者，遵梨洲之教，以守約為貴也。多述前賢訓言者，末學譾陋，所發明不能如前賢也。專述子王子與其門下之言者，所願學在是。他雖有精論，未嘗能受也。抑古之講學者，必其心得也甚深，而身體力行也甚篤。雖無言焉，已足以式化天下，而言論不過其附庸耳。不知道如鄙人，寧當有言，顧吾固云未能自度而先度人，竊自附於菩薩之發心矣。若問鄙人於此三者，能自得力與否？固踧然無以為對也。願讀者毋曰：彼固不能實行也，而遂吐棄之。苟其言有一二可採者，則雖無似如鄙人，猶勿以人廢言，則鄙人以此言貢獻於社會之微意也。

至如某報謂鄙人責人無已時，則吾知罪矣！孟子曰：「責善朋友之道。」吾以言論友天下士，自附斯義！毋亦可乎？讀者亦毋吝相責，常夾輔我，挾持我，使自愧自厲，而冀一二成就於將來，則所以恩我者，無量也夫！無量也夫！

第三輯

社會與文化觀點

提要

關於梁啟超的思想地位，有一個關鍵詞，那就是「文化」。本書〈導論〉中解說過，對於中國的改革，許多人還在熱中學習西方政治制度時，梁啟超已經進入了重視「文化」的階段，才會有《新民說》的提出。「文化」對於梁啟超來說，既是最根本的，也是最廣泛的。

最根本，指的是文化構成了集體力量，超越個人的意志，因而必須在文化的層次上，才能造成真正的變化。在這點上，梁啟超比同代人更早就將改革的現實計畫追究到源頭，「新民」實質上就是創造新的文化，而要形成文化上的改造，那就不能依賴少數人的規劃設計，必須走更辛苦的路，喚起每個人、至少是大多數人的知覺，願意改變自己，投身在這樣的群體事業上。

這裡也顯現了文化最廣泛的性質。文化的底蘊是人人相通，一個人的活動影響其他人，所有的人的活動加總才構成文化。接續著，又有了梁啟超對於變動變化的高度敏銳警覺。他生活在一個劇變的環境裡，面對劇變同時代許多人惶惶不安，直覺、本能地希望找到一條回歸安定安穩的途徑，至少期待有一套新的秩序讓變化停止，將一切再固定下來。但梁啟超的文化觀，一部分來自西方歷史啟發，一部分來自佛教論理分析，認定人人活動彼此影響下，個別行為、個別生命互相激盪，無窮多數的力量作用，使得世界隨時都在變化；換相反角度看，所有的變化又必然留下影響痕跡，不會真正消失於無形。

在這樣的文化觀中，刺激出了梁啟超真正的獨立思考空間。沒有任何過去的文化可以、應該抗拒變化，然而文化又不是單純中立愛怎麼變就怎麼變，會以「文化」名之，表現為一種肯定的態度，會用來形容人或現象「有文化無文化」，那就牽涉到價值選擇。所以活在文化裡的人，就必須思考、判斷，以自由意志去進行創造。

在這輯選文中，大家可以讀到梁啟超對「文化」最完整的解釋，並且對照出他如何進行價值選擇的思考與判斷實例。梁啟超是中國最早支持、提倡女權的男性知識分子，而且他將女權與普遍的人權平等並列討論，得出了應該先興女學，讓女性獲得知識基礎與思考能力，如此將爭女權的主動權、主體性歸還給有能力的女性自身，這樣的論理超脫了當時的框架，不只獨特、而且完整。

關於「國故」、「國學」，梁啟超也提出了明確的文化價值判斷。他認為「整理國故」工程浩大，必須花費好幾代的時間，但不能受如此工程規模尺度影響而忽略了：那只是「國學」的一部分，至少還有另一部分，要以內在生命體驗的態度，而不是外在知識的追求去對待。從文化價值上看，中國的生命哲學有其特殊意義，儒家與佛教作為「國學」的源泉仍然值得被保留，將好的保存下來，不必然以新代舊，這也是文化本位的一種表現。

什麼是文化

「什麼是文化」這個定義真是不容易下。因為這類抽象名詞，都是各家學者各從其所抽之象而異其概念，所以往往發生聚訟。何況「文化」這個概念，原來很晚出的。從翁特[1](Wundt)和立卡兒特[2](Rickert)以後才算成立。他的定義，只怕還沒有討論到徹底哩。我現在也不必徵引辯駁別家學說，逕提出我的定義來，是：

「文化者，人類心能所開積出來之有價值的共業也。」

「共業」兩個字，用的是佛家術語。「業」是什麼呢？我們所有一切身心活動，都是一剎那一剎那的飛奔過去，隨起隨滅，毫不停留。但是每活動一次，他的魂影便永遠留在宇宙間，不能磨滅。勉強找個比方：就像一個老宜興茶壺，多泡一次茶，那壺的內容便生一次變化。茶喫完了，茶葉倒

1 Wilhelm Wundt (1832–1920)，今譯為馮特，著名德國心理學家、哲學家。他將心理學從哲學領域畫分出來，成為以實驗為基礎的獨立學科。

2 Heinrich Rickert (1863–1936)，今譯為李凱爾特，德國歷史學家、哲學家。

去了，洗得乾乾淨淨，表面上看來什麼也沒有；然而茶的「精」漬在壺內，第二次再泡新茶，前次漬下的茶精便起一番作用，能令茶味更好。茶之隨泡隨倒隨洗，便是活動的起滅；漬下的茶精便是業。茶精是日漬日多，永遠不會消失的，除非將壺打碎。這叫做業力不滅的公例。在這種不滅的業力裡頭，有一部分我們叫他做「文化」。（這個比方自然不能確切，因為拿死的茶壺比活的人，如何會對呢？不過為學者容易構成觀念起見，找個近似的做引線罷了。）

茶壺是死的，呆的，各歸各的，這個壺漬下的茶精，不能通到那個壺。人類不然，活的，整個的，相通的。一個人的活動，勢必影響到別人，而且跑得像電子一般快，立刻波盪到他所屬的社會，乃至人類全體。活動流下來的魂影，本人漬得最深，大部分遺傳到他的今生他生或他的子孫，永不磨滅，是之謂「別業」。還有一部分，像細霧一般，霏灑在他所屬的社會乃至全宇宙，也是永不磨滅，是之謂「共業」，又叫做業力周遍的公例。文化是共業範圍內的東西。因為通不到旁人的「別業」，便與組織文化的網子無關了。但還有一點應當注意：共業是實在的，整個的，雖然可以說是由許多別業融化而成，但決不是把許多別業加起來湊成。

文化是共業之一部；但共業之全部並非都是文化。文化非文化，當以有無價值為斷。然則價值又是什麼呢？凡事物之「自然而然如此」或「不能不如此」者，則無價值之可評；即評也是白評。可以如此，可以不如此；而我們認為應該如此，這是經我們評定選擇之後才發生出來的價值；認為應該如此，就做到如此，便是我們得著的價值。由此言之，必須人類自由意志選擇且創造出來的東西才算有價值。自由意志所無如之何的東西，我們便沒有法子說出他的價值。我們拿價值有無做標準來看宇宙間事物，可以把他們劃然分為兩系：一是自然系；二是文化系。自然系是因果法則所支配的領土，文化系是自由意志所支配的領土。

人類活動，有一部分是與文化系無關的。依我的見解，人類活動之方式及其所屬系統，應表示如下：

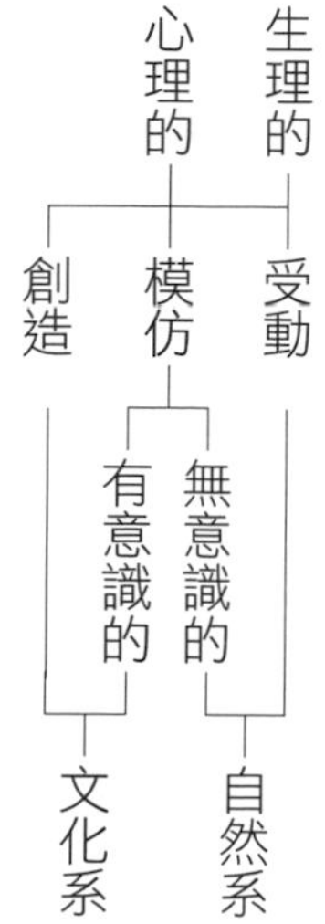

生理上的受動，如饑則食，渴則飲，疲倦則休息，乃至血管運行，渣液排泄等等；心理上的受動，如五官接物則有感覺，有感覺則有印象、有記憶等等，這都是不得不然的理法，與天體運行、物質流轉，性質相同，全屬自然界現象，其與文化系無關，自不待言。再進一步，則心理作用中之無意識的模仿，如衣服的款式常常變遷，如兩個人相處日子久了，彼此的言語動作有一部分互相傳染，這都是「自然而然如此」，也與文化系無關。對全社會活動而論，也有屬於這類的。例如社會在某種狀態之下，人口當然會增殖；在某種狀態之下，當然會鬥爭或戰爭，乃至在某種狀態之下，當然發生某種特殊階級。這都是拿因果法則推算得出來的。換一句話說，這是生物進化的通則，並非人類所獨有，所以不能歸入文化範圍內。

人類所以獨稱為文化的動物者，全在其能創造且能為有意識的模仿。「創造」怎麼解呢？「創造者，人類以自己的自由意志選定一個自己所想要到達的地位，便用自己的『心能』闖進那地位去。」假如人類沒有了這種創造的意志和力量，那麼，一部歷史，將如河岸上的沙痕，一層一層的堆積上去，經幾千年幾萬年都是一樣；我們也可以算定他明年如何，後年如何，乃至百千萬年後如何。然而人類決不如此，他的自由意志怎樣的發動和發動方向如何，不惟旁人猜不著，乃至連他自己今天也猜不著明天怎麼樣，這一秒鐘也猜不著後一秒鐘怎麼樣，他是絕對不受任何因果律之束縛限制，時時刻刻都可以為不斷的發動，便時時刻刻可以為不斷的創造。人類能對於自然界宣告獨立開拓出所謂文化領域者，全靠這一點。

創造的概念，大略如右，但仍須注意者四點：

㈠創造不必定在當時此地發生效果，所以有在此時創造，到幾百年後才看見效果的。例如孔子的創造力，到漢以後才表現，或者從今日以後才表現。亦有在此處創造，結果不見於此處而見於彼處者。例如基督的創造力，在猶太看不出，在羅馬才看得出。要之，一切創造，都循「業力周遍不滅」的公例，超越時間、空間，永遠普遍的存在。

㈡創造的效果，不必定和創造人所期待者同其內容。例如清教徒到美洲，原只為保持信仰自由，結果會創建美國。漢武帝通西域，原只為防禦匈奴，結果會促成中印交通，這是什麼緣故呢？因為一個創造，常常引起第二第三個創造，所以也可以說創造能率是累進的。

㈢創造是永遠不會圓滿的。這句話怎麼講呢？凡一件事物到完成的時候，便是創造力停止的時候。譬如這張桌子，完全造成後放在這裡，還有什麼創造？創造的工夫，一定要在未有桌子或未成桌子之時。（這些譬喻總不能貼切，萬勿拘泥。）桌子是死的，有完成的那一天，所以經過一個期間，創造便停止。人類文化是活的，永遠沒有完成的那一天，所以永遠容得我們創造，亦正惟因此之故，從事創造者，只能以「部分的」、「不圓滿的」自甘。

㈣創造是不能和現境距離很遠的。創造的動機，總是因為對於現在的環境不滿意或不安心，想另外開拓出一種新環境來。所以創造必與現境生距離，其理易明。但這種距離，是不容太遠而且不會太遠的；太遠便引不起創造，或創造不成。創造者總是以他所處的現境為立腳點，前走一步或兩步。換一句話說，是在不圓滿的宇宙中間，一寸二寸的向圓滿理想路上挪去。

以上算把創造的性質大略解釋明白了，跟著還要說說「模仿的性質」。我們既已曉得創造之可貴，提到模仿，便認為創造的反面，像是很不值錢的。這種見解卻錯了。模仿分為有意識、無意識兩種。無意識的模仿，自然沒有什麼價值，前文曾經說過。現在所講，專指有意識的模仿。依我看：「模仿是複性的創造。有模仿才有創造。」

「複」有兩義：一是個體的複集；二是時間的複現。假如人類沒有這兩種性能，那麼，雖然有很大的創造，也只是限於一時，連「業」也不能保持；或者限於一人，只能造成「別業」，如何會有文化呢？須知無論創造力若何偉大之人（例如孔子、釋迦）總不能沒有他所依的環境，既有所依的環境，自然對於環境（固有的文化）有所感受；感受即是模仿的資糧，所以嚴格說來，無論何種創造行為中，都不能絕對的不含有模仿的成分，這是說創造以前的事。創造以後呢？一方面自己將所創造者常常為心理的複現，令創造的內容愈加豐富確實。一方面熏感到別人；被熏感的人，把那新創造的吸收到他的「識閾」中，形成他的「心能」之一部分，加工協造。這兩種作用，都是模仿，內中第二種尤為重要。

凡有意識的模仿，都是經過自由意志選擇才發生的，所以他的本質，已經是和創造同類。尤當注意者，凡模仿的活動，必不能與所模仿者絲毫都脗合。因為所模仿的對象經過能模仿者的「識閾」，當然起多少化學作用，當然有若干之修正和蛻變。所以嚴格說來，無論何種模仿行為中，又不能絕對的不含有創造的成分。因此也可以說：「模仿是群眾體的創造。」明白這種意味，方才知道所謂「民族心」、所謂「時代精神」者作何解。

人類有創造、模仿兩種「心能」，都是本著他的自由意志，不斷的自動互發，因以「開拓」其所欲得之價值，而「積厚」其所已得之價值，隨開隨積，隨積隨開，於是文化系統以成。所以說：「文化者，人類心能所開積出來之有價值的共業也。」

以上所說，把「文化」的觀念，略已確定，還要附帶著一審查文化之內容。依我說：文化是包含人類物質、精神兩面的業種、業果而言。文化是人類以自由意志選定價值憑自己的心能開積出來，以進到自己所想站的地位，既如前述。價值選定，當然要包含物質、精神兩面。人類欲望最低限度，至少也想到「利用厚生」；為滿足這類欲望，所以要求物質的文化，如衣、食、住及其他工具等之進步。但欲望決不是如此簡單便了，人類還要求秩序，求愉樂，求安慰，求拓大；為滿足這類欲望，所以要求精神的文化，如言語、倫理、政治、學術、美感、宗教等。這兩部分攏合起來，便是文化的總量。

說到這裡，要把「業種」、「業果」兩語先為解釋一下；這也是用的佛家術語。「種」即種子，「果」即果實。一棵樹是由很微細的一粒種子發生出來。這粒種子，含有無限創造力，不斷的長、長、長、開枝、發葉、放花、結果；到結成滿樹果實時，便是創造力成了結晶體，便算「一期的創造」暫作結束，但只要這棵樹不死，他的創造力並不消滅，還跟著有第二第三乃至無數期的創造。一面那果實裡頭，又含有種子，碰著機會，又重新發出創造力來，也是一期二期……的不斷。如是一個種生無數果，果又生種，種又生果，一層一層的開積出去。人類活動所組成的文化之網，正是如此。

但此中有一點萬不可以忘記，業果成熟時，便是一期創造的結束。現在請歸到文化本題來說明此理。人類用創造或模仿的方式開積文化，那創造心、模仿心及其表現出來的活動便是業種，也可以說是文化種。活動一定有產出來的東西，產出來的東西一定有實在體。換一句話說：創造力終須有一日變成「結晶」。這種結晶，便是業果，也可以說是文化果。文化種與文化果有很多不同的性質，文化種是活的，文化果是呆的。試舉其例：科學發明是業種，是活的；用那發明來創造的機器是業果，是呆的。人權運動是業種，是活的；運動產出來的憲法是業果，是呆的。美感是業種，是活的；美感落到字句上成一首詩，落到顏色上成一幅畫是業果，是呆的。所以我說創造不會圓滿，圓滿時創造便停。業果成熟，便是活力變成結晶，便是一期的創造圓滿而停息。就這一點論，很可以拿珊瑚島作個譬喻：海底的珊瑚，刻刻不停的在那裡活動，我們不知道他有目的沒有；假使有目的，可以說他想創造珊瑚島。但是到珊瑚島造成時，他本身卻變作灰石。文化到了結晶成果的時候，便有這種氣象。所以已成的文化果是不容易改變的；停頓久了，那殭質也許成為活動的障礙物。但人類文化果，究竟不能拿珊瑚島作比，因為珊瑚變成灰石之後，灰石裡頭，便一毫活力也沒有。人類文化果不然。正如剛才說的樹上果實，果中含有種子，所以能夠從文化果中熏發文化種，從新創造起來。人性中不可思議的神祕，都在這一點。

今請將文化內容的總量列一張表作結。

文化

- 物質的 — 業種 — 生存的要求心及活動力
  - 衣食住等成品
  - 開闢的土地
  - 修治的道路
  - 工具機器等
  - 其他
  - — 業果
- 精神的 — 業種
  - 社交的要求心及活動力 — 言語習慣倫理等
  - 組織的要求心及活動力 — 關於政治經濟等諸法律
  - 智識的要求心及活動力 — 學術上之著作發明
  - 愛美的要求心及活動力 — 文藝美術品
  - 超越的要求心及活動力 — 宗教
  - — 業果

（一九二二年為南京金陵大學、第一大學演講）

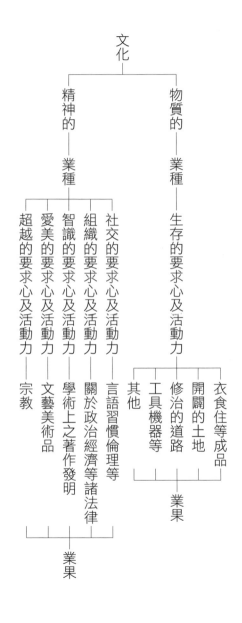

治國學的兩條大路

諸君！我對於貴會，本來預定講演的題目，是「古書之真偽及其年代」，中間因為有病，不能履行原約。現在我快要離開南京了。那個題目不是一回可以講完，而且範圍亦太窄。現在改講本題，或者較為提綱挈領，於諸君有益罷。

我以為究研國學有兩條應走的大路：

一、文獻的學問，應該用客觀的科學方法去研究。

二、德性的學問，應該用內省的和躬行的方法去研究。

第一條路，便是近人所講的「整理國故」這部分事業。這部分事業最浩博最繁難而且最有趣的，便是歷史。我們是有五千年文化的民族；我們一家裡弟兄姊妹們，便占了全人類四分之一。我們的祖宗世世代代在「宇宙進化線」上頭不斷的做他們的工作。我們替全人類積下一大份遺產，從五千年前的老祖宗手裡一直傳到今日沒有失掉。我們許多文化產品，都用我們極優美的文化記錄下來。雖然記錄方法不很整齊，雖然所記錄的隨時散失了不少；但即以現存的正史、別史、雜史、編年、紀事本末、法典、政書、方志、譜牒，以至各種筆記、金石刻文等類而論，十層大樓的圖書館也容不下。拿歷史家眼光看來，一字一句都藏有極可寶貴的史料。又不獨史部書而已，一切古書，有許多人見為無用者，拿他當歷史讀，都立刻變成有用。章實齋說：「六經皆史」，這句話我原不敢贊成；但從歷史家的立腳點看，說「六經皆史料」那便通了。既如此說，則何只六經皆史？也可以說諸子皆史，詩文集皆史，小說皆史；因為裡頭一字一句，都藏有極可寶貴的史料，和史部書同一價值。我們家裡頭這些史料，真算得世界第一個豐富礦穴。從前僅用土法開採，採不出什麼來；現在我們懂得西法了，從外國運來許多開礦機器了。這種機器是什麼？是科學方法。我們只要把這種方法運用得精密巧妙而且耐煩，自然會將這學術界無盡藏的富源開發出來；不獨對得起先人，而且可以替世界人類恢復許多公共產業。

這種方法之應用，我在我去年所著的歷史研究法[1]和前兩月在本校所講的歷史統計學裡頭，已經說過大概。雖然還有許多不盡之處，但我敢說這條路是不錯的。諸君倘肯循著路深究下去，自然也會發出許多支路，不必我細說了。但我們要知道：這個礦太大了，非分段開採不能成功；非一直開到深處不能得著寶貝，我們一個人一生的精力，能夠徹底開通三幾處礦苗，便算了不得的大事業。因此我們感覺著有發起一個合作運動之必要。合起一群人，在一個共同目的、共同計畫之下，各人從其性之所好以及平時的學問根柢，各人分擔三兩門做「窄而深」的研究，拚著一、二十年的工夫

1 指一九二二年出版的《中國歷史研究法》。

下去，這個礦或者可以開得有點眉目了。

此外和史學範圍相出入或者性質相類似的文獻學還有許多，都是要用科學方法去研究。例如：

㈠文字學：我們的單音文字，每一個都含有許多學問意味在裡頭。若能用新眼光去研究，做成一部「新說文解字」，可以當作一部民族思想變遷史或社會心理進化史讀。

㈡社會狀態學：我國幅員廣漠，種族複雜，數千年前之初民社會組織，與現代號稱最進步的組織，同時並存。試到各省區的窮鄉僻壤，更進一步入到苗子、番子居住的地方，再拿二十四史裡頭蠻夷傳所記的風俗來參證，我們可以看見現代社會學者許多想像的事項，或者證實，或者要加修正。總而言之，幾千年間一部豎的進化史，在一塊橫的地平上可以同時看出，除了我們中國以外，恐怕沒有第二個國了。我們若從這方面精密研究，真是最有趣味的事。

㈢古典考釋學：我們因為文化太古，書籍太多，所以真偽雜陳，很費抉擇；或者文義艱深，難以索解。我們治國學的人，為節省後人精力而且令學問容易普及起見，應該負一種責任，將所有重要古典，都重新審定一番，解釋一番。這種工作，前清一代的學者已經做得不少。我們一面憑藉他們的基礎，容易進行；一面我們因外國學問的觸發，可以有許多補他們所不及。所以從這方面研究，又是極有趣味的事。

㈣藝術鑑評學：我們有極優美的文學美術作品。我們應該認識他的價值，而且將賞鑑的方法傳授給多數人，令國民成為「美化」。這種工作，又要另外一幫人去做。我們裡頭有性情近這一路的，便應該以此自任。

以上幾件，都是舉其最重要者；其實文獻學所包含的範圍還有許多。就是以上所講的幾件，剖析下去，每件都有無數的細目。我們做這類文獻學問，要懸著三個標準以求到達：

第一求真。凡研究一種客觀的事實，須先要知道他「的確如此」，才能判斷他「為什麼如此」。文獻部分的學問，多屬過去陳跡；以偽傳偽，失其真相者甚多。我們總要用很謹嚴的態度，仔細抉擇，把許多偽書和偽事剔去；把前人的誤解修正，才可以看出真面目來。這種工作，前清「乾嘉諸老」也曾努力過一番；有名的清學正統派之考證學便是。但依我看來，還早得很哩。他們的工作，算是經學方面做得最多，史學、子學方面便差得遠，佛學方面卻完全沒有動手呢。況且我們現在做這種工作，眼光又和先輩不同；所憑藉的資料，也比先輩們多；我們應該開出一派新「考證學」。這片大殖民地，很夠我們受用咧。

第二求博。我們要明白一件事物的真相，不能靠單文孤證便下武斷，所以要將同類或有關係的事情網羅起來貫串比較，愈多愈妙。比方做生物學的人，採集各種標本，愈多愈妙。我們可以用統計的精神作大量觀察。我們可以先立出若干種「假定」，然後不斷的蒐羅資料，來測驗這「假定」是否正確。若能善用這些法門，真如韓昌黎說的：「牛溲馬勃，敗鼓之皮，兼收並蓄，待用無遺。」許多前人認為無用的資料，我們都可以把他廢物利用了。但求博也有兩個條件。荀子說：「好一則博」；又說：「以淺持博」。我們要做博的工夫，只能擇一兩件專門之業為自己性情最近者去做，從極狹的範圍內生出極博來。否則件件要博，便連一件也博不成。這便是「好一則博」的道理。又滿屋散錢，穿不起來，雖多也是無用。資料愈發豐富，則駕馭資料愈發繁難；終須先求得個「一以貫之」的線索，才不至「博而寡要」。這便是「以淺持博」的道理。

第三求通。「好一」固然是求學的主要法門，但容易發生一種毛病，這毛病我替他起個名，叫做「顯微鏡生活」。鏡裡頭的事物，看得纖悉周備；鏡以外卻完全不見。這樣子做學問，也常常會判斷錯誤。所以我們雖然專門一種學問，卻切不要忘卻別門學問和這門學問的關係；在本門中，也常要注意各方面相互之關係，這些關係，有許多在表面上看不出來的，我們要用銳利眼光去求得他。能常常注意關係，才可以成通學。

以上關於文獻學，算是講完，兩條路已言其一。此外則為德性學。此學應用內省及躬行的方法來研究，與文獻學之應以客觀的科學方法研究者絕不同。這可說是國學裡頭最重要的一部分，人人應當領會的。必走通了這一條路，乃能走上那一條路。

近來國人對於知識方面，很是注意。整理國故的名詞，我們也聽得純熟。誠然整理國故，我們是認為急務；不過若是謂除整理國故外，遂別無學問，那卻不然。我們的祖宗遺予我們的文獻寶藏，誠然足以傲世界各國而無愧色，但是我們最特出之點，仍不在此。其學為何？即人生哲學是。

歐洲哲學上的波瀾，就哲學史家的眼光看來，不過是主智主義與反智主義兩派之互相起伏。主智者主智，反主智者即主情、主意。本來人生方面，也只有智、情、意三者。不過歐人對主智特別注重；而於主情、主意，亦未能十分貼近人生。蓋歐人講學，始終未以人生為出發點。至於中國先哲則不然。無論何時代、何宗派之著述，夙皆歸納於人生這一途；而於西方哲人精神萃集處之宇宙原理、物質公例等等，倒都不視為首要。故《荀子．儒效篇》曰：「道，仁之隆也；……非天之道，非地之道；人之所以道也。」儒家既純以人生為出發點，所以以「人之所以道」為第一位；而於天之道等等，悉以置諸第二位。而歐西則自希臘以來，即研究他們所謂的形而上學。一天到晚只在那裡高談宇宙原理，憑空冥索；終少歸宿到人生這一點。蘇格拉底號稱西方的孔子，很想從人生這一面做功夫，但所得也十分幼稚。他的弟子柏拉圖更不曉得循著這條路去發揮；至全棄其師傅，而復研究其所謂天之道。亞里斯多德出，於是又反趨於科學。後人有謂道源於亞里斯多德的話；其實他也不過僅於科學方面有所創發，離人生畢竟還遠得很。迨後斯端一派，大概可與中國的墨子相當；對於儒家，仍是望塵莫及。一到中世紀，歐洲全部統成了宗教化。殘酷的羅馬與日耳曼人，悉受了宗教的感化，而漸進於迷信。宗教方面，本來主情意的居多；但是純以客觀的上帝來解決人生，終竟離題尚遠。後來再一個大反動，便是「文藝復興」；遂一變主情、主意之宗教，而代以理智。近代康德之講範疇，範圍更過於嚴謹，好像我們的臨九宮格一般。所以他們這些，都可說是沒有走到人生的大道上去。直至詹姆士[2]、柏格森[3]、倭鏗[4]等出，才感覺到非改走別的路不可；很努力的從體驗

2 William James (1842–1910)，美國哲學家、心理學家，有「美國心理學之父」之稱。

3 Henri Bergson (1859–1941)，法國哲學家，曾獲諾貝爾文學獎。

人生上做去，也算是把從前機械的唯物的人生觀，撥開幾重雲霧。但是真果拿來與我們儒家相比，我可以說仍然幼稚。

總而言之，西方人講他的形而上學，我們承認有他獨到之處。換一方面，講客觀的科學，也非我們所能及。不過最奇怪的，是他們講人生也用這種方法，結果真弄到個莫明其妙。譬如用形而上學的方法講人，是絕不想到從人生的本體來自證，卻高談玄妙，把冥冥莫測的上帝來對喻。再如用科學的方法講，尤為妙極。試問人生是什麼？是否可以某部當幾何之一角，三角之一邊？是否可以用化學的公式來化分化合，或是用幾種原質來造成？再如達爾文之用生物進化說來講人生，徵考詳博，科學亦莫能搖動，總算是壁壘堅固；但是果真要問他人之所以異於禽獸者安在？人既自猿進化而來，為什麼人自人而猿終為猿？恐怕他也不能給我們以很有理由的解答。總之，西人所用的幾種方法，僅能夠用之以研究人生以外的各種問題；人，決不是這樣機械易懂的。歐洲人卻始終未澈悟到這一點，只盲目的往前做，結果造成了今日的煩悶，徬徨莫知所措。蓋中世紀時，人心還能依賴著宗教過活；及乎今日，科學昌明，賴以麻醉人心的宗教，完全失去了根據。人類本從下等動物蛻化而來，那裡有什麼上帝創造？宇宙一切現象，不過是物質和他的運動，那有什麼靈魂。來世的天堂，既不可憑；眼前的利害，復日相肉搏。懷疑失望，都由之而起，真正是他們所謂的世紀末了。

以上我等看西洋人何等可憐！肉搏於這種機械唯物的枯燥生活當中，真可說是始終未聞大道！

---

4 Rudolf Christoph Eucken (1846–1926)，德國哲學家，曾獲諾貝爾文學獎。

我們不應當導他們於我們祖宗這一條路上去嗎？以下便略講我們祖宗的精神所在，我們看看是否可以終身受用不盡，並可以救他們西人物質生活之疲敝。

我們先儒始終看得知行是一貫的，從無看到是分離的。後人多謂知行合一之說，為王陽明所首倡，其實陽明也不過是就孔子已有的發揮。孔子一生為人，處處是知行一貫。從他的言論上，也可以看得出來。他說：「學而不厭」；又說：「為而不厭」；可知學即是為，為即是學。蓋以知識之擴大，在人努力的自為；從不像西人之從知識方面而求知識。所以王陽明曰：「知而不行，是謂不知。」所以說這類學問，必須自證，必須躬行，這卻是西人始終未看得的一點。

又儒家看得宇宙人生是不可分的。宇宙絕不是另外一件東西，乃是人生的活動。故宇宙的進化，全基於人類努力的創造。所以《易經》曰：「天行健，君子以自強不息。」又看得宇宙永無圓滿之時；故《易》卦六十四，始「乾」而以「未濟」終。蓋宇宙「既濟」，則乾坤已息，還復有何人類？吾人在此未圓滿的宇宙中，只有努力的向前創造。這一點，柏格森所見的，也很與儒家相近。他說宇宙一切現象，乃是意識流轉所構成，方生已滅，方滅已生，生滅相銜，方成進化。這些生滅，都是人類自由意識發動的結果；所以人類日日創造，日日進化。這意識流轉，就喚做精神生活，要是從內省直覺得來的。他們既知道變化流轉，就是宇宙真相；又知道變化流轉之權，操之在我；所以孔子曰：「人能弘道，非道弘人。」儒家既看清了以上各點，所以他的人生觀十分美滿，生趣盎然。人生在此不盡的宇宙當中，不過是蜉蝣朝露一般，向前做得一點是一點。既不望其成功，苦樂遂不繫於目的物，完全在我；真所謂「無入而不自得」。有了這種精神生活，再來研究任何學問，還有什麼不成？那麼，或有人說宇宙既是沒有圓滿的時期，我們何不靜止不作，好嗎？其實不然。人既為動物，便有動作的本能；穿衣吃飯，也是要動的。既是人生非動不可，我們就何妨就我們所喜歡做的，所認為當做的做下去。我們最後的光明，固然是遠在幾千萬年幾萬萬年之後；但是我們的責任，不是叫一蹴而幾的達到目的地；是叫我們的目的地，日近一日。我們的祖宗堯、舜、禹、湯、孔、孟……在他們的進行中，長的或跑了一尺，短的不過跑了數寸，積累而成，才有今日。我們現在無論是一寸半分，只要往前跑，才是。為現在及將來的人類受用，這都是不可逃的責任。孔子曰：「士不可以不弘毅，任重而道遠。仁以為己任，不亦重乎？死而後已，不亦遠乎？」所以我們雖然曉得道遠之不可致，還是要努力到「死而後已」。故孔子是「知其不可而為之者」。正為其知其不可而為，所以生活上才含著春意。若是不然，先計較他可為不可為，那麼，情志便繫於外物，憂樂便關乎得失；或竟因為計較利害的原故，使許多應做的事反而不做。這樣，還那裡領略到生活的樂趣呢？

再其次，儒家是不承認人是單獨可以存在的。故「仁」的社會，為儒家理想的大同社會。仁字，從二人；鄭玄曰：「仁，相人偶也。」（《禮記》注）非人與人相偶，則人的概念不能成立。故孤行執異，絕非儒家所許。蓋人格專靠各個自己，是不能完成。假如世界沒有別人，我的人格從何表現？譬如全社會都是罪惡，我的人格受了傳染和壓迫，如何能健全？由此可知人格是共同的，不是孤立的。想自己的人格向上，唯一的方法，是要社會的人格向上。然而社會的人格，本是各個自己化合而成。想社會的人格向上，唯一的方法，又是要自己的人格向上。明白了這個，力和環境提攜，便成進化的道理。所以孔子教人：「己欲立而立人，己欲達而達人。」所謂立人達人，非立達別人之謂，乃立達人類之謂。彼我合組成人類，故立達彼，即是立達人類。立達人類，即是立達自己。更用「取譬」的方法來體驗這個達字，才算是「仁之方」。其他《論語》一書，講仁字的屢見不一。儒家何其把仁字看得這麼重要呢？即上面所講的，儒家學問專以研究「人之所以道」為本；明乎仁，人之所以為道自見。孟子曰：「仁也者，人也；合而言之，道也。」蓋仁之概念，與人之概念相函。人者，通彼我而始得名。彼我通，乃得謂之仁。知乎人與人相通，所以我的好惡，即是人的好惡。我的精神中，同時也含有人的精神。不徒是現世的人為然。即如孔孟遠在二千年前，他的精神，亦浸潤在國民腦中不少。可見彼我相通，雖歷百世不變。儒家從這一方面看得至深且切，而又能躬行實踐，「無終食之間違仁」。這種精神，影響於國民性者至大。即此一分家業，我可以說真是全世界唯一無二的至寶。這絕不是用科學的方法可研究得來的，要用內省的工夫，實行體驗，體驗而後，再為躬行實踐，養成了這副美妙的仁的人生觀，生趣盎然的向前進。無論研究什麼學問，管許是興致勃勃。孔子曰：「仁者不憂」，就是這個道理。不幸漢以後，這種精神便無人繼續弘發；人生觀也漸趨於機械。八股制興，孔子的真面目日失。後人日稱「尋孔顏樂處」，究竟孔顏樂處在那裡？還是莫名其妙，我們既然誦法孔子，應該好好保存這分家私——美妙的人生觀，才不愧是聖人之徒啊！

此外，我們國學的第二源泉就是佛教。佛本傳於印度，但是盛於中國。現在大乘各派，五印全絕。正法一派，全在中國。歐洲人研究佛學的甚多，梵文所有的經典，差不多都翻出來。但向梵文裡頭求大乘，能得多少？我們自創的宗派更不必論了。像我們的禪宗，真可算得應用的佛教；世間的佛教，的確是印度以外才能發生；的確是表現中國人的特質，叫出世法與入世法並行不悖。他所講的宇宙精微，的確還在儒家之上。說宇宙流動不居，永無圓滿，可說是與儒家相同。曰：「一眾生不成佛，我誓不成佛。」即孔子立人達人之意。蓋宇宙最後目的，乃是求得一大人格實現之圓滿相，絕非求得少數個人超拔的意思。儒佛所略不同的，就是一偏於現世的居多，一偏於出世的居多。至於他的共同目的，都是願世人精神方面完全自由。現在自由二字，誤解者不知多少。其實人類外界的束縛，他方的壓迫，終有方法解除；最怕的是心為形役，自己做自己的奴隸。儒佛都用許多的話來教人，想叫把精神方面的自縛解放淨盡，頂天立地成一個真正自由的人。這點佛家弘發得更為深透，真可以說佛教是全世界文化的最高產品。這話東西人士都不能否認；此後全世界受用於此的正多。我們先人既辛苦的為我們創造下這分產業，我們自當好好的承受；因為這是人生唯一安身立命之具。有了這種安身立命之具，再來就性之所近的，去研究一種學問，那麼才算盡了人生的責任。

諸君聽了我這夜的演講，自然明白我們中國文化，比世界各國並無遜色。那一般沉醉西風，說中國一無所有的人，自屬淺薄可笑。《論語》曰：「人雖欲自絕，其何傷於日月乎？多見其不知量也！」這邊的諸同學，從不對於國學輕下批評，這是很好的現象。自然，我也聽聞有許多人諷刺南京學生守舊；但是只要舊的是好，守舊又何足詬病？所以我很願此次的講演，更能夠多多增進諸君以研究國學的興味。

（一九二三年一月九日為東大國學研究演講）

美術與生活

諸君！我是不懂美術的人，本來不配在此講演。但我雖然不懂美術，卻十分感覺美術之必要。好在今日在座諸君，和我同一樣的門外漢諒也不少。我並不是和懂美術的人講美術，我是專要和不懂美術的人講美術。因為人類固然不能個個都做供給美術的「美術家」，然而不可不個個都做享用美術的「美術人」。

「美術人」這三個字是我杜撰的，諒來諸君聽著很不順耳。但我確信「美」是人類生活一要素——或者還是各種要素中最要者，倘若在生活全內容中把「美」的成分抽出，恐怕便活得不自在，甚至活不成。中國向來非不講美術——而且還有很好的美術，但據多數人見解，總以為美術是一種奢侈品。從不肯和布帛菽粟一樣看待，認為是生活必需品之一；我覺得中國人生活之不能向上，大半由此。所以今日要標「美術與生活」這題，特和諸君商榷一回。

問人類生活於什麼？我便一點不遲疑答道「生活於趣味」。這句話雖然不敢說把生活全內容包舉無遺，最少也算把生活根芽道出。人若活得無趣，恐怕不活著還好些，而且勉強活也活不下去。人怎樣會活得無趣呢？第一種，我叫他做石縫的生活，擠得緊緊的，沒有絲毫開拓餘地；又好像披枷帶鎖，永遠走不出監牢一步。第二種，我叫他做沙漠的生活，乾透了沒有一毫潤澤，板死了沒有一毫變化；又好像蠟人一般，沒有一點血色，又好像一株枯樹，庾子山說的「此樹婆娑生意盡矣」。這種生活是否還能叫做生活，實屬一個問題。所以我雖不敢說趣味便是生活，然而敢說沒趣便不成生活。

趣味之必要既已如此，然則趣味之源泉在那裡呢？依我看有三種：

第一，對境之賞會與復現。人類任操何種卑下職業，任處何種煩勞境界，要之總有機會和自然之美相接觸，所謂水流花放，雲捲月明，美景良辰，賞心樂事。只要你在一剎那間領略出來，可以把一天的疲勞忽然恢復，把多少時的煩惱丟在九霄雲外。倘若能把這些影像印在腦裡頭令他不時復現，每復現一回，亦可以發生與初次領略時同等或僅較差的效用。人類想在這種塵勞世界中得有趣味，這便是一條路。

第二，心態之抽出與印契。人類心理，凡遇著快樂的事，把快樂狀態歸攏一想，愈想便愈有味；或別人替我指點出來，我的快樂程度也增加。凡遇著苦痛的事，把苦痛傾筐倒篋吐露出來，或別人能夠看出我苦痛替我說出，我的苦痛程度反會減少。不惟如此，看出說出別人的快樂，也增加我的快樂；替別人看出說出苦痛，也減少我的苦痛。這種道理，因為各人的心都有個微妙的所在，只要搔著癢處，便把微妙之門打開了。那種愉快，真是得未曾有，所以俗話叫做「開心」。我們要求趣味，這又是一條路。

第三，世界之冥構與驀進。對於現在環境不滿，是人類普通心理，其所以能進化者亦在此。就令沒有什麼不滿，然而在同一環境之下生活久了，自然也會生厭。不滿儘管不滿，生厭儘管生厭，然而脫離不掉他，這便是苦惱根源。然則怎麼救濟法呢？肉體上的生活，雖然被現實的環境綑死了；精神上的生活，卻常常對於環境宣告獨立。或想到將來希望如何如何，或想到別個世界——例如文學家的桃源，哲學家的烏托邦，宗教學的天堂、淨土如何如何，忽然間超越現實界闖入理想界去，便是那人的自由天地。我們欲求趣味，這又是一條路。

這三種趣味，無論何人都會發動的。但因各人感覺機關用得熟與不熟，以及外界幫助引起的機會有無多少，於是趣味享用之程度，生出無量差別，感覺器官敏則趣味增，感覺器官鈍則趣味減；誘發機緣多則趣味強，誘發機緣少則趣味弱。專從事誘發以刺戟各人器官不使鈍的，有三種利器，一是文學，二是音樂，三是美術。

今專從美術講。美術中最主要的一派，是描寫自然之美，常常把我們所曾經賞會或像是曾經賞會的都復現出來。我們過去賞會的影子印在腦中，因時間之經過漸漸淡下去；終必有不能復現之一日，趣味也跟著消滅了。一幅名畫在此，看一回便復現一回，這畫存在，我的趣味便永遠存在。不惟如此，還有許多我們從前不注意，賞會不出的，他都寫出來指導我們賞會的路，我們多看幾次，便懂得賞會方法，往後碰著種種美境，我們也增加許多賞會資料了。這是美術給我們趣味的第一件。

美術中有刻畫心態的一派，把人的心理看穿了，喜怒哀樂，都活跳在紙上。本來是日常習見的事，但因他寫的唯妙唯肖，便不知不覺間把我們的心絃撥動，我快樂時看他便增加快樂，我苦痛時看他便減少苦痛。這是美術給我們趣味的第二件。

美術中有不寫實境實態而純憑理想構造成的。有時我們想構一境，自覺模糊斷續不能構成，但他都替我表現了。而且他所構的境界種種色色有許多為我們所萬想不到。而且他所構的境界優美高尚，能把我們卑下平凡的境界壓下去。他有魔力，能引我們跟著他走，闖進他所到之地。我們看他的作品時，便和他同住一個超越的自由天地。這是美術給我們趣味的第三件。

要而論之，審美本能，是我們人人都有的。但感覺器官不常用或不會用，久而久之麻木了。一個人麻木，那人便成了沒趣的人，一民族麻木，那民族便成了沒趣的民族。美術的功用，在把這種麻木狀態恢復過來，令沒趣變為有趣。換句話說，是把那漸漸壞掉了的愛美胃口，替他復原，令他常常吸收趣味的營養，以維持增進自己的生活康健。明白這種道理，便知美術這樣東西在人類文化系統上該占何等位置了。

以上是專就一般人說。若就美術家自身說，他們的趣味生活，自然更與眾不同了。他們的美感，比我們銳敏若干倍，正如《牡丹亭》說的：「我常一生兒愛好是天然。」我們領略不著的趣味，他們都能領略。領略夠了，終把些唾餘分贈我們。分贈了我們，他們自己並沒有一毫破費，正如老子說：「既以為人，己愈有；既以與人，己愈多。」假使「人生生活於趣味」這句話不錯，他們的生活真是理想生活了。

今日的中國，一方面要多出些供給美術的美術家，一方面要普及養成享用美術的美術人。這兩件事都是美術專門學校的責任。然而該怎樣的督促贊助美術專門學校，叫他完成這責任，又是教育界乃至一般市民的責任。我希望海內美術大家和我們不懂美術的門外漢各盡責任做去。

（一九二二年八月十二日在上海美術專門學校演講）

人類歷史的轉捩

我想人類這樣東西，真是天地間一種怪物。他時時刻刻拿自己的意志，創造自己的地位，變化自己的境遇，卻又時時刻刻被他所創所變的地位境遇支配起自己來。他要造什麼、變什麼，非等到造出來、變出來，沒有人能夠事前知道，連那親手創親手變的人也不知道。等到創成變成一個新局面，這新局面決非吾人所能料到，大家只好相顧失色。卻又從這新局面的基礎上，重新又再創再變起來。一部歷史，便就是這樣的進化，見其進未見其止。試思數年以前，誰敢說那十九世紀初期轟轟烈烈的神聖三角同盟俄普奧三尊大佛，竟會在十幾個月內，同時嘩喇一聲，倒到貼地。誰敢說瑞士、荷蘭等處鄉下地方，同時有幾十個大大小小的君主，在那裡做亡命客，吃盡當光，形影相弔。誰敢說號稱東方猛鷙偌大的一個俄羅斯國，竟會四分五裂，自己屏出國際團體以外，這回恁麼大的歐洲和會，簡直沒有他的分兒。誰敢說九十年前從荷蘭分出來的比利時，四十年前從土耳其分出來的塞爾維亞，竟成了兩個泱泱大國，在歐洲國際上占一極重要的地位。誰敢說二三百年來幾次被人分割的波蘭[1]，乃至千餘年連根拔盡的猶太，居然還有一日把本號開張大吉的門條張貼起來。誰敢說那牢牢關住大門在家裡講門羅主義的美利堅，竟會大出風頭，管對面大海人家的閒事。誰又敢說從前書呆子搖筆弄舌講的國際聯盟，竟會一章一節的列出條文，由幾十個國家的代表共同簽認。誰又敢說當二三十年前，各國政府認作洪水猛獸的社會黨，到了今日，他在各國國會裡頭，都占最大勢力，各政府中差不多都有了社會黨員了。誰又敢說各國時髦政治家公認為無法無天的過激派列寧政府，報紙上日日咒他夭折，他卻成了個不倒翁，支持了兩年，到今日依然存在，還有許多好奇探險的遊客歌頌他明聖哩。誰又敢說我們素來認為天經地義盡善盡美的代議政治，今日竟會從牆腳上搖動起來，他的壽命，竟沒有人敢替他保險。誰又敢說那老英老法老德這些闊老倌，也一個個像我們叫起窮來，靠著重利借債過日子。誰又敢說那如火如荼的歐洲各國，他那很舒服過活的人民，竟會有一日要煤沒煤，要米沒米，家家戶戶開門七件事，都要皺起眉頭來。以上所說，不過就我偶然想到的幾件舉舉大端隨手拈出，然而已經件件都足驚心動魄。所以我覺得這回大戰，還不是新世界歷史的正文，不過一個承上起下的轉捩段落罷了。

（刊於一九二〇年三月《時事新報》）

---

1 波蘭在一七七二年、一七九三年、一七九五年三度遭普魯士、奧國、俄羅斯瓜分，最終滅亡，直到一九一八年一次大戰後才又獲得獨立。

人權與女權

諸君看見我這題目，一定說梁某不通，女也是人，說人權自然連女權包在裡頭，為什麼把人權和女權對舉呢？哈哈！不通誠然是不通，但這不通題目，並非我梁某人杜撰出來；社會現狀本來就是這樣的不通，我不過照實說，而且想把不通的弄通罷了。

我要出一個問題考諸君一考：「什麼叫做人？」諸君聽見我這話，一定又要說：「梁某只怕瘋了！這問題有什麼難解？凡天地間『圓顱方趾橫目睿心』的動物自然都是人。」哈哈！你這個答案錯了！這個答案只能解釋自然界人字的意義，並不能解釋歷史上人字的意義。歷史上的人，其初範圍是很窄的，一百個「圓顱方趾橫目睿心」的動物之中，頂多有三幾個夠得上做「人」，其餘都夠不上。換一句話說，從前能夠享有人格的人是很少的，歷史慢慢開展，「人格人」才漸漸多起來。

諸君聽這番話，只怕愈聽愈糊塗了。別要著急，等我逐層解剖出來：同是「圓顱方趾橫目睿心」的動物，自然我做得到的事，你也做得到；你享有的權，我也該享有。是不是呢？著啊，果然應該如此。但是從歷史上看來，卻大大不然。無論何國歷史，最初總有一部分人叫做「奴隸」。奴隸豈不也是「圓顱方趾橫目睿心」嗎?然而那些非奴隸的人,只認他們是貨物,不認他們是人。諸君讀過西洋歷史,諒來都知道古代希臘的雅典,號稱「全民政治」,說是個個人都平等都自由。又應該知道有位大哲學家柏拉圖,是主張共和政體的老祖宗。不錯,柏拉圖說凡人都應該參與政治,但奴隸卻不許。為什麼呢?因為奴隸並不是人!雅典城裡幾萬人,實際上不過幾千人參與政治,為什麼說是全民政治呢?因為他們公認是「人」的都已參與了,剩下那一大部分,便是奴隸,本來認做貨物不認做人。

不但奴隸如此,就是貴族和平民比較,只有貴族算是完完全全一個人,平民頂多不過夠得上做半個人。許多教育,只准貴族受,不准平民受;許多職業,只准貴族當,不准平民當;許多財產,只准貴族有,不准平民有。這種現象,我們中國自唐、虞、三代到孔子的時候便是如此;歐洲自羅馬帝國以來一直到十八世紀都是如此。

在奴隸制度底下,不但非奴隸的人把奴隸不當人看,連那些奴隸也不知道自己是個「人」。在貴族制度底下,不但貴族把平民當半個人看,連那些平民也自己覺得我這個人和他那個人不同。如是者渾渾沌沌過了幾千年。

人是有聰明的,有志氣的,他們慢慢的從夢中覺醒起來了,你有兩隻眼睛一個鼻子,我也有一個鼻子兩隻眼睛,為什麼你便該如彼,我便該如此!他們心問口,口問心,經過多少年煩悶悲哀,忽然石破天驚,發明一件怪事:「啊啊!原來我是一個人!」這件怪事,中國人發明到什麼程度,我且不說。歐洲人什麼時候發明呢？大約在十五、六世紀文藝復興時代。他們一旦發明了自己是個人，不知不覺的便齊心合力下一個決心，一面要把做人的條件預備充實，一面要把做人的權利擴張圓滿。第一步，凡是人都要有受同等教育的機會，不能讓貴族和教會把學問壟斷。第二步，凡是人都要各因他的才能就相當的職業，不許說某項職業該被某種階級的人把持到底。第三步，為保障前兩事起見，一國政治，凡屬人都要有權過問。總說一句：他們有了「人的自覺」，便發生出人權運動。教育上平等權，職業上平等權，政治上平等權，便是人權運動的三大階段。

啊啊！了不得，了不得！人類心力發動起來，什麼東西也擋他不住。「一！二！三！開步走！」「走！走！走！」走到十八世紀末年，在法國巴黎城轟的放出一聲大砲來，〈人權宣言〉！好呀好呀，我們一齊來！屬地麼，要自治。階級麼，要廢除。選舉麼，要普遍。黑奴農奴麼，要解放。十九世紀全個歐洲全個美洲熱烘烘鬧了一百年，鬧的就是這一件事。吹喇叭！放爆竹！吃乾杯！成功！凱旋！人權萬歲！從前只有皇帝是人，貴族是人，僧侶是人，如今我們也和他們一樣，不算人的都算人了，普天之下，率土之濱，凡叫做人的都恢復他們資格了。人權萬歲萬萬歲！

萬歲聲中，還有一大部分「圓顱方趾橫目睿心」的動物，在那邊悄悄地滴眼淚。這一部分動物，雖然在他們同類中占一半的數量，但向來沒有把他們編在人類裡頭。這一部分是誰？就是女子。人權運動，運動的是人權，他們是 Women，不是 Men，說得天花亂墜的人權，卻不關他們的事。

眼淚是神聖不過的東西。眼淚是從自覺的心苗中才滴得出來。男子固然一樣的兩隻眼睛一個鼻子，沒有什麼貴族、平民、奴隸的分別，難道女子又只有一隻眼睛半個鼻子嗎？當人權運動高唱入雲的時候，又發明一件更怪的事：「啊啊！原來世界上還有許多人！」有了這種發明，於是女權運動開始起來。女權運動，我們可以給他一個名詞，叫做廣義的人權運動。

廣義的人權運動——女權運動，和那狹義的人權運動——平民運動正是一樣，要有兩種主要條件：第一要自動，第二要有階段。

什麼叫自動呢？例如美國放奴運動，不是黑奴自己要解放自己，乃是一部分有博愛心的白人要解放他們。這便是他動不是自動。不由自動得來的解放，雖解放了也沒有什麼價值。不惟如此，凡運動是多數人協作的事，不是少數人包辦的事，所以要多數共同的自動。例如中國建設共和政體，僅有極少數人在那裡動，其餘大多數不管事。這仍算是他動不是自動。像歐洲十九世紀的平民運動，的確是出於全部或大多數的平民自覺自動，其所以能成功而且徹底的理由，全在乎此。女權運動能否有意義有價值，第一件就要看女子切實自覺自動的程度何如。

什麼叫做階段呢？前頭說過，人權運動含有三種意味。一是教育上平等權，二是職業上平等權，三是政治上平等權。這三件事雖然一貫，但裡頭自然分出個步驟來。在貴族壟斷權利的時代，他們辯護自己唯一的武器，就是說：我們貴族所有的學問智識，你們平民沒有；我們貴族辦得下來的事，你們平民辦不下來。這話對不對呢？對呀。歐洲中世紀的社會情狀，的確是如此。倘若十八、九世紀依然是這種情狀，我敢保〈人權宣言〉一定發不出來，即發出來也是空話。所以自文藝復興以來，他們平民第一件最急切的要求，是要和貴族有受同等教育的機會。這種機會陸續到手，他們便十二分努力去增進自己的智識和能力。到十八、九世紀時，平民的智識能力，比貴族只有加高，絕無低下，於是乎一鼓作氣，把平民運動成功了。換一句話說，他們是先把做人條件預備充實，才能把做人的權利擴張圓滿。

他們的女權運動，現在也正往這條路上走。女權運動，也是好幾十年前已經開始了，但勢力很是微薄不振。為什麼不振呢？因為女子智識能力的確趕不上男子，為什麼趕不上呢？因為不能和男子有受同等教育的機會。他們用全力打破這一關。打破之後，再一步一步的肉搏前去，以次到職業問題；以次到參政權問題。現在歐美這種運動，漸漸的已有一部分成功了。

我們怎麼樣呢？哎！說起來又慚愧，又可憐！連大部分男子也沒有發明自己是個人，何論女子。狹義的人權運動還沒有做過，說什麼廣義的人權運動？所以有些人主張「女權尚早論」，說等到平民運動完功之後再做女權運動不遲。這種話對嗎？不對。歐洲造鐵路，先有了狹軌，才漸漸改成廣軌；我們造鐵路，自然一動手就用廣軌，有什麼客氣？歐洲人把狹義廣義的人權運動分作兩回做，我們併作一回，並非不可能的事。但有一件萬不可以忘記，狹軌廣軌固然不成問題；然而沒有築路便想開車，卻是斷斷乎不行的。我說一句不怕諸君嘔氣的話：中國現在男子的智識能力固然也是很幼稚薄弱，但女子又比男子幼稚薄弱好幾倍！講女權嗎？頭一個條件，要不依賴男子而能獨立。換一句話說，是要有職業。譬如某學校出了一個教授的缺，十位女子和十位男子競爭，誰爭贏誰？譬如某公司或某私人要用一位祕書，十位女子和十位男子競爭，又誰爭贏誰？再進一步，假如女子參政權實行規定在憲法，到選舉場中公開講演自由競爭，又誰爭贏誰？以現在情形論，我斗膽敢說，女子十回一定有九回失敗！為什麼呢？因為現在女子的智識能力實實在在不如男子。天生成不如嗎？不然不然，不過因為學力不夠。為什麼學力不夠？為的是從前女子求學不能和男子有均等機會。沒有均等機會，固然不是現在女子之過，然而學力不夠，卻是不能諱言的事實。諸君在英文讀本裡頭諒來都讀過一句格言：Knowledge is power（智識即權力），不從智識基礎上求權力，權力斷斷乎得不到！僥倖得到，斷斷乎保持不住。一個人如此，階級相互間也是如此，兩性相互間也是如此。

講到這裡，我們大概可以得一個結論了。女權運動，無論為求學運動、為競業運動、為參政運動，我在原則上都贊成；不惟贊成，而且十分認為必要。若以程序論，我說學第一，業第二，政第三。近來講女權的人，集中於參政問題，我說是急其所緩，緩其所急。老實說一句：現在男子算有參政權沒有？說沒有嗎？《約法》上明明規定；說有嗎？民國成立十一個年頭，看見那一位男子曾參過政來？還不是在選舉人名冊上湊些假名，供那班「政棍」買票賣票的工具？人民在這種政治意識之下，就讓你爭得女子參政權，也不過每縣添出千把幾百個「趙蘭、錢蕙、孫淑、李娟⋯⋯」等等人名，替「政棍」多弄幾票生意！我真不願志潔行芳的姊妹們，無端受這種汙辱。平心而論，政治上的事情，原不能因噎廢食，這種憤激之談，我也不願多說了。歸根結底一句：無論何種運動，都要多培實力，少作空談。女權運動的真意義，是要女子有痛切的自覺，從智識能力上爭上游，務求與男子立於同等地位。這一著辦得到，那麼競業參政，都不成問題；辦不到，任你攪得海沸塵飛，都是廢話。

諸君啊！現在全國中女子智識的製造場，就靠這十幾個女子師範學校，諸君就是女權運動的基本軍隊。莊子說得好，「水之積不厚，則其負大舟無力。」諸君要知道自己責任大，又要知道想盡此責任，除卻把學問做好，智識能力提高外，別無捷徑。我盼望諸君和全國諸姊妹們，都徹底覺悟自己是一個人，都加倍努力完成一個人的資格。將來和全世界女子共同協力做廣義的人權運動。這回運動成功的時候，真可以歡呼人權萬歲了！

（一九二二年十一月六日為南京女子師範學校演講）

思想解放

要個性發展，必須從思想解放入手。怎樣叫做思想解放呢？無論什麼人向我說什麼道理，我總要窮原竟委想過一番，求出個真知灼見。當運用思想時，絕不許有絲毫先入為主的意見束縛自己，空洞洞如明鏡照物。經此一想，覺得對我便信從，覺得不對我便反抗。

「曾經聖人手，議論安敢到。」這是韓昌黎極無聊的一句話。聖人做學問，便已不是如此。孔子教人擇善而從，不經一番擇，何由知得他是善？只這個「擇」字，便是思想解放的關目。歐洲現代文化，不論物質方面，精神方面，都是從「自由批評」產生出來，對於在社會上有力量的學說，不管出自何人，或今或古，總許人憑自己見地所及，痛下批評。批評豈必盡當，然而必經過一番審擇，才能有這批評，便是開了自己思想解放的路；因這批評，又引起別人的審擇，便是開了社會思想解放的路。互相濬發，互相匡正，真理自然日明，世運自然日進。倘若拿一個人的思想做金科玉律，範圍一世人心，無論其人為今人，為古人，為凡人，為聖人，無論他的思想好不好，總之是將別人的創造力抹殺，將社會的進步勒令停止了。須知那人若非經過一番思想，如何能創造這金科玉律來？我們既敬重那人，要學那人，第一件便須學他用思想的方法，他必是將自己的思想脫掉了古代思想和並時思想的束縛，獨立自由研究，才能立出一家學說；不然，這學說可不算他的了。既已如此，為什麼我們不學他這一點，倒學他一個反面？我中國千餘年來，學術所以衰落，進步所以停頓，都是為此。

有人說，思想一旦解放，怕人人變了離經叛道。我說，這個全屬杞憂。若使不是經，不是道，離他叛他不是應該嗎？若使果是經，果是道，那麼俗語說得好：「真金不怕紅爐火。」有某甲的自由批評攻擊他，自然有某乙某丙的自由批評擁護他，經一番刮垢磨光，愈發顯出他的真價；倘若對於某家學說不許人批評，倒像是這家學說經不起批評了。所以我奉勸國中老師宿儒，千萬不必因此著急，任憑青年縱極他的思想力，對於中外古今學說隨意發生疑問。就是鬧得過火，有些「非堯舜、薄湯武」也不要緊。他的話若沒有價值，自然無傷日月，管他則甚，若認為夠得上算人心世道之憂，就請痛駁起來呀！只要彼此適用思辨的公共法則，駁得針鋒相對，絲絲入扣，孰是孰非，自然見個分曉。若單靠禁止批評，就算衛道，這是秦始皇「偶語棄市」的故技，能夠成功嗎？

還有幾句打破後壁的話，待我說來。思想解放，道德條件一定跟著動搖，同時社會上發現許多罪惡，這是萬無可逃的公例。但說這便是人心世道之憂，卻不見得。道德條件本是適應於社會情形建設起來，（孔子所謂時中時宜，最能發明此理。）社會變遷，舊條件自然不能適用。不能適用的條件，自然對於社會上失了拘束力，成了一種僵石的裝飾品。一面舊條件既有許多不適用，一面在新社會組織之下，需要許多新條件，卻並未規定出來，道德觀念的動搖，如何能免？我們主張思想解放，就是受了這動搖的刺激，想披荊斬棘求些新條件，給大家安心立命。他們說解放思想便是破壞道德，道德二字作何解釋，且不必辯，就算把思想完全封鎖起來，試問他們所謂道德，是否就人人奉行？舊道德早已成了具文，新道德又不許商榷，這才真是破壞道德哩。至於罪惡的發現，卻有兩個原因：第一件，是不受思想解放影響的，因為舊道德本已失了權威，不復能拘束社會，所以惡人橫行無忌。你看武人、政客、土匪、流氓，做了幾多罪惡，難道是新思想提倡出來的嗎？第二件，是受思想解放影響的，因為提倡解放思想的人，自然愛說抉破藩籬的話，有時也說得太過。那些壞人就斷章取義，拿些話頭做護身符，公然作起惡來。須知這也不能算思想解放的不好，因為他本來是滿腔罪惡，從前卻隱藏掩飾起來，如今索性盡情暴露，落得個與眾共棄，還不是於社會有益嗎？所以思想解放只有好處，並無壞處。我苦口諄勸那些關心世道人心的大君子，不必反抗這個潮流罷。

（刊於一九二〇年三月《時事新報》）

第四輯

變法救國——《戊戌政變記》（選錄）

提　要

民國時期，梁啟超用力於學術上，參與了當時熱鬧騷動的「整理國故」風潮，建立起和之前「啟蒙者」很不一樣的大師形象。他寫了《新史學》、《中國歷史研究法》，本來要為蔣百里的書寫序，意外地寫成了《清代學術概論》，又再予以擴充為《中國近三百年學術史》，不只在那個時代有很大的感染影響力，也開拓了後來治近代學術思想史的重要道路。

然而其實梁啟超的史學論著能力，早在一八九八年就有了驚人的爆發。從充滿改革朝氣的「戊戌變法」突然逆轉成「戊戌政變」，變法同志慘遭逮捕、刑訊、屠殺，梁啟超自身也名列欽命要犯，僅以身免，倉皇東渡日本。一到日本，青年梁啟超立即意識到並承擔起責任，他知道當前需要積極宣傳，最好能激發各國干預，如此就算來不及救譚嗣同等同志，至少還能解光緒皇帝的危難。他提筆屬文，特別值得注意的是，在這種情勢下，抱持這樣的心情，梁啟超寫的卻不是單純激昂憤恨發洩的文字，而是完成了以第一手經驗、資料構成，以青史為懷的《戊戌政變記》。

這當然不可能是客觀嚴謹的歷史陳述，然而考量作者的處境，他行文的口氣，更重要的，他探索事件的切入點，實足佩服。首先，在那麼短的時間中，又在流亡羈旅中，他仍然負責地蒐羅了繁多相關資料，組構成清楚明晰的時間序列，讓那百日中的主要作為立體地浮現出來。

再者，他將敘述準確地推到「公車上書」，不只是交代了「百日維新」的來歷，更將光緒皇帝的焦慮痛苦，盡可能從外在環境因素作用上做了仔細的刻畫。歷史要有來龍去脈，而「戊戌變法」又緊密地扣搭成了「戊戌政變」的前因。

第三，梁啟超明白提供了這段事件的因果解釋。本輯特別選了〈政變前記〉，關鍵重點在先說「政變之總原因」，繼之以「政變之分原因」，將政變背後的各方勢力及其作用清楚推論，然後才進入〈政變正記〉。而〈政變正記〉篇所述之「推翻新政」、「逮捕志士」是最容易激動人心的行動，但梁啟超仍然抗拒流於情緒渲染，在這兩章之後，他將眼光又再拉高，探索「西后」（慈禧太后）及其政府將來可能的政策走向，乃至探索中國之將來、中國此後和各國的關係變化等等。

雖然寫的是當前劇變，《戊戌政變記》卻成了最佳的「史筆」示範。就中有史實、有史識、還有史觀，並將過去、現在、未來三重時間糾合並列進行討論，自身與國家的不幸遭遇，意外奠定了梁啟超扎實的史學根底。

政變前記

第一章　政變之總原因

政變之總原因有二大端。其一，由西后與皇上積不相能，久蓄廢立之志也。其二，由頑固大臣痛恨改革也。西后之事，既詳前篇，今更紀頑固黨之事如下。數年前，英國駐北京公使某常語醇親王[1]云，貴國之兵太不足恃，方今外患日迫，何以禦之，盍早圖矣。醇親王曰，吾國之兵，將以防家賊而已，非以禦外侮也。英公使喟然而去。大學士軍機大臣剛毅[2]常語人曰，改革者漢人之利，而滿人之害也，吾有產業，吾寧贈之於朋友，而必不使奴隸分其潤也。此二語京師之人所共聞也。吾今有一言告於讀此書者，若不能知滿洲全部守舊黨人之心事若何，則醇親王與剛毅之二語，其代表也。

1 此指醇親王奕譞（一八四〇－一八九一年），其子載湉即為後來的光緒皇帝。
2 一八三七－一九〇〇年，晚清大臣，為守舊派人士。

去年湖南巡撫陳寶箴[3]擬在湖南內河行小輪船，湖廣總督張之洞[4]不許，曰：「中國十八省，惟湖南無外國人之足跡，今一行小輪船，則外人將接踵而至矣。」陳詰張曰：「我雖不行小輪，寧能禁外人之不來乎？」張曰：「雖然，但其禍不可自我當之耳，若吾與君離湖南督撫之任，以後雖有事，而非吾兩人之責也。」於是小輪船之議卒罷。去年之冬，德人踞膠州，歐洲列國分割中國之議紛起，有湖南某君謁張之洞，詰之曰，列國果實行分割之事，則公將何以自處乎。張默然良久曰，雖分割之後，亦當有小朝廷，吾終不失為小朝廷之大臣也。某君拂衣而去。吾今又有一言告於讀此書者，若不能知中國全國二品以上大員之心事如何，則張之洞此兩語，其代表也。

嗚呼！張公固大臣中之最賢而有聞於時者也，然其言猶若此，況其他出張公之下數等者乎。故今綜全國大臣之種類而論之，可分為數種類。其一，懵然不知有所謂五洲者，告以外國之名，猶不相信，語以外患之危急，則曰此漢奸之危言聳聽耳，此一種也。其二，則亦知外患之可憂矣，然自顧已七八十之老翁矣，風燭殘年，但求此一二年之無事，以後雖天翻地覆，而非吾身之所及見矣，此又一種也。其三，以為即使吾及身而遇亡國之事，而小朝廷一日尚在，則吾之富貴一日尚在，今若改革之論一倡，則吾目前已失舞弊之憑藉，且自顧老朽不能任新政，必見退黜，故出死力以爭之，終不以他年之大害，易目前之小利也，此又一種也。嗚呼！全國握持政柄之人，無一人能出此三種

3 一八三一－一九〇〇年，晚清官員，為維新派人士。
4 一八三七－一九〇九年，晚清大臣，洋務運動的重要人物。

之外者。而改革黨人乃欲奮螳臂而與之爭，譬猶孤身入重圍之中，四面楚歌，所遇皆敵，而欲其無敗衂也，得乎？

第二章　政變之分原因

政變之分原因夥矣，今擇其稍重大者條列之。

一、戊戌三月，康有為、李盛鐸[5]等同謀開演說懇親之會於北京，大集朝士及公車數百人，名其會曰保國。後李盛鐸受榮祿[6]之戒，乃除名不與會。已而京師大譁，謂開此會為大逆不道，於是李盛鐸上奏劾會，御史潘慶瀾[7]、黃桂鋆[8]繼之，皇上概不問，而謠諑之起，遍於全都。

二、同月梁啟超等聯合舉人百餘人，連署上書，請廢八股取士之制。書達於都察院，都察院不代奏；達於總理衙門，總理衙門不代奏。當時會試舉人集輦轂下者將及萬人，皆與八股性命相依，聞啟超等此舉，嫉之如不共戴天之仇，遍播謠言，幾被毆擊。

5 一八五九—一九三七年，曾在清廷任官，後支持立憲。
6 一八三六—一九〇三年，晚清大臣，為守舊派人士。
7 生卒年不詳，為晚清守舊派人士。
8 一八五八—一九〇三年，晚清官員，為守舊派人士。

三、先是湖南巡撫陳寶箴，湖南按察使黃遵憲[9]，湖南學政江標[10]、徐仁鑄[11]，湖南時務學堂總教習梁啟超，及湖南紳士熊希齡[12]、譚嗣同[13]，陳寶箴之子陳三立[14]等，同在湖南大行改革，全省移風。而彼中守舊黨人嫉之特甚，屢遣人至北京參劾，於是左都御史徐樹銘[15]，御史黃均隆[16]，相繼入奏嚴劾。皇上悉不問，而湖南舊黨之焰益熾，乃至鬨散南學會，毆打《湘報》主筆，謀燬時務學堂，積謀數月，以相傾軋。

四、於四月二十三日皇上下詔定國是，決行改革。於是諸臣上奏，雖不敢明言改革之非，而腹誹益甚。五月初五日，下詔廢八股取士之制，舉國守舊迂謬之人，失其安身立命之業。自是日夜相聚，陰謀與新政為敵之術矣。禮部者，科舉學校之總匯也。禮部尚書許應騤[17]，百計謀阻撓廢八股之

9 一八四八－一九〇五年，晚清著名外交官，曾出使日本，為維新派人士。
10 一八六〇－一八九九年，晚清官員，為維新派人士。
11 一八六三－一九〇〇年，晚清官員，為維新派人士。
12 一八七〇－一九三七年，晚清大臣，為維新派人士，曾創辦湖南時務學堂。
13 一八六五－一八九八年，戊戌變法的重要人物，為戊戌六君子之一。
14 一八五三－一九三七年，與其父陳寶箴一同在湖南推行新政。
15 一八二四－一九〇〇年，晚清官員，為維新派人士。
16 生卒年不詳，曾參與戊戌變法。
17 一八三〇－一九〇六年，晚清大臣，為守舊派人士。

事，於是御史宋伯魯[18]、楊深秀[19]劾之，許應騤乃轉劾康有為，皇上兩不問。

五、先是二月間，康有為上書大陳變革之方，大約以革除壅蔽，整定官制為主義，請在京城置十二局，凡局員皆選年力精壯，講習時務者為之。書既上，皇上飭下總理衙門議行，總理衙門延至五月尚未覆奏，蓋意在敷衍搪塞也。至四月二十三日，國是之詔既下，皇上乃促總署速議覆奏，總署議奏，駁不可行。上震怒，至五月十七日，復命軍機大臣與總署會議，同月二十五日議覆，仍駁其不可行。上益怒，親以硃筆書上諭，命兩衙門再議，有須切實議行，毋得空言搪塞之語。兩衙門乃指其書中之末節無關大局者准行數條，其大端仍是駁斥，上無如之何，太息而已。夫皇上既知法之當變矣，既以康有為之言為然矣，而不能斷然行之，必有藉於群臣之議者何也？蓋知西后之相忌，故欲藉眾議以行之，明此事之非出於皇上及康有為之私見也。而諸臣之敢於屢次抗拂上意者，亦恃西后為護符，欺皇上之無權也。當五月間大臣屢駁此書，皇上屢命再議之時，舉京師謠言紛紜不可聽聞，皆謂康有為欲盡廢京師六部九卿衙門，彼盈廷數千醉生夢死之人，幾皆欲得康之肉而食之。其實康不過言須增新衙門耳，尚未言及裁舊衙門也，而訛言已至如此，辦事之難，可以概見矣。皇上病重之說，亦至此時而極盛，蓋守舊者有深意焉矣。

六、皇上自四月以來，屢次所下新政之詔，交疆臣施行，而疆臣皆西后所擢用，不知有皇上，

18 一八五六—一九三二年，晚清大臣，戊戌變法的重要人物。

19 一八四九—一八九八年，戊戌變法的重要人物，為戊戌六君子之一。

皆置詔書於不問，皇上憤極而無如之何。至六月初十日，詔嚴責兩江督臣劉坤一[20]，兩廣督臣譚鍾麟[21]，直隸督臣榮祿，又將督撫中之最賢而能任事之陳寶箴，下詔褒勉，以期激發疆臣之天良，使有所勸懲，稍襄新政。不意各疆臣怨望益甚，謗讟紛起，而頑固之氣，卒不少改，惟嫉視維新之臣若仇敵耳。

七、中國之淫祠，向來最盛，虛糜錢帑，供養莠民，最為國家之蠹，皇上於五月間下詔書，將天下淫祠悉改為學堂。於是奸僧惡巫，咸懷咨怨。北京及各省之大寺，其僧人最有大力，厚於貨賄，能通權貴，於是交通內監，行浸潤之譖於西后，謂皇上已從西教，此亦激變之一小原因也。

八、至七月間，候補京堂岑春煊上書請大裁冗員，皇上允其所請，特將詹事府、通政司、光祿寺、鴻臚寺、太常寺、太僕寺、大理寺，及廣東湖北雲南巡撫、河東總督、各省糧道等官裁撤。此詔一下，於是前者尸位素祿、闒冗無能、妄自尊大之人，多失其所恃，人心皇皇，更有與維新諸臣不兩立之勢。

九、中國之大弊，莫甚於上下壅塞，下情不能上達。至是皇上屢命小臣上書言事，長臺不得阻抑，乃七月間禮部主事王照上書請上遊歷外國，禮部堂官等不為代達，皇上震怒，乃將禮部尚書懷塔布等六人革職，賞王照以四品京堂，是為皇上初行賞罰之事。此詔之下，維新者無不稱快，守舊

---

20 一八三〇－一九〇二年，晚清大臣，洋務運動的代表人物。

21 一八二二－一九〇五年，晚清大臣，為守舊派人士。

者初而震恐，繼而切齒。於是懷塔布、立山等率內務府人員數十人環跪於西后前，痛哭而愬皇上之無道，又相率往天津就謀於榮祿，而廢立之議即定於此時矣。皇上於二品以上大員，無進退黜陟之權，彼軍機大臣及各省督撫等屢抗旨，上憤極而不能黜之。此次乃僅擇禮部閒曹，無關緊要之人，一試其黜陟，而大變已至矣。皇上無權，可勝慨哉。

十、皇上至是時亦知守舊大臣與己不兩立，有不顧利害，誓死以殉社稷之意。於是益放手辦事，乃特擢楊銳[22]、林旭[23]、劉光第[24]、譚嗣同四人參預新政。參預新政者，猶唐之參知政事，實宰相之任也。命下之日，皇上賜四人以一密諭，用黃匣親緘之，蓋命四人盡心輔翼新政，無得瞻顧也。自是凡有章奏，皆經四人閱覽；凡有上諭，皆由四人擬稿，軍機大臣側目而視矣。

十一、自禮部堂官革職以後，令天下士民始得上封奏，於是士氣大伸，民隱盡達。維新之士，爭出其所懷以聞於朝廷，刑部主事張元濟有請除滿漢界限、廢科舉、去拜跪、設議院之事，工部主事李岳瑞[25]亦請去拜跪、用客卿、大裁冗員、翰林衙門等，刑部主事洪汝沖[26]請合邦、借材、遷都、嘉

22 一八五五—一八九八年，戊戌變法的重要人物，為戊戌六君子之一。
23 一八七五—一八九八年，戊戌變法的重要人物，為戊戌六君子之一。
24 一八六一—一八九八年，戊戌變法的重要人物，為戊戌六君子之一。
25 一八六二—一九二七年，晚清官員，為維新派人士。
26 生卒年不詳，晚清官員，為維新派人士。

謨入告、紛綸輻輳。而守舊大臣日日陰謀，亦復無所憚忌。

十二、上既廣采群議，圖治之心益切，至七月二十八日決意欲開懋勤殿，選集通國英才數十人，並延聘東西各國政治專家，共議制度，將一切應興應革之事，全盤籌算，定一詳細規則，然後施行。猶恐西后不允茲議，乃命譚嗣同查考雍正、乾隆、嘉慶三朝開懋勤殿故事，擬一上諭，將持至頤和園，稟命西后，即見施行。乃越日而變局已顯，衣帶密詔旋下矣。

十三、七月二十九日皇上召見楊銳，賜以密諭，有朕位幾不能保之語，令其設法救護，乃諭康有為及楊銳等四人之諭也。當時諸人奉詔涕泣，然意上位危險，諒其事發在九月閱兵時耳，於時袁世凱召見入京，亦共以密詔示之。冀其於閱兵時設法保護，而卒以此敗事。

附記：保國會事

論政變之起，保國會實為最大之一原因焉，今詳記其事於下。

自膠州、旅順既割，京師人人震恐，懼分割之即至，然惟作楚囚相對，束手待亡耳。於是康有為既上書求變法於上，復思開會振士氣於下，於是與□□□等開粵學會，與楊銳等開蜀學會，與林旭等開閩學會，與楊深秀、□□□等開陝學會，京師士夫，頗相應和。於時會試期近，公車雲集，御史李盛鐸乃就康謀，欲集各省公車開一大會，康然之，是為保國會議之初起。康復欲集京官之有志者，李不謂然，後卒從康議，於三月二十七日在粵東會館第一集，到會者二百餘人，時會中公推康及李及□□□□□□等演說，而李以事後至，是日公擬保國章程三十條，今錄於下：

一、本會以國地日割，國權日削，國民日困，思維持振救之，故開斯會以冀保全，名為保國會。二、本會遵奉光緒二十一年閏五月二十七日上諭，臥薪嘗膽，懲前毖後，以圖保全國地國民國教。三、為保國家之政權土地。四、為保人民種類之自立。五、為保聖教之不失。六、為講內治變法之宜。七、為講外交之故。八、為仰體朝旨，講求經濟之學，以助有司之治。九、本會同志，講求保國保種保教之事，以為論議宗旨。十、凡來會者，激厲憤發，刻念國恥，無失本會宗旨。十一、自京師上海設保國總會，各省各府各縣皆設分會，以地名冠之。十二、會中公選總理若干人，值理若干人，常議員若干人，備議員若干人，董事若干人，以同會中人多推薦者為之。十三、常議員公議會中事。十四、總理以議員多寡決定事件推行。十五、董事管會中雜事，凡入會之事，及文書會計一切諸事。十六、各分會每年於春秋二、八月將各地方入會名籍寄總會。十七、各地方會議員，隨其地情形，置分理議員約七人。十八、董事每月將會中所收捐款登報。十九、各局將入會之姓名、籍貫、住址、職業隨時登記，各分局同。二十、欲入會者，須會中人介之，告總理值理，察其合者，予以入會憑票。二十一、入會者若心術品行不端，有汙會事者，會眾除名。二十二、如有意見不同，准其出會，惟不許假冒本會名滋事。二十三、入會者人捐銀二兩，以備會中辦事諸費。二十四、會期有大會、常會、臨時會之分。二

十五、來會者不論名位學業，但有志講求，概予延納，德業相勸，過失相規，患難相恤，務推藍田鄉約之義，庶自保其教。二十六、捐助之款，寫明姓名爵里，交本會給發收條為據，本會將姓名爵里學業寄寓，按照聯票號數彙編存記，聯票皆有總值理及董事圖章。二十七、來會之人，必求品行心術端正明白者，方可延入，本會中應辦之事，大眾隨時獻替，留備采擇。倘別存意見，或誕妄挾私，及逞奇立異者，恐其有礙，即由總理值理董事諸友公議辭退。如有不以為然者，到本會申明，捐銀照例充公，去留均聽其便。二十八、商董兼司帳，須習知貿易書籍情形及刷印文字者充其選，必須考查確實，一秉至公，倘涉營私舞弊，照例責賠，經手之董事會友，凡預有保薦之力者，亦須一律罰。二十九、本會用項，概由值董核發，如有巨款在千數百金以上者，須齊集公議，方准開支，收有成數，擇殷實商號存儲，立摺支取，如存數漸多，亦可議生利息，發票之期，按幾日為限，由值董眼同經理。三十、總理董事均仗義創辦，不議薪資，將來局款大盛，須專請人辦理，始議薪水，惟撰報、管書、管器、司事、教習、游歷、司帳，酌量給予薪水。

蓋自明世，徐華亭集士大夫數千人，講學於靈濟宮，至今三百年，未有聚大眾於輦轂為大會者，此會實繼之。守舊之士，頗駭其非常，再會於崧雲草堂，三會於貴州館，來會者尚過百人，謗議漸風起，多有因強學前轍，以禍患來告者，康有為不慴也。先是江西人主事洪嘉與者，桀黠守舊有氣，久於京師，能立黨與，經膠變後，聞康名來，三謁不遇，闇人忘其居，未答拜。是時公車雲集，各省士夫來見，客日數十，應接不暇，多不能答拜者。洪大恨，乃餂浙人孫灝曰：「某公惡康，若能大攻之，當為薦經濟特科。」孫故無賴，乃大喜。洪乃為著一書駁保國會，遍印送京師貴人，守舊大臣皆喜信其說。滿人無遠識，不知外事，展轉傳聞，一唱百和，於是謗議大興。時保滇會、保浙會並起，洪嘉與又聳御史黃桂鋆劾之，並及保國會。李盛鐸恐被禍，乃上疏劾會，以求自免。皇上置不問，御史潘慶瀾繼劾之，軍機大臣剛毅將查究會中人。皇上曰，會能保國，豈不大善，何可查究耶？事遂止。五月禮部尚書許應騤劾之，御史文悌復上長摺糾劾康有為，其說尤誣而厲，謂保國會之宗旨，在保中國，不保大清，此摺實後來興大獄之張本也。至八月政變後，偽上諭中遂引此語為康之罪名，而楊深秀、楊銳、林旭、劉光第皆以保國會員獲罪被戮，蓋文悌之語，深入滿人之心也。夫人雖至愚，亦何至合宗室滿漢之數百士大夫於京師，而公然作叛逆之詞，以不保大清告大眾者。保國會之章程，既載於右，其中無不保大清之語意，人人共見矣。

今復將康有為演說者錄於下：

吾中國四萬萬人，無貴無賤，當今日在覆屋之下，漏舟之中，薪火之上，如籠中之鳥，釜底之魚，牢中之囚，為奴隸，為牛馬，為犬羊，聽人驅使，聽人割宰，此四千年中二十朝未有之奇變。加以聖教式微，種族淪亡，奇慘大痛，真有不能言者也。吾中國自古為大一統國，環列皆小國，若緬甸、朝鮮、安南、琉球之類，吾皆鞭箠使之，其自大也久矣。故在國初時，視英法各國皆若南洋小島，雖以紀文達[27]校訂《四庫》，趙甌北[28]劄記二十二史，阮文達[29]為文學大宗，皆博極群書，而紀文達謂艾儒略[30]《職方外紀》，南懷仁[31]《坤輿圖說》，如中土瑤臺閬苑，大抵寄託之辭，趙甌北謂俄羅斯北有準噶爾大國，以銅為城，二百方里，阮伯元《疇人傳》不信對足抵行，今人環遊地球，座中諸公有踏遍者，吾粵販商估客，亦視為尋常，而乾嘉時博學如諸公，尚未之知。至道光十二年，英人輪舟初成，橫行四海，以輪船二艘犯廣州，兩廣總督盧敏肅[32]，以三千師船二萬兵禦之而敗，盧公曾平猺匪趙金隴者，宣宗成皇帝詔謂盧坤昔平趙金隴曾著微勞，不料今日無用至此。盧敏肅雖言洋船極大，而既無影鏡燈片，宣宗無從見之，無能自白也。暨道光二十年，林文忠[33]始譯洋報，為講求外國情形之始。敗於定海舟山，裕謙牛鑑劉韻珂繼敗，艦入長江，而砲震天津，乃開五口。宣宗乃知洋人之強在船堅砲利，命仿製之，西人如何，實

27 紀昀（一七二四—一八〇五年），字曉嵐，諡文達，為清代大臣，亦是著名文學家。

28 趙翼（一七二七—一八一四年），號甌北，清代著名史學家。

29 阮元（一七六四—一八四九年），諡文達，為清代大臣，亦是乾嘉學派重要人物。

30 Giulio Alenio (1582–1649)，明末清初來華的耶穌會傳教士。

31 Ferdinand Verbiest (1623–1688)，清康熙時來華的耶穌會傳教士。

32 盧坤（一七七二—一八三五年），諡敏肅，清代官員。

33 林則徐（一七八五—一八五〇年），諡文忠，曾在廣州禁煙，成為後來鴉片戰爭的導火線。

未知也。道光二十九年，咸豐六年、八年、十年屢戰屢敗，輸數千萬，開十一口，乃至破京師，文宗狩熱河，洋使入住京師，亦可謂非常之變矣。然而士大夫以犬羊視之，深閉固拒。同治三年斌椿[34]徧遊各國，等於遊戲，無稍講求之者。曾文正與洋人共事，乃始少知其故，開製造局譯書，置同文館、方言館、招商局。文文忠[35]乃遣美人蒲安臣[36]與志剛、孫家穀[37]出使各國，首用洋人，如古之安史那、金日磾，實為絕異之事。當時欲遣京官五品以下，正途翰林六曹出身入同文館讀書，最為通達，而倭文端[38]限之。自是雖軺車歲出，而士大夫深惡外人，蔽拒如故。甲申之役，張南關[39]之功，日益驕滿。鄙人當時考求時局，以為俄窺東三省，日本講求新治，驟強示威，必取朝鮮，曾上書請及時變法自強，而當時天下皆以為狂。壬辰年傅蘭雅[40]譯書事略，言上海製造局譯出西書，售去者僅一萬三百餘部，中國四萬萬人，而購書者乃只有此數，則天下士講求中外之學者，能有幾人，可想見矣。非經甲午之役，割臺償款，創巨痛深，未有肯幡然而改者。

34 生卒年不詳，清代官員，曾率領非正式的外交使節團訪問歐洲，此應為一八六六年（同治五年）之事。
35 文祥（一八一八－一八七六年），謚文忠，晚清大臣，洋務運動的重要人物。
36 Anson Burlingame (1820–1870)，曾任美國駐華公使，也曾代表清廷出使各國。
37 生卒年不詳，清代官員，曾任職於總理事務衙門，並曾隨蒲安臣出使各國。
38 倭仁（一八〇四－一八七一年），謚文端，晚清大臣，為守舊派人士。
39 指張之洞一八八四年中法戰爭鎮南關之役臨陣換將之舉。
40 John Fryer (1839–1928)，英國人，曾在江南製造局任翻譯。

至此天下志士，乃知漸漸講求，自強學會首倡之，遂有官書局、《時務報》之繼起，於是海內繽紛，爭言新法，自此舉始也。然甲午之後，仍不變法，間有一二，徒為具文，即如海軍、電線、鐵路、船局、船廠，間有一二，然變其甲不變其乙，變其一不變其二，牽連相累，必至無成。其他且勿論，即如被創之後，而兵未嘗增練，鐵艦不再購一艘，吾綠營兵六十餘萬，八旗兵三十餘萬，實皆老弱，且各有業，託名伍籍中。泰西以民為兵，吾則以兵為民，何以敵之。若夫泰西立國之有本末，重學校，講保民、養民、教民之道，議院以通下情，君不甚貴，民不甚賤，制器利用以益民，皆與吾經義相合，故其致強也有由。吾兵農學校皆不修，民生無保養教之之道，上下不通，貴賤隔絕者，皆與吾經義相反，故宜其弱也。故遂復有膠州之事，四十日之間，要挾逼迫二十事，其一德之強租膠州，人所共知也；其二則英欲借我款三釐息，而俄不許矣；其三欲開大連灣通商，俄不許矣；其四欲開南寧通商，俄不許矣；其五借英款不成，而內河全許駛行輪船矣；其六西貢燒教堂，法索我償款十萬矣；其七姚協贊調補山東道，德人限二十四點鐘撤去矣；其八津鎮鐵路過山東，三電德廷，德不許矣；其九改道過河南，德亦不許，後請英美使言之，乃許矣；其十聶軍請俄教習，而訂明不歸統領節制矣；其十一俄教習去留，須候俄廷旨矣；其十二俄人勒逐德教習四人矣；其十三直隸、山西、東三省練兵，必須請俄教習矣；其十四長江左右釐金，盡歸稅務司矣；其十五德人既得膠州百里，復索增廣矣；其十六既得增廣，又索鐵路矣；其十七既得鐵路，又索全省矣；其十八既得鐵路，又索全省商務矣；其十九俄人要割旅順、大連灣、金州矣；其二十法人索廣州灣，又訂兩廣、雲貴不得讓與他國矣。此皆今年二月以前之事。其此後英之索威海，日本之訂福建不得讓與別國等事，尚未及計也。夫築路待商之德廷，道員聽其留逐，是皇上之權已失，賈誼所謂何忍以帝王尊號為戎人諸侯，二月以來，失地失權之事，已二十見，來日方長，何以卒歲，緬甸、安南、印度、波蘭，吾將為其續矣。觀分波蘭事，脅其國主，辱其貴臣，荼毒縉紳，真可為吾之前車哉，必然之事，安能僥倖而免乎。印度之被滅，無作第六等以上人者，自乾隆三十六年，至光緒二年，百餘年始有議員二人，香港隸英人，至今尚無科第，人以買辦為至榮，英人之窶貧者皆可為大班，吾華人百萬之富，道府之銜，紅藍之頂，乃多為其一洋行之買辦，立侍其側，仰視顏色，嗚呼，哀哉。及今不自強，恐吾四萬萬人，他日之至榮者，不過如此也。元人始來中國，嘗廢科舉矣，其視安南之進士抱布貿絲，有以異乎？故我士大夫設想他日，真有不可言者。即有無恥之輩，發憤作貳臣，前朝所極不齒者，而西人必不用中人，以西人之官必有專門，非專學不能承乏也。若使吳梅村在，他日將並一教官不能得，安敢望祭酒哉。即欲如熊開元作僧，而西教專毀佛教，佛像佛殿將無可存，僧於何依。即欲蹈東海而死，吾中國無海軍，即無海境，此亦非我乾淨土矣。做貳臣不得，做僧不得，死而蹈海不得，吾四萬萬之人，吾萬千之士大夫，將何依何歸，何去何從乎？故今日當如大敗之餘，人自為戰，救亡之法無他，只有發憤而已，窮途單路，更無歧趨，韓信背水之軍，項羽沉舟之戰，人人懷此心，只此或有救法耳，然割地失權之事，既忌諱祕密，國家又無法入師丹之油畫院，繪敗圖以激人心，薄海臣民，多有不知者，或依然太平歌舞，晏然無事，尚紛紛求富貴，求保舉。或乃日暮途遠，倒行而逆施之。孟子曰：「國必自伐，然後人伐之。」故割地失權之事，非洋人之來割脅也，亦不敢責在上者之為也，實吾輩甘為之賣地，甘為之輸權，若使吾四萬萬人皆發憤，洋人豈敢正視乎，而乃安然耽樂，從容談笑，不自奮厲，非吾輩自賣地而何。故鄙人不責在上而責在下，而責我輩士大夫，責我輩士大夫義憤不振之心，故今日人人有亡天下之責，人人有救天下之權者。考日本昔為英美所陵，其弱與我同，今何以能取我臺灣，滅琉球，而制朝鮮，得我償款二萬萬，此日本之兵強為之耶，非也，其相伊藤，其將大山為之耶，非也，嘗推考如此大事，乃一布衣高山正之之所為，高山正之哀國之衰不能變法，憤大將軍之擅政，終日在東京痛哭於通衢，見人輒哭，終以哭死。於是西鄉、吉田、藤田[41]、蒲生秀實[42]之流，出而言尊攘，大久保利通、岩倉具視、木戶孝允、板垣退助[43]、三條實美[44]、大隈重信[45]，出而談變法，日本乃盛強。至明治以後，日人賞維新之功，乃贈

41 即藤田東湖。

42 蒲生君平（一七六八—一八一三年），諱秀實，江戶時代儒者。

43 一八三七—一九一九年，江戶時代末期參與倒幕運動，後成為明治維新的重要推動者。

44 一八三七—一八九一年，江戶時代末期參與倒幕運動，後成為明治維新的重要推動者。

45 一八三八—一九二二年，明治時期任內閣總理大臣，為明治維新的重要推動者。

高山正之[46]四品卿，賜男爵，凡物作始也簡，將畢也鉅，嗚呼，誰知日本之治，盛強之效，乃由一諸生無權無勇、無智無術而成之耶。蓋萬物之生，皆由熱力，有熱點故生諸天，有熱點故生太陽，太陽熱之至者，去我不知幾百萬億里，而一尺之地，熱可九十四馬力，故能生地，能生萬物，被其光熱者，莫不發生，地有熱力，滿腹皆熱汁火汁，故能運轉不息，醫者視人壽之長短，察其命門火之衰旺，火衰則將死，至哉言乎。故凡物熱則生，熱則榮，熱則漲，熱則運動，故不熱則冷，冷則縮，則枯，則乾，則夭死，自然之理也。今吾中國以無動為大，無一事能舉，民窮財盡，兵弱士愚，好言安靖而惡興作，日日割地削權，命門火衰矣，冷矣，枯矣，縮矣，乾矣，將危矣，救之之道，惟增心之熱力而已。凡能辦大事復大仇成大業者，皆有熱力為之，其心力弱者，熱力減故也，胡文忠[47]謂今日最難得者是忠肝熱血人，范蔚宗謂桓靈百餘年傾而未顛，危而未墜者，皆由仁人君子心力之為。凡古稱烈士、志士、義士、仁人，皆熱血人也，視其熱多少以為成就之大小，若熱如螢火，如燈，則微矣，並此而無之，則死矣，若如一團大火，至百二十度之沸度，則無不灼矣，若如日之熱，則無所不照，無所不燒，熱力愈大，漲力愈大，吸力愈多，生物愈榮，長物愈大。故今日之會，欲救亡無他法，但激厲其心力，增長其心力，念茲在茲，則爝火之微，自足以爭光日月，基於濫觴，流為江河，果能合四萬萬人，人人熱憤，

46 高山彥九郎（一七四七—一七九三年），諱正之，提倡尊王攘夷。

47 胡林翼（一八一二—一八六一年），謚文忠，晚清大臣，曾率軍與太平軍作戰。

則無不可為者，奚患於不能救。

此演說之語，乃當時會中人傍聽筆記，載錄於天津《國聞報》中者，後各報亦展轉登之，人人共見。其中之語，豈有一字一句含不保大清之意者，而文悌乃深文羅織而言之，眾人亦吠影吠聲而信之，非天下可憐可憤之事耶？

開此會之意，欲令天下人咸發憤國恥，因公車諸士而摩厲之，俾還而激厲其鄉人，以效日本維新志士之所為，則一舉而十八行省之人心皆興起矣。當時集者朝官自二品以下，以至言路詞館部曹，及公車數百人，樓上下座皆滿。康有為演說時，聲氣激昂，座中人有為之下淚者。雖旋經解散，而各省志士紛紛繼起，有保浙、保滇會等，自是風氣益大開，士心亦加振厲，不可抑遏矣。

第三章　政變原因答客難

語曰，忠臣去國，不潔其名，大丈夫以身許國，不能行其志，乃至一敗塗地，漂流他鄉，則惟當緘口結舌，一任世人戮之，辱之，嬉笑之，唾罵之，斯亦已矣，而猶復嘵嘵焉欲以自白，是豈大丈夫所為哉。雖然，事有關於君父之生命，關於全國之國論者，是固不可以默默也。

論者曰，中國之當改革，不待言矣，然此次之改革，得無操之過蹙，失於急激，以自貽蹉跌之憂乎。辯曰，中國之言改革，三十年於茲矣，然而不見改革之效，而徒增其弊，何也？凡改革之事，必除舊與布新兩者之用力相等，然後可有效也，苟不務除舊而言布新，其勢必將舊政之積弊，悉移而納於新政之中，而新政反增其害矣。如病者然，其積痞方橫塞於胸腹之間，必一面進以瀉利之劑，以去其積塊，一面進以溫補之劑，以培其元氣，庶能奏功也。若不攻其病，而日餌之以參苓，則參苓即可為增病之媒，而其人之死當益速矣。我中國自同治後所謂變法者，若練兵也，開礦也，通商也，交涉之有總署使館也，教育之有同文、方言館及各中西學堂也，皆疇昔之人所謂改革者也。夫以練兵論之，將帥不由學校而出，能知兵乎，選兵無度，任意招募，半屬流丐，體之羸壯所不知，識字與否所不計，能用命乎，將俸極薄，兵餉極微，武階極賤，士人以從軍為恥，而無賴者乃承其乏，能潔己效死乎，圖學不興，阨塞不知，能制勝乎，船械不能自製，仰自他人，能如志乎，海軍不游弋他國，將帥不習風濤，一旦臨敵，能有功乎，警察不設，戶籍無稽，所練之兵，日有逃亡，能為用乎，如是則練兵如不練。且也用洋將統帶訓練者，則授權於洋人，國家歲費巨帑，為他人養兵以自噬，其用將士者，則如董福祥之類，藉眾鬧事，損辱國體，動招邊釁，否則騷擾閭閻而已，不能防國，但能累民。又購船置械於外國，則官商之經手者，藉以中飽自肥，費重金而得窳物，如是則練兵反不如不練。以開礦論之，礦務學堂不興，礦師乏絕，重金延聘西人，尚不可信，能盡地利乎，機器不備，化分不精，能無棄材乎，道路不通，從礦地運至海口，其運費視原價或至數倍，能有利乎，如是則開礦如不開。且也西人承攬，各國要挾，地利盡失，畀之他人，否則奸商胡鬧，貪官串弊，各省礦局只為候補人員領乾修之用，（中國舊例，官紳之不辦事而借空名以領俸者謂之乾修，凡各省之某某局總辦某某局提調者無不皆是也。）徒糜國帑，如是則開礦反不如不開。以通商論之，計學（即日本所稱經濟、財政諸學）不講，罕明商政之理，能保富乎，工藝不興，製造不講，土貨銷場，寥寥無幾，能爭利乎，道路梗塞，運費笨重，能廣銷乎，釐卡滿地，抑勒逗留，朘膏削脂，有如虎狼，能勸商乎，領事不察外國商務，國家不護僑寓商民，能自立乎，如是則通商如不通。且也外品日輸入，內幣日輸出，池枯魚竭，民無噍類，如是則通商反不如不通。以交涉論之，總理衙門老翁十數人，日坐堂皇，並外國之名且不知，無論國際，並己國條約且未寓目，無論公法，各國公使領事等官，皆由奔競而得，一無學識，公使除呈遞國書之外無他事，領事隨員等除游觀飲食之外無他業，又何取於此輩之坐食乎，如是則有外交官如無外交官。且使館等人在外國者，或狎邪無賴，或鄙吝無恥，自執賤業，汙穢難堪，貽笑外人，損辱國體，其領事等非惟不能保護己商，且從而凌壓之，如是則有外交官反不如無外交官。以教育論之，但教方言以供翻譯，不授政治之科，不修學藝之術，能養人材乎，科舉不變，榮途不出，士夫之家，聰穎子弟皆以入學為恥，能得高才乎，如是則有學堂如無學堂。且也學堂之中，不事德育，不講愛國，故堂中生徒，但染歐西下等人之惡風，不復知有本國，賢者則為洋傭以求衣食，不肖者且為漢奸以傾國基，如是則有學堂反不如無學堂。凡此之類，隨舉數端，其有弊無效，固已如是，自餘各端，亦莫不如是。則前此之所謂改革者，所謂溫和主義者，其成效固已可睹矣。夫此諸事者，則三十年來名臣曾國藩、文祥、沈葆楨、李鴻章、張之洞之徒，所竭力而始成之者也，然其效乃若此，然則不變其本，不易其俗，不定其規模，不籌其全局，而依然若前此之支支節節以變之，則雖使各省得許多督撫皆若李鴻章、張之洞之才之識，又假以十年無事，聽之使若李鴻章、張之洞之所為，則於中國之弱之亡能稍有救乎，吾知其必不能也。何也？蓋國家之所賴以成立者，其質甚繁，故政治之體段亦甚複雜，枝節之中有根幹焉，根幹之中又有總根幹焉，互為原因，互為結果，故言變法者將欲變甲，必先變乙，及其變乙，又當先變丙，如是相引，以至無窮，而要之非全體並舉，合力齊作，則必不能有功，而徒增其弊，譬之有千歲老屋，瓦墁毀壞，榱棟崩折，將就傾圮，而室中之人乃或酣嬉鼾臥，漠然無所聞見，或則補苴罅漏，彌縫蟻穴，以冀支持，斯二者用心雖不同，要之風雨一至，則屋必傾，而人必同歸死亡，一也。夫酣嬉鼾臥者，則滿洲黨人是也，補苴彌縫者，則李鴻章、張之洞之流是也，諺所謂室漏而補之，愈補則愈漏，衣敝而結之，愈結則愈破，其勢固非別構新廈，別出新製，烏乎可哉。若如世之所謂溫和改革者，宜莫如李、張矣，不見李鴻章訓練之海軍洋操，所設之水師學堂、醫學堂乎，不見張之洞所設之實學館、自強學堂、鐵政局、自強軍乎，李以三十年之所變者若此，張以十五年所變者若此，然則再假以十五年，使如李、張者，出其溫和之手段，以從容布置，到光緒四十年，亦不過多得此等學堂洋操數個而已，一旦有事，則亦不過如甲午之役，望風而潰，於國之亡能稍有救乎，既不能救亡，則與不改革何以異乎。夫以李、張之才如彼，李、張之望如彼，李、張之見信任負大權如彼，李、張之遇無事之時，從容十餘年之布置如彼，其所謂改革者乃僅如此，況於中朝守舊庸耄盈廷，以資格任大官，以賄賂得美差，大臣之中安所多得如李、張之才者，而外患之迫，月異而歲不同，又安所更得十餘年之從容歲月者，然則捨束手待亡之外，無他計也。不知所謂溫和主義者，何以待之。抑世之所謂急激者，豈不以疑懼交乘，怨謗雲起，為改革黨人所自致乎。語曰，非常之原，黎民懼焉；又曰，凡民可以樂成，難以慮始，從古已然。況今日中國之官之士之民，智識未開，懵然不知有天下之事，其見改革而驚訝，固所當然也。彼李鴻章前者所辦之事，乃西人皮毛之皮毛而已，猶且以此負天下之重謗，況官位遠在李鴻章之下，而所欲改革之事，其重大又過於李鴻章所辦者數倍乎。夫不除弊而不能布新，前既言之矣，而除舊弊之一事，最易犯眾忌而觸眾怒，故全軀保位惜名之人，每不肯為之。今且勿論他事，即如八股取士錮塞人才之弊，李鴻章、張之洞何嘗不知之，何嘗不痛心疾首而惡之，張之洞且嘗與余言，言廢八股為變法第一事矣，而不聞其上摺請廢之者，蓋恐觸數百翰林數千進士數萬舉人數十萬秀才數百萬童生之怒，懼其合力以謗己而排擠己也。今夫所謂愛國之士，苟其事有利於國者，則雖敗己之身，裂己之名，猶當為之。今既自謂愛國矣，又復愛身焉，又復愛名焉，及至三者不可得兼，則捨國而愛身名；至二者不可得兼，又將捨名而愛身。吾見世之所謂溫和者，如斯而已，如斯而已。吉田松陰曰，觀望持重，號稱正義者，比比皆然，實為最大下策，何如輕快捷速，打破局面，然後除占地布石之為愈乎。嗚呼，世之所謂溫和者，其不見絕於松陰先生者希耳。即以日本論之，幕末藩士，何一非急激之徒，松陰、南洲，尤急激之巨魁也，試問非有此急激者，而日本能維新乎，當積弊疲玩之既久，不有雷霆萬鈞霹靂手段，何能喚起而振救之。日本且然，況今日我中國之積弊更深於日本幕末之際，而外患內憂之亟，視日本尤劇百倍乎。今之所謂溫和主義者，猶欲以維新之業，望之於井伊安藤諸閣老也，故康先生之上皇帝書曰，守舊不可，必當變法；緩變不可，必當速變；小變不可，必當全變。又曰，變事而不變法，變法而不變人，則與不變同耳。故先生所條陳章奏，統籌全局者，凡六七上，其大端在請誓太廟以戒群臣，開制度局以定規模，設十二局以治新政，立民政局以地方自治。其他如遷都興學，更稅法，裁釐金，改律制，重俸祿，遣遊歷，派遊學，設警察，練鄉兵，選將帥，設參謀部，大營海軍，經營西藏、新疆等事，皆主齊力並舉，不能支支節節而為之。而我皇上亦深知此意，徒以無權不能遽行，故屢將先生之摺交軍機總署會議，嚴責其無得空言搪塞，蓋以見制西后，故欲借群臣之議以定之也。無如下有老耄守舊之大臣，屢經嚴責而不恤，上有攬權猜忌之西后，一切請命而不行，故皇上與康先生之所欲改革者，百分未得其一焉。使不然者，則此三月之中，舊弊當已盡革，新政當已盡行，制度局之規模當已大備，十二局之條理當已畢詳，律例當已改，巨餉當已籌，警察當已設，民兵當已練，南部當已遷都，參謀部當已立，端緒略舉，而天下肅然向風矣。今以無權之故，一切所行，非其本意，皇上與康先生方且日日自疚其溫和之已甚，而世人乃以急激責之，何其相反乎。嗟乎，局中人曲折困難之苦衷，非局外人所能知也久矣，以譚嗣同之忠勇明達，當其初被徵入都，語以皇上無權之事，猶不深信，及七月二十七日皇上欲開懋勤殿，設顧問官，命譚查歷朝聖訓之成案，將據以請於西后，至是譚乃恍然於皇上之苦衷，而知數月以來改革之事，未足以滿皇上之願也。

譚嗣同且如此，況於其他哉。夫以皇上與康先生處至難之境，而苦衷不為天下所共諒，庸何傷焉，而特恐此後我國民不審大局，徒論成敗，而曰是急激之咎也，是急激之鑑也，因相率以為戒，相率一事不辦，束手待亡，而自以為溫和焉，其上者則率於補漏室，結鶉衣，枝枝節節，畏首畏尾，而自以為溫和焉，而我國終無振起之時，而我四萬萬同胞之為奴隸，終莫可救矣，是乃所大憂也，故不可以不辯者一也。

政變正記

第一章　推翻新政

八月十一日，復置皇上所裁汰之詹事府等衙門，及各省冗員。

按：詹事府等衙門及各省冗員，皆無事可辦，任其職者，皆養尊處優，素餐尸位，朘民之脂膏，以養此無謂之閒人，正如久患癰疽，全體皆含膿血，皇上必汰除之者，以非如此則不能辦事也，而一切復置，實為養癰之弊政。

同日禁止士民上書。

按：中國之大患，在內外蔽塞，上下隔絕，皇上許士民上書，乃明目達聰之盛舉也，而今禁之，務以抑塞為主義也。

同日廢官報局。

同日停止各省府州縣設立中學校小學校。

按：中國之大患，在教育不興，人才不足，皇上政策首注意於學校教育之事，可謂得其本矣。中國地廣人眾，非各省府州縣遍設學校，不能廣造人才，今一切停止，蓋不啻秦始皇愚民之政策也。

八月二十四日復八股取士之制。

按：八股取士，為中國錮蔽文明之一大根原，行之千年，使學者墜聰塞明，不識古今，不知五洲，其弊皆由於此，顧炎武謂其禍更甚於焚書坑儒，洵不誣也。今以數千年之弊俗，皇上之神力僅能去之，未及數月而遂復舊觀，是使四百兆人民永陷於黑暗地獄而不復能拔也。

同日罷經濟特科。

按：經濟特科之設，在今年正月初六日，實戊戌新政之原點也，分內政、外交、兵學、工學、理財、格致六門，以實學試士，振起教育之精神，實始於此，頑固大臣等惡實學如仇，故罷之也。

同日廢農工商總局。

按：農工商總局之設，大略如日本之農商務省，蓋官制中所不可缺也，皇上新設之，而西后遽廢之，不知是何居心也。

同日命各督撫查禁全國報館，嚴拿報館主筆。

按：暴政之行，至禁報館拿主筆而已極矣，今全世界萬國中，非甘心以野蠻自居者，不肯行此苛政也，今偽詔中之語云，天津、上海、漢口各處報館林立，肆口逞說，妄造謠言，惑世誣民，罔知顧忌。又云主筆之人，率皆斯文敗類，不顧廉恥，其言真堪噴飯，而不知各地之報館，皆受外國之保護，禁之無從禁，徒取笑於外人耳，是又可憐也，然其抑壓之政策，則既已充其量矣。

八月二十六日禁立會社，拿辦會員。

按：中國近兩年來風氣驟開，頗賴學會之力，自光緒二十一年強學會開設後，繼之者則有湖北之質學會，廣西之聖學會，湖南之南學會、地圖公會、明達學會，廣東之粵學會、群學會，蘇州之蘇學會，上海之不纏足會、農學會、醫學會、譯書會、蒙學會，北京之知恥會、經濟學會，陝西之味經學會，其餘小會尚不計其數，蓋合眾人之力以研究實學，實中國開明之一大機鍵也。今一律訪拿會員，於是各省有志之士，幾於無一能免者矣。其偽詔云，拿獲在會人等，分別首從，一律治罪，各省督撫務當實力查辦，毋得陽奉陰違，庶使奸黨寒心，而愚民知所儆懼，彼其所以威壓士民者，無所不至矣，中國四百兆人民何罪何辜，受此箝制，而永不能自拔也，悲夫。

〇月〇日廢漕運改折之議。

按：漕運一事，徒在運南糧以供北方之食，輪船既通，一商賈之力辦之而有餘，而國家設官數百人，歲靡千餘萬，積弊之極，未有過是者。苟裁此全部之官而聽商運，則每年歲入可增千餘萬，官民兩利，此全國稍通時務之人所共知也，特官吏因緣此弊，以營利之人太多，故競阻撓之耳，皇上方欲毅然廢之，尚未辦到，而西后遽命復之。

〇月〇日復前者裁撤之廣東、湖北、雲南三巡撫。

按：督撫同城，互相牽制，不能辦事，徒靡俸藏，前人多有論之者。皇上裁撤，亦是整頓官制之一端，今亦復設之，蓋務盡反皇上之所為也。

九月〇日復武試弓刀石之制。

按：八股取士，其可笑已極矣，至於武試用弓刀石，尤為可笑，實以武事為兒戲耳。皇上於今年春間罷之，而今復用之，閉塞至是，何其可憐也，某報館論之云，武試之制，乃唐之武后所創，今西后之亦步亦趨宜也，其言亦可發一笑。

第二章 窮捕志士

漢十常侍之罪陳藩、李膺也[1]，宋蔡京之罪司馬韓蘇也[2]，韓侂胄之罪朱子也[3]，明魏忠賢之罪東林諸賢也[4]，阮大鋮之罪復社諸賢也[5]，無不以黨人之名，株連慘戮。大率其所謂黨人者，賢人志士居其

1 十常侍為東漢靈帝（一六八－一八九年在位）時掌握朝政大權的宦官。陳蕃（？－一六八年）為東漢大臣，靈帝時與外戚竇武合謀誅殺宦官，李膺（？－一六九年）亦參與其中，後事件失敗，兩人均被殺，此為第二次黨錮之禍。

2 「司馬韓蘇」指司馬光（一〇一九－一〇八六年）、韓忠彥（一〇三八－一一〇九年）、蘇軾（一〇三七－一一〇一年）、蘇轍（一〇三九－一一一二年），宋徽宗（一一〇〇－一一二六年在位）時宰相蔡京（一〇四七－一一二六年）上書，將元祐（宋哲宗的年號，一〇八六－一〇九四年）年間反對王安石新政的舊黨列為「元祐奸黨」，又作「元祐黨籍碑」，司馬、韓、蘇皆列名其中。

3 宋寧宗（一一九四－一二二四年在位）時，韓侂胄在政爭中打擊當時的宰相趙汝愚（一一四〇－一一九六年），朱熹因上書斥韓侂胄奸佞，故被韓侂胄指為趙汝愚的朋黨，被罷官、流放。

十之七八，而株連諸人，未必盡賢者，亦居一二焉，雖然經窮治之後，則元氣斲喪，國未有不亡者也。日本幕府之末葉，亦其前車矣。今西后訓政以來，窮治維新之人，大率以結黨營私四字為其罪案，舉國騷擾，緹騎殆遍，今舉其明見諭旨者，列其姓名於左。

李端棻　貴州省人，舊任倉場總督，於光緒二十一年奏請設立京師大學堂及各省學堂，專注意教育，今年又請改定律例，派人遊歷日本，調查政務，七月皇上特擢禮部尚書。今革職，遣戍新疆。

徐致靖　直隸省人，翰林院侍讀學士，奏請定國是，廢八股，條陳新政，七月皇上特擢署禮部右侍郎。今革職，下獄永禁。

徐仁壽　致靖之子，翰林院編修，湖南學政，以實學課士，力行新政，全省移風。今革職，永不敘用。上書，請代父下獄。

徐仁鏡　致靖之子，翰林院編修，力講求新政。今革職，上書，代父下獄。

陳寶箴　江西省人，湖南巡撫，力行新政，開湖南全省學堂，設警察署，開南學會，開礦，行內河

---

4 明朝末年，顧憲成在東林書院講學，並議論朝政、抨擊宦官，宦官魏忠賢指其為東林黨並加以迫害，是為東林黨爭。

5 復社為明朝末年的團體，以「興復古學」為號召，又評論時政，有「小東林」之稱。阮大鋮（一五八七—一六四六年）依附魏忠賢，復社為文批判，阮大鋮因而打擊復社。

輪船，興全省工藝，勇猛精銳，在湖南一年有餘，全省移風。皇上屢詔嘉獎，特為倚用，欲召入政府。今革職，永不敘用。

陳三立　寶箴之子，吏部主事，佐其父行新政，散家養才人志士。今偽詔謂其招引奸邪，革職，永不敘用，圈禁於家。

張蔭桓　廣東省人，戶部侍郎，總理各國事務大臣，久遊西國，皇上屢問以西法新政，六月特授鐵路礦務大臣，今革職，查抄家產，遣戍新疆。

張百熙　湖南省人，內閣學士，兼禮部侍郎銜，廣東學政，以實學課士。今革職，留任。

王錫蕃　江蘇省人，詹事府少詹事，條陳商務新政，七月皇上超擢署禮部左侍郎。今革職，永不敘用。

黃遵憲　廣東省人，在上海創設《時務報》，舊任湖南按察使，與陳寶箴力行新政，督理學堂，開辦警察署，凡湖南一切新政，皆賴其力，皇上新擢三品卿，出使日本大臣。今免官逮捕。

文廷式　江西省人，前翰林院侍讀學士，舊為皇上所信用，西后惡之特甚，於光緒二十二年二月革職永不敘用。今拿辦，逮捕家屬。

王　照　直隸省人，原任禮部主事，屢上新政條陳，曾請皇上出遊日本，七月上超擢賞三品銜，以四品京堂候補。今革職拿辦，逮捕家屬，查抄家產。

江　標　江蘇省人，舊任翰林院編修，湖南學政，力行實學，開闢湖南全省風氣，七月皇上超擢以四品京卿候補，在總理衙門章京上行走，今革職，永不敘用，圈禁於家。

端　方　滿洲人，原任霸昌道，六月皇上新授三品卿銜，督辦農工商局新政。今銷銜撤差，後因其為滿洲人，復升任陝西按察使。

徐建寅　江蘇省人，原任直隸候補道，福建船政局總辦，久遊西國，通工藝之學，六月皇上授三品卿銜，督辦農工商局新政。今銷銜撤差。

吳懋鼎　直隸候補道，六月皇上新授三品卿銜，督辦農工商局新政。今革職，查抄家產。

宋伯魯　陝西省人，山東道御史，屢上奏定國是，廢八股，劾奸黨，言諸新政最多。今革職，永不敘用，並拿問。

李岳瑞　陝西省人，工部員外郎，總理衙門章京，兼辦鐵路礦務事，上書請變服制，用客卿。今革職，永不敘用。

張元濟　浙江省人，刑部主事，總理衙門章京，兼辦鐵路礦務事，大學堂總辦，上書請變官制，去拜跪。今革職，永不敘用。

洪汝沖　湖南省人，刑部主事，上書請遷都，用客卿，並請與日本合邦，保亞洲獨立。今拿問。

熊希齡　湖南省人，翰林院庶吉士，助陳寶箴、黃遵憲力行新政，湖南之轉移風氣，皆賴其力。今革職，永不敘用，圈禁於家。

志　錡　瑾妃、珍妃之胞弟，工部筆帖式。今革職。

馮汝騤　新放知府，被人劾其喜言維新。今革職。

容　閎　廣東省人，前出使美國欽差大臣，江蘇候補道，在美國三十年，學問最優，皇上命辦天津鎮江鐵路。今撤差。

康有為　廣東省人，工部主事，皇上擢總理各國事務衙門章京，督辦官報局。今革職拿辦，逮捕族屬，查抄家產。

梁啟超　廣東省人，舉人，皇上授六品銜，辦理譯書局。今革職拿辦，逮捕族屬，查抄家產。

○○○　飛鷹軍艦艦長，未知其名姓籍貫，因飛鷹船追捕康有為不及，疑其仗義釋放，今下獄。

右二十七人，被拿辦下獄，革職，圈禁，停差，逮捕家屬者。

康廣仁　廣東省人，候補主事，康有為之胞弟，因新政株連。

楊深秀　山西省人，山東道御史，上書言定國是，廢科舉，譯日本書，派親王遊歷外國，遣學生留學日本等，所條陳新政最多。

楊　銳　四川省人，內閣侍讀，七月皇上特擢四品卿銜，軍機章京，參預新政。

林　旭　福建省人，內閣中書，七月皇上特擢四品卿銜，軍機章京，參預新政。

劉光第　四川省人，刑部主事，七月皇上特擢四品卿銜，軍機章京，參預新政。

譚嗣同　湖南省人，江蘇候補知府，七月皇上特擢四品卿銜，軍機章京，參預新政。

以上楊、林、劉、譚四人為軍機四卿，皇上以新政託之，與康有為同奉密詔者。

右六人被戮。

以上共三十三人，其罪名皆加於本人之身者。

譚繼洵　湖南省人，譚嗣同之父，湖北巡撫，因其子以改革獲罪，株連免官，驅逐回籍。

王　燮　直隸省人，王照之兄，世襲雲騎尉，京營遊擊，因其弟以改革獲罪，革職下獄。

王　焯　王照之弟，禮部主事，革職下獄。

程式穀　廣西省人，舉人，因與康有為同居，下獄。

錢維驥　湖南省人，拔貢，因與康有為同居，下獄。

以上五人，其罪名非加於本人之身者。

此外保國會員百餘人，各省大小學會之會員，不計其數，各省報館主筆人以百數，皆奉偽詔逮捕。其通商各埠之報館，皆借外國商設為名，主筆人員亦受外國保護，因得免於難。其內地有志之士，則惟束手待命，任貪官酷吏擇肥而噬，緹騎遍地，海內沸騰，風雲擾攘，天地變色，無一省不受荼毒者，自古黨人之禍，未有如此其慘也。

宋秦檜之殺岳飛也，以莫須有三字斷獄，後世讀史者猶以為千古之奇冤。夫曰莫須有，則猶有鞫獄之辭矣。明嚴嵩之殺楊繼盛也，魏忠賢之殺楊漣、左光斗也，必在獄中桁楊搒掠，毒刑慘刻，逼使供招，羅織成罪案，然後殺之，蓄其心猶知天下之有清議，欲借此以掩人耳目也。今六烈士之就義也，於八月十二日有偽詔命刑部於十三日訊鞫，及十三日刑部諸官方到堂，坐待提訊，而已又有偽詔命毋庸訊鞫，即縛赴市曹處斬矣。夫不訊鞫而殺人，雖最野蠻之國，亦無此政體也，雖眾人所唾罵之秦檜、嚴嵩、魏忠賢，猶不至如是之無忌憚也。蓋彼恐一訊鞫，則虛構之獄，無由成讞，而改革之根株不能絕也。觀其誣康有為之罪名也，初則曰酖弒皇上，繼則曰結黨營私，終則曰謀圍頤和園。十日之間，罪名三變，信口捏造，任意指誣。究之諸人所犯何罪，則犯罪者未知之，治罪者亦未知之，旁觀者更無論也。九月二十二日，天津《國聞報》照錄上海《新聞報》康有為論，而加以跋語，其言最為直捷切當，言人所不敢言，今照錄於下。其言曰：

三代以前，列國並處，君權不甚尊，民議不甚絕，故其時毀譽是非，猶存直道。秦漢以降，中國一家，功首罪魁，悉憑朝論，士苟得罪於廷議，則四境之內，一姓之朝，皆將無所逃命，文致羅織，何患無辭。故天下至不平而可傷心之事，莫甚於憑一家之私說，而無兩造之訟直。即如康有為一獄，自八月初六日以後，中國之懿旨上諭，始則曰辯言亂政，繼則曰大逆不道，凡在中國臣民，其獨居深歎，抉隱表微之士，視康有為為何如人，僕固未暇深論，若相遇於稠人廣眾之間，抗論於廣廈細旃之上，其有慷慨陳詞，為康訟直者乎，夫為中國之臣民，則亦安得不爾也。上海《新聞報》於此次國事之變，記載最詳，見聞亦最廣，而犯難敢言，尤為各報之冠，一載康之問答，再登康之來書，與中國皇帝之密諭，其孰是孰非，孰真孰偽，固未敢據是以為斷，而援兩造之辭，以成千載之信獄，則東西各邦，來茲覘國者，皆將於此取資，而求其定論，則立說尤不可以不慎，然僕獨不解其論康有為，乃有奏飭袁世凱調新建陸軍三千人入京之說，是說也，欲成其讞，須有四證，一、康之奏文，二、袁之告辭，三、皇帝之諭旨，四、同謀楊劉林譚之供狀，度新聞報館，當必有真憑的據，可以證成其詞者，不然，則與八月十三日上諭謀圍頤和園五字，前不見來蹤，後不見去影，冥冥九閽，茫茫中古，長留此不明不白一種疑案而已。

經稱罪人不孥，蓋罰罪而及於家族，此最野蠻之政體，凡稍開化之國，必不如是也。中國自前明以來，間有此風，及本朝以寬仁為政，康熙朝特廢此例，蓋亦漸進文明之一端也。今茲之政變也，康有為、梁啟超、王照、文廷式等，皆逮捕家屬，幾於族滅，乃至毀掘墳墓，擄掠婦女，行同盜賊，所過為墟。他人之族吾未深論，即以吾之鄉族言之，有族中二孕婦，余至今猶未識其人者，而被掠去，墮胎而死，夫無論余之罪之未有定讞也，即使余犯寸磔之罪，與此婦人何與，乃亦橫遭此慘，似此豺狼之政體，稍有人心者聞之，能無髮指乎？

附記：南海先生出險事

嗚呼，先生之被嚴捕而不死，蓋有天焉。自新政行後，滿朝守舊黨疾先生甚矣，千方百計欲排之，謗誣繁興，親友咸憂及於大禍，皆勸勿言變法，早出京。先生曰，死生有命，吾嘗在粵城步經華德里，飛磚掠面，幾死，若死，蓋亦無所避矣，中國危亡如此，今躬遇聖主，安可計較禍患而不救，先生之行政，蓋早捨身忘生矣。六月孫家鼐承軍機大臣意，奏請派先生出上海督辦官報局，而先生聞九月閱兵廢立之陰謀，深知皇上之危險，義不可捨去，欲留京設法有所補救，故遲未行。而皇上亦令軍機大臣傳旨，命將所編《列國強盛弱亡記》一書，盡寫成進呈，然後出京，蓋示意命其留京也。至七月二十九日，而朕位不保之密詔忽下，康乃發憤思救護，而初二日旋降明詔，命其迅速馳往上海，毋得遲延矣。先生奉詔後，猶欲布置數日乃行，而初三日又由林旭交到第二次密諭，促行益急。乃於初四日上摺告行，初五日天未明出京，時雖極知事之危險，然仍以為大變當在九月也，故尚從容而行。及初六日忽步軍統領衙門率兵役來寓舍逮捕，而先生已在途中，不知事變，當時京師諸同志聞變，為先生大憂，而無從通遞消息，咸以為必死。故譚嗣同曰，皇上既無從救，今先生亦無從救，我已無事可辦，惟有待死期而已。初五晚先生由鐵路至塘沽，搭招商局某輪船赴上海，既已登舟，息於艙矣，因無一等艙位，且須翌午乃動輪，心忽動，於是復登岸，宿塘沽一夕，改乘英公司重慶輪船，遂於初六早十點鐘動輪。其夕榮祿派飛騎在天津塘沽逮捕，大搜不得，知已乘船去，乃發電往煙臺道上海道大搜各輪船協拿，又發兵艦飛鷹往追。飛鷹者，每點鐘行二十九海里，比重慶輪船速率倍之，而飛鷹以貯煤不足，僅行六點鐘煤即盡，因追不及。重慶輪船既到煙臺，停泊一點鐘有餘，時先生絕不知政變事，猶登岸遊覽，並購五色石子兩筐，徜徉良久乃歸舟。先一時許，煙臺道員某已接到天津密電，適有事須往膠州，因未將其電信看視，藏之懷中而去，及到膠州，譯而視之，則命其截搜重慶船密拿也。因從膠州馳歸煙臺，則船又已開矣，遂不及。先是上海道蔡鈞既奉到密拿之電，連日親乘小輪船到吳淞，凡有船自天津到者，必上船搜畢，然後許搭客登岸。當時上海之志士十數人聞變後，共謀設法救先生，密乘小船往吳淞，將相機行事，見此情形，以為萬無生理，痛哭而返。初九日下午二點鐘重慶船將到吳淞，上海道等艤船以俟，乃該船未入口數里許時，先生在船頭與客談笑，方閱浙士姚某奏疏而論議之，忽一英人乘小輪到船，持先生之照片，遍認舟中旅客。見先生，攜手入房，問之曰：「君是康某乎？」先生曰：「然。」又問曰：「君在北京曾殺人乎？」先生曰：「異哉，吾何為殺人哉。」又問曰：「然則君何為出京乎？」先生曰：「奉我大皇帝密旨，令出京。」其人曰：「密旨云何？」先生乃命取筆墨書以授之。其人乃在懷中出一紙，則北京政府密電諭上海道，謂皇上已大行，為康某進丸所弒，即可密拿就地正法云云也。先生視畢，駭然泫然。英人曰：「我乃上海領事遣來濮蘭德也，君可即隨我行。」乃攜手下小輪船，登英兵艦，甫到艦，而上海道搜拿之小輪船已到矣。先生與英使館及上海英領事無一面之識，故英人之相救，非惟出中國官吏之意外，並出先生意外也。

英領事所以得此消息，及先生之照片者，因上海道奉到密旨後，即抄錄數十份，並購先生照片數十份，照會各國領事，請其協拿。英人素知先生為變法之領袖，故特救之。先生既由重慶，下小輪，因北京政府密電之語，言皇上已大行，竊意皇上已為西后、榮祿所弒，肝腸寸斷，痛不欲生，乃成一詩曰：「忽灑龍漦翳太陰，紫薇移座帝星沉；孤臣辜負傳衣帶，碧海波濤夜夜心。」又作訣家人弟子數書，蓋預備死也。英領事又告以皇上大行之事尚不確，應留此身以有待，當初六至初十，四日之間，榮祿等疑先生尚在北京，凡閉城門兩次，停鐵路車三次，發兵三千，緹騎四出，密電紛馳，大搜數日。至初十日啟超與日本領事自津下塘沽，猶派小輪船來追捕，疑為先生云。幸捕者人寡，不然，啟超亦不免，蓋天羅地網，既廣且密，中國數千年捕一匹夫未有之大舉也。而先生乃從容購石，吟嘯論文，不知事變，未嘗少避，以常理論之，蓋萬無生理矣，而卒獲不死，豈不異哉。是役也，先生有十身不足死，皇上無兩重詔書敦促，則先生不出京，必死。榮祿之變早作一日，則先生無論在京在途，必死。若先生遲一日出京，則在南海館被捕，必死。若宿天津棧，則不及搭船，必死。若初六日船不開，必死。既搭招商局船，常例必不復登岸，無從搭英船，則英人無從救，必死。飛鷹兵艦速率既倍，若非缺煤，則必追及被捕，必死。（或者曰飛鷹艦長伏義釋放云云亦未可知。）煙臺之道員若非往膠州，則截搜被捕，必死。到上海不遇救，必死。上海道不請各國領事協拿，則英領事不知此事，無從救，必死。有此十必死，當是時也，智者無所施謀，勇者無所施力，愛者無所施恩，人事俱窮，能救其一，不能救其他，死矣，死矣，而竟不死，豈非天哉。天之曲為保全先生，曲線巧奇，若冥冥中有鬼神呵護之，俾留其生以有待者，豈無故歟。或有責先生不死者，蓋未知先生出京實在事前，先奉詔命而行，非私逃也。及出險後，上又生存，安有捨密詔之重，而徇偽命者哉，此不待辨，特於其必死而不死之異，可記之以告天下志士之捨身以救君國者發起意氣焉。

第三章　論西后及政府將來之政策如何

或問曰，西后今茲之舉動，其頑固雖已極矣，然內憂外患之急如此，彼其預政之後，或鑑於時局而悟改革之理，亦未可知，前者日本公使矢野氏覲見時，進以忠告之言，而西后固已納受矣，是或可望也。答之曰，凡物必有原點，然後體質生焉，龜之不能有毛，兔之不能生角，雄雞之不能育卵，枯木之不能開花，彼其無原點也。夫皇上能行改革之事者，有憂國圖強之原點故也，有十年讀書之學識在也，有十年讀書之學識在也。今西后則除一身之娛樂，非所計也，除一二嬖宦之言論，無所聞也，彼其前此當國三十年，其成效昭昭可覩矣，使他日而能改革，則彼前者慮改革已久矣。今將其歷年以改革之費作娛樂之事，略舉數端於後。

光緒十年馬江之役，見侮於法蘭西，其後群臣競奏，請辦海軍，備款三千萬，欲為軍艦大隊。乃僅購數艘，西后即命提全款營構頤和園，問海軍衙門所管何職，則頤和園之工程司也，頤和園之內外，遍貼海軍衙門之告示，頤和園之員役，遍受海軍衙門之俸給，中國前者所謂海軍省，其情形如此。故自平壤失利，軍警正急之時，乃命停撤海軍衙門，當時各國莫不駭異，而不知其實停頤和園工程也，此非局中人不能知者也。此一事也。

蘆漢鐵路之議，起於十年以前，亦備三千萬以為興築，旋改築山海關通道盛京，亦提其餘款，以修園囿，令至今兩路之鐵道，皆無成日，此又一事也。

昔閻敬銘[6]為戶部尚書時，因京僚俸薄而無養廉，乃歲籌二十六萬金以資津貼，西后知之，悉令提為宮中糜費之用。此又一事也。

自兩年以來，還日本兵費之款項，貸之於歐洲各國，計臣圖償還之策，乃創行昭信股票。而辦理不善，酷吏擾民，道路既已嗟怨，乃所得千萬，應償國債者，而西后乃劃提全款，命榮祿築天津行宮。他日各國之國債，不知向何處籌償，而昭信股票之本息，又不知向何處籌償，西后皆非所計也。此又一事也。

此皆犖犖大端，顯而共見之事，若其壓國勢於冥冥，壞全局於細故者，殆更僕難數也。蓋西后之心，只知有一身，只知有頤和園，只知有奄豎，而不知有國，不知有民，既不知有國，不知有民，而欲為國民圖幸福，烏可得也。且友邦信其面從忠告之言，而冀其他日之能改革，是亦不察情實之甚者耳。彼於八月十一日所降諭旨，不嘗云一切自強新政，胥關國計民生，不特已行者亟應實力舉行，即尚未興辦者，亦當次第推廣乎。何以自降諭之後，而禁上書，停學校，復八股，罷特科，廢農工商總局，封報館，拿主筆，禁學會，廢折漕，復冗官，復武試弓刀石，其推翻新政之事，日出而未有止也。彼於八月十四日所降之諭旨，不嘗云一切改革，黨人概不株連乎。何以自降諭之後，而革捕陳寶箴、黃遵憲、陳三立、江標、熊希齡、文廷式、王錫蕃、張元濟、李岳瑞、洪汝沖等，

---

6 一八一七—一八九二年，晚清大臣，善理財政，被稱為「救時宰相」。

及報館主筆，學會會員，且日出而未有止也。然之西后之言其可信否乎。今各國因其面從忠告之言，而信其能改革，恐非各國本心之論也。如果屬本心之論，則吾直謂各國人之無識可也。

西后及頑固大臣之政策，以敷衍為主義，內則敷衍公牘，外則敷衍外交，但求目前之無事足矣，一年以後之事，非所計也，但求京師之無事足矣，一省之外之事不計也，語以分割之禍，彼則曰吾但善敷衍之，求其現在之無事，吾年今且六七十矣，數年之後，雖有禍而非吾身當之矣，彼其主義如此，君臣一心，盈廷盡然，於此而欲以改革之事望之，是猶祝斜日之東還，洪江之西流也，其可得乎。

政變後記

第一章　論中國之將來

自甲午以前，吾國民不自知國之危也，不知國危，則方且岸然自大，偃然高臥，故於時無所謂保全之說。自甲午以後，情見勢絀，東三省之鐵路繼之，廣西之土司繼之，膠州灣繼之，旅順、大連灣、威海衛、廣州灣、九龍繼之，各省鐵路、礦務繼之，長江左右不讓與他國，山東、雲貴、兩廣、福建不讓與他國之約，紛紛繼之，於是瓜分之形遂成，而保全中國之議亦不得不起。丙申丁酉間，憂國之士汗且喘走天下，議論其事而講求其法者，雜遝然矣，然未得其下手之方，疾呼狂號，東西馳步，而莫知所湊泊，當時四萬萬人，未有知皇上之聖者也。自戊戌四月二十三日，而保全中國之事始有所著，海內喁喁，想望維新矣。僅及三月，大變遽起，聖君被幽，新政悉廢，於是保全之望幾絕。識微之士，扼腕而嗟，虎狼之鄰，眈目而視，僉曰，是固不可復保全矣。哀時客曰，吁！

有是言哉，有是言哉。

哀時客曰，吾聞之議論家之言，為今日之中國謀保全者，蓋有三說。

甲說曰，望西后、榮祿、剛毅等他日或能變法，則中國可保全也。

乙說曰，各省督撫有能變法之人，或此輩入政府，則中國可保全也。

丙說曰，望民間有革命之軍起，效美、法之國體以獨立，則中國可保全也。

然而吾謂為此說者，皆闇於中國之內情者也，今得一一取而辨之。

甲說之意，謂西后與榮祿等今雖守舊，而他日受友邦之忠告，或更值艱難，必當幡然變計也。辨之曰，夫龜之不能有毛，兔之不能生角，雄雞之不能育子，枯樹之不能生花，以無其本性也。故必有憂國之心，然後可以言變法，必知國之危亡，然後可以言變法，必知國之弱由於守舊，然後可以言變法，必深信變法之可以致強，然後可以言變法。今西后之所知者娛樂耳，榮祿等之所知者權勢耳，豈嘗一毫以國事為念哉。語以國之將危亡，彼則曰此危言聳聽也，此蕘言亂政也。雖外受外侮，內生內亂，而彼等曾不以為守舊之所致，反歸咎於維新之人，謂其長敵人之志氣，散國內之民心。聞友邦忠告之言，則疑為新黨所嗾使而已。彼之愚迷，至死不悟，雖土地盡割，宗社立隕，豈復有變計之時哉。故欲以變法自強望之於今政府，譬猶望法之路易十四以興民權，望日本幕府諸臣以成維新也。且彼方倚強俄以自固，得為小朝廷以終其身，於願已足，遑顧其他，此其心人人共知之。然則為甲說者，殆非本心之論，否則至愚之人耳，殆不足辨。

乙說之意，謂政府諸臣雖不足道，而各省督撫中如某某某者，號稱通時務，素主變法，他日保全之機，或賴於此。辨之曰，此耳食之言也，如某某者任封疆已數十年，其所辦之事，豈嘗有一成效，彼其於各國政體，毫無所知，於富強本原，瞠乎未察，胸中全是八股家習氣，而又不欲失新黨之聲譽，於是摭拾皮毛，補苴罅漏，而自號於眾曰：吾通西學。夫變法不變本原而變枝葉，不變全體而變一端，非徒無效，只增弊耳。彼某某者，何足以知之。即使知之，而又恐失舊黨之聲譽，豈肯任之。夫人必真有愛國心，然後可任大事，如某某者，吾非敢謂其不愛國也。然愛國之心，究不如其愛名之心，愛名之心，又不如其愛爵之心，故苟其事於國與名與爵俱利者，則某某必為之。必不得已而去，於斯三者何先，曰去國。必不得已而去，於斯二者何先，曰去名。今夫任國事者眾謗所歸，眾怨所集，名爵俱損，智者不為也。馮道大聖，胡廣中庸，明哲之才，間世一出，太平潤色，正賴此輩。惜哉！生非其時，遭此危局，欲望其補救，寧束手待亡耳。此外餘子碌碌，更不足道，凡國民之有識者皆知之，亦不待辨。

丙說之意，以為政府腐敝，不復可救，惟當從民間倡自主獨立之說，更造新國，庶幾有瘳。辨之曰，此殷憂憤激者之言，此事雖屢行於歐美，而不切於我中國今日之事勢也。西國之所以能立民政者，以民智既開，民力既厚也。人人有自主之權，雖屬公義，然當孩提之時，則不能不藉父母之保護。今中國尚孩提也，孩提而強使自主，時曰助長，非徒無益，將又害之。故今日倡民政於中國，徒取亂耳，民皆蚩蚩，伏莽遍地，一方有事，家揭竿而戶竊號，莫能統一，徒魚肉吾民。而外國借戡亂為名，因以掠地，是促瓜分之局也。是欲保全之而反以滅裂之也。

故今日議保全中國，惟有一策，曰尊皇而已。今日之變，為數千年之所未有，皇上之聖，亦為數千年之所未有。天生聖人，以拯諸夏，凡我同胞，獲此慈父，《易》曰：「內文明而外柔順，以蒙大難，文王以之。」今雖幽廢，猶幸生存，天之未絕中國歟。凡我同胞，各厲乃志，各竭乃力，急君父之難，待他日之用，扶國家之敝，杜強敵之謀。勿謂一簣小，積之將成丘陵；勿謂涓滴微，合之將成江海。人人心此心，日日事此事，中國將賴之，四萬萬同胞將賴之。

第二章　中國與各國之關係

奄奄將死之人，藉臥於荒郊，上則鷹雀懸喙而睨之，下則狐犬磨齒而伺之，雖小至蠅蚋蟲蟻亦結隊而思嘬之，其惟今日中國之情狀乎。使其人一旦蹶然而起，則環於其旁者，一鬨而散，天日清明，晏然無事，不然者，則本人之肢體懸解，骨肉狼藉，固不待言。而鷹雀狐犬之相爭相搏相噬，兩敗俱傷，其勢必於原野厭肉，川谷盈血，未知所極。嗚呼，中國之存亡，其關係於地球五大洲之全局，如此其切近也。於是有藥物於此，飲之則生，不飲則死，彼其人固已知之，而求得之，且將下咽矣，而有物鯁於其喉焉，鯁去則能咽而生，鯁不去則不能咽而死，死生之間，不能容髮，嗚呼，其惟今日中國之情狀乎。

俄人外交政策，最險而最巧，常以甘言美語釣餌人國，所墟之邦，用此法者，不知幾何姓矣。彼奉其前皇遺詔之政策，朝夕謀得志於東方，故世界諸國中，欲瓜分中國者，惟俄為最，固盡人而知之也。惟其然也，故不欲中國之強立，欲中國之不強立，則必禁其改革而後可。故俄人語滿洲黨人曰，改革者，漢人之利，而滿人之害也，彼滿人固本有不欲改革之性質矣，今聞此言，適與其本有之性質相應，於是生絕大之愛力，故使滿洲黨得志，則俄人亦必隨而得志，此一定之勢也。今諸邦持均勢之主義，各謀在中國得額外之利益，以抵制之，然使滿洲政府聯俄之策既定，則俄人必將以中國政府為傀儡，而暗中一切舉動，彼將悉陰持之，俄政府享其實，而滿政府效其勞，是俄人於東方又增構一政府也。如是則東方之事，俄人常為主，而諸國常為客，以客敵主，常處於不能勝之勢，而何均勢抵制之可言哉。故中國此次之政變，實俄人所禱祀以求之者也。曰，然則滿政府與俄聯約既成，而後有政變之事乎。曰未也。西后與滿人雖有欲乞俄保護之心，然滿人中向無一人與聞外交之事者，慶親王崇禮敬信之在總理衙門，不過伴食而已。聯俄之策，向惟李鴻章主之，今茲之政變，榮祿實為魁首，榮祿因李鴻章為西后所喜，而其才足以敵己也，故痛忌之，竭力擠排之，一切政變之事，皆不令李鴻章與聞，懼分己權也。今且借巡視河工之名驅李出京矣，故前此聯俄之約，雖或有之，然廢立之謀，必非因俄人之力也，若夫以後之事，則吾不敢言矣。

英國之欲瓜分中國乎？否乎，旁觀之論，紛然莫能斷也。然以吾計之，則英人決不以瓜分為利也，英人以商立國者也，商局之盛衰，英人全國之盛衰關焉，地球商局，若有擾亂崩潰之時，則英國亦不可問也。今完全十八省膏腴之大地，實全世界一大商場，而英人握其利十之八九焉，一旦割而食之，畫鴻溝而界之，即使英人能得三分之一，而已失其三分之二矣，何也，此三分之一屬中國與屬英國，其利所增無幾，其三分之二屬於他人，則英之所損大也。且俄人既得志於北部，北部之人，皆蒙古遊牧舊部，其人素以敢戰暴戾凌轢南方，今若入於俄，俄人以其兵制部勒之，教練之，驅策之，以蹴踏中原，英人雖有長江而不能安也。此其利害至淺，英人必能審之，故英之不欲瓜分中國，亦自然之情也。

若夫日本，則更不待言，中國苟被分割，日本惟福建一省或可染指，然尚在不可必得之數。歐力既全趨於東方，唇亡齒寒，日本之危亦同累卵，彼遼陽之地，昔已得之者，猶且被他人取之於其懷，況在他日乎。故使今日日本而猶有以瓜分中國為心者，雖謂之喪心之人可也。夫英國、日本之不欲中國瓜分也如此，而中國瓜分之勢之急也如彼，欲免中國之瓜分，惟望中國之改革，然中國必如何而後能改革，則日本、英國之人不可不深察也。

第三章　日英政策旁觀論

夫英國、日本之欲扶植中國，內之既有同情也如此，外之復有機會也如彼，然而兩邦顧猶遲疑審慎，莫敢實行其扶植之政策者則何也。吾竊為兩國計之，日本之意，則自慮其兵力不足以敵俄、法兩國，欲俟數年以後，新造之堅船盡成，海軍之雄力加增，然後振刷精神，以圖東方之事也。雖然日本加一艦，俄人亦加一艦，日本之雄力增一分，俄人之雄力亦增一分，然則今日不能敵者，而謂他日之必能敵乎，況以財力論之，日本固不能與俄人匹敵，然則數年以後，俄人所增之兵力，必過於日本明矣，故日本不欲敵俄人則已耳，苟欲敵之，必在今日，而不在數年以後也。若夫英人之兵力，固足以敵俄人而有餘矣，亦相持而不發者何也。凡君權專制之國，其用兵甚易；共和政體之國，其用兵最難。英之持盈保泰，真有千金之子，坐不垂堂之概，故英人持平和主義，政體使然也。雖然，使平和之局終古可不破壞，則豈不甚善。試問今日之時局，能乎？否乎？今日不開戰端，則數年之後，亦必出於一戰耳。夫不免於戰，一也，與其待之異日，而全球皆將受其害，孰若決於目前，而東方或可蒙其福乎。且俄人今日不易動兵之徵驗，有數端焉：

一、西伯利亞之鐵路未成也。

二、旅順、大連灣之完繕未固也。

三、滿洲政府之密約未定也。

四、今年大饑饉，元氣凋傷，非藉滿洲接濟，則不能有事於東方也。

五、德國之交將離也。

有此五端，即使日本一國之力，苟昌言以與之抗，吾竊料其猶將退而讓也，況於聯合英、美乎。夫俄人之兵力，其羽翼未成之狀，雖如此矣，至其外交政策，則目光炯炯，有非諸邦所可及者。彼深知日本人之畏彼也，又深知英人之持盈保泰而不易動也，故每每以虛聲奪人，出剽疾輕快之手段，著著占先，步步漸進，蓋逆料英、日之必不出於戰，故不問戰具之如何，惟悍然以逼人，而兩國果著著退讓，聽其占盡東方之陰權矣。今年旅順、大連灣之役是也。當時中國之志士，咸抗疏力爭，謂英、日必不許俄人之占領此地，請堅拒之，以俟兩邦之執言。而久之竟無聞焉。蓋俄人早料其必如是，故敢於冒昧強奪也。嗚呼，前事不忘，後事之師，自今以往，俄人之施此手段於東方，將日出而不窮，吾不知持東方平和主義者，將何以待之也。

俄皇近倡萬國平和會，嗚呼！此猶虎狼與群獸立約，約勿相搏噬，以待己爪牙之成也。吾見俄皇之用心，有類於是矣，數年以後，五端之阻力既去，則俄人羽毛豐滿而高飛之時，恐我雖欲已，而彼必不能已也。故十九世紀、二十世紀之間，全世界之文明將進一級，而必有戰禍以先之焉，此必不能逃之數也。其戰禍之必因中國而起，又眾所共見也。然發之在今日，則中國獲保全，戰而有益於世界者也。發之在他年，則中國必糜爛，戰而無益於世界者也。有心人不可不審擇而決行之也。

日本之於高麗也，犯公法干預其內政焉，非不憚險也，迫於相扶也。英國之於土耳其也，為之死士二萬人，糜餉七千萬鎊，非不恤勞也，急於自衛也。今中國與日本、英國之關係，其重大殆過於高麗、土耳其也，而寧可憚險乎，而寧可恤勞乎。抑昔者高麗、土耳其之事，豈不賴勇進之功哉，彼險者固未嘗險，而勞者固未徒勞也。外交之策，我退則彼進，我進則彼退耳；先發者制人，後發者制於人，此亦千古得失之林矣。

第五輯

傳記、雜文

提 要

梁啟超重視小說，甚至自己辦過主倡小說創作的雜誌，對於「晚清小說」介於文學與社會之間的壯闊發展，有不可磨滅的功績。除了寫名文〈論小說與群治之關係〉外，為了示範什麼是符合新時代、「新民」需要的「新小說」，他還提筆寫了中國近代最早的政治小說〈新中國未來記〉。

就小說論小說，〈新中國未來記〉不算成功，雖然梁啟超自認那是小說，但讀來實在只能說是套在虛構非現實未來場景的議論文，不足產生能夠「導人遊於他境界，而變換其常觸受之空氣」的神奇影響作用。

不過，梁啟超真正的小說本事，或說他之所看重小說的那份敘述自覺高度，並不能由失敗的實驗作〈新中國未來記〉來代表。我們更應該看到的，是梁啟超如何建構了一種生動的敘述風格，放入他的諸多不同文章中，實質上以引人入勝的夾敘夾議說故事方式，卸下讀者心防，真正「導人遊於他境界，而變換其常觸受之空氣」。

本輯所選錄的一長一短兩篇作品，〈近世第一女傑羅蘭夫人傳〉與〈納爾遜軼事〉，雖然不是小說，卻反而呈現了梁啟超小說筆法的酣暢淋漓之處。法國大革命是一場恐怖、極端的人間大動盪，多少人參與其中，倏然而興又倏然而滅。斷頭臺會成為這場革命最醒目的象徵，正因為斷頭臺能夠最有快最有效地取人性命，法國大革命製造了大量的受刑者，其他方式都嫌太慢了，必須訴諸斷頭臺來處理。而斷頭臺的高大結構，戲劇性的殺人展示，又轉而產生了進一步讓革命更極端化的作用。

羅蘭夫人不過是那眾多革命大戲中的一個角色，在法國歷史上不算特別突出。然而在中國有一段時間，幾乎沒有人不知道羅蘭夫人，更是沒有人沒聽過羅蘭夫人上斷頭臺前的感慨遺言：「自由、自由，天下古今幾多罪惡假汝名以行！」

那就是梁啟超這篇傳記文章所帶來的。形式上是傳記，卻有著強烈的小說精神與風格貫串其中。在那個時代，梁啟超的這種寫法，最為適合吸引對於西方文化與歷史充滿好奇的中國讀者，藉由戲劇性的鋪陳幫助讀者越過了陌生抗拒，對角色與事件自然地投射了感情，更進一步得以吸收和中國傳統很不一樣的思想與觀念。

還有，最後該提醒的，但絕非最不重要，那就是能夠成就一代文宗梁啟超，因為他的內在個性中帶有一定程度的調皮與幽默感，早年的科舉場屋訓練無法磨掉，青年時期的顛沛流離無法馴化，到了壯年期的辯談論說事業也無法掩蓋，乃至倒過來這樣的調皮與幽默潛入了他的眾多著作文章中，豐富了閱讀感受與層次。看看他寫的「笑林」遊戲文字，我們應該回頭重新認知梁啟超行文的一些跳躍轉折與突梯效果，得以對於寫作溝通有更多的體認收穫。

近世第一女傑羅蘭夫人傳

「嗚呼！自由自由！天下古今幾多之罪惡，假汝之名以行。」此法國第一女傑羅蘭夫人臨終之言也。

羅蘭夫人何人也？彼生於自由，死於自由。羅蘭夫人何人也？自由由彼而生，彼由自由而死。羅蘭夫人何人也？彼拿破崙之母也，彼梅特涅之母也，彼瑪志尼、噶蘇士、俾斯麥、加富爾之母也。質而言之，則十九世紀歐洲大陸一切之人物，不可不母羅蘭夫人；十九世紀歐洲大陸一切之文明，不可不母羅蘭夫人。何以故？法國大革命為歐洲十九世紀之母故，羅蘭夫人為法國大革命之母故。

時則距今百五十年前，實西曆一千七百五十四年三月十八日，於法蘭西之都巴黎之市，般奴佛之街，金銀雕工菲立般之家，有一女兒，揚呱呱之聲，以出現於此世界，是即瑪利儂（名）菲立般（姓）女士，而未來之羅蘭夫人也。其家本屬中人之產，父性良懦，母則精明，有丈夫氣。父母勤儉儲蓄，為平和世界中一平和市民。以如此之家，而能產羅蘭夫人如彼之人物，殆時勢產英雄，而非種姓之所能為力也。稍長，受尋常社會之教育。雖然彼以絕世天才，富於理解力、想像力，故於規則教育之外，其所以自教、自育者，所得常倍蓰焉。年十歲，即能自讀一切古籍。每好讀耶穌使徒為道流血之傳記，亞剌伯、土耳其內亂之劇本，文家旅行遊歷之日記，荷馬、但丁之詩歌。而尤愛者，為布爾特奇之[1]《英雄傳》。（按布爾特奇〔Plutarch〕羅馬人，生於西曆紀元後四、五十年頃。其所作《英雄傳》，傳凡五十人，皆希臘、羅馬之大軍人，大政治家，大立法家。而以一希臘人，一羅馬人，兩兩比較，故共得二十五卷。每卷不下萬餘言，實傳記中第一傑作也。其感化人鼓舞人之力最大，近世偉人如拿破崙、俾斯麥皆酷嗜之。拿破崙終身以之自隨，無一日不讀，殆與羅蘭夫人等也。）常置身卷裡，以其中之豪傑自擬。每從父母到教堂祈禱，必手此書偷讀焉。往往自恨不生二千年前之斯巴達、雅典，則掩卷飲泣，父母叱之而不能禁也。彼其兄弟姊妹六人，不幸悉殤夭；故夫人少年之生涯，極寂寞之生涯也。惟寂寞故，故愈益求親友於書卷之中。感情日以增，理想日以邃，彼後日寄其夫羅蘭一書，有云：「妾之多感，殆天性然矣。生長於孤獨教育之中，愛情集注一點，愈熾愈深，歌哭無端，哀樂奔會。當尋常兒女忙殺於游戲，衎衎於飲食之頃，而妾往往俯仰天地，常若有身世無窮之感」云云。其少年奇氣，觀此可見一斑矣。

彼之熱心，先注於宗教。十一歲，得請於父母，入尼寺（天主教之信女不嫁者所居也）以學教理者一年。出寺，養於外祖母家者又一年，乃始歸家。以彼之慈愛謙遜敏慧，故舉家愛之，親友慕之，如是度平和之歲月者有年。雖然，外界之生涯則平和也，而其內界之精神，忽一大革命起。當時法

1 今譯為普魯塔克，西元一世紀生活於羅馬帝國的希臘文學家。《英雄傳》今譯為《希臘羅馬名人傳》。

國政界革命之前驅，所謂思想界革命者，已膚寸出沒，起於此女豪傑有生以前。至是愈漲愈劇，無端而滲入此平和家庭之戶隙；而彼神經最敏之一少女，已養成一種壯健高尚之原動力於不知不覺之間矣。彼其日以讀書窮理為事，已自悟遺傳權威習慣等，為社會腐敗之大本。日益厭之，日益思破棄之。常有一種自由獨立，不傍門戶，不拾唾餘之氣概。於是乎其革命，亦先自宗教起。彼於《新》、《舊約》所傳摩西、耶穌奇蹟，首致詰難，以為是誕妄不經之說。教會神甫，勸讀《耶教證據論》等書，反覆譬解。彼一面讀之，又一面讀懷疑派哲學之學說。虛論不敵實理，彼女當十六、七歲頃，終一掃宗教迷信之妄想。但不欲傷慈母之意，故猶循形式，旅進旅退於教會。蓋其磊落絕特之氣概，苟認為道理所否定者，雖臨以雷霆萬鈞之力，不能奪其志而使枉所信，彼之特性則然也。其後此所以能以纖纖一弱女之身，臨百難而不疑，處死生而不屈，放一文明燦爛之花於黑魆魆法國大革命之洞裡者，皆此精神此魄力為之也。

彼其讀「布爾特奇」（布爾特奇《英雄傳》省稱，布爾特奇，泰西學界之常語也）而心醉希臘羅馬之共和政治。又竊睨大西洋彼岸，模倣英國憲法新造之美國，而驚其發達進步之速。於是愛平等、愛自由、愛正義、愛簡易之一念，漸如然如沸，以來往於彼女之胸臆間。雖然，彼之理想則然耳。至於言實事，彼固望生息於革新王政之下，為王家一忠實之臣民。路易十六之即位也，彼以為維新之大業可以就，人民之幸福可以期。千七百七十五年麵包之亂[2]，彼猶咎人民之急激，而祖政府之政

2 一七七五年法國因糧食、麵包價格上漲，而引起一連串的民眾暴動事件。

策。蓋彼慈愛之人，非殘酷之人也；樂平和之人，非好暴亂之人也。嗚呼！自古革命時代之仁人志士，何一非高尚潔白之性質，具視民如傷之熱情？苟非萬不得已，夫豈樂以一身之血，與萬眾之血相注相搏相糜爛以為快也？望之無可望，待之無可待，乃不得不割慈忍愛，茹痛揮淚，以出於此一途。嗚呼！以肫肫煦煦之羅蘭夫人，而其究也，乃至投身於千古大慘劇之盤渦中，一死以謝天下。誰實為之，而令若此！

未幾，與羅蘭（名）福拉底（姓）結婚。羅蘭者，里昂市人，全恃自力以自造福命之人也。十九歲即孑身遊亞美利加，復徒步遊歷法國一周。其後為亞綿士之工業監督官，常著書論工商問題，嘖嘖有名於國中。好旅行，好讀書，宅心誠實，治事精嚴，操行方正，自奉質樸。然自信力甚強，氣魄極盛，亦自幼心醉共和政治，故與瑪利儂夙相契，至千七百八十年，乃舉結婚之禮。時羅蘭四十五歲，瑪利儂二十五歲，自此瑪利儂以羅蘭之名轟於世。

羅蘭夫人之生涯，以險急而終，以平和而始。結婚後二年，舉一女一子。未幾，羅蘭遷里昂市工業監督官，舉家移於里昂。羅蘭之學識人物，大為此地所尊敬。時當里昂工業衰頹之極，羅蘭汲汲講整頓恢復之策。常有所論著發表己見，輿望益高，而夫人實一切左右其間。羅蘭之著述，無一不經夫人之討論筆削。猶復料理家事，撫育子女。又以餘力常從事於博物學、植物學。蓋羅蘭夫人之一生，最愉快最幸福者，惟此四、五年。雖然，天不許羅蘭夫人享家庭之幸福，以終天年也。法蘭西歷史，世界歷史，必要求羅蘭夫人之名，以增其光焰也。於是風漸起，雲漸亂，電漸迸，水漸湧，譆譆！出出！法國革命！嗟嗟！咄咄！法國遂不免於大革命！

其時之法國，承路易十四、十五兩朝之後，所播之禍種已熟。新王路易十六，既有不得不刈其祖父餘殃之勢，火山大爆裂之期將近，此處見一縷之煙，彼地聞陰陰之響，大亂固已不可避。而新王之柔懦，不能調和此破裂，而反激之。雖有賢相尼卡亞[3]，見事不可為，引身而退。於是國王之優柔，內廷權奸之跋扈，改革之因循，賦斂之煩重，生計之窘迫，種種原因，相煎相迫。人民之忍之也，一次復一次；其待之也，一年復一年；卒乃於千七百八十九年，破巴士的之獄，解放罪犯，而革命之第一聲始唱。

巴士的破獄之凱歌，即羅蘭夫人出陣之喇叭也。夫人以慧眼觀察大局，見尼卡亞之舉動，國會之舉動，無一可以躊躇滿志者。乃距躍忽起，以為革命既起，平生所夢想之共和主義，今已得實行之機會。夫人非愛革命，然以愛法國故，不得不愛革命。彼以為今日之法國已死，致死而之生之，捨革命末由。於是夫妻專以孕育革命精神，弘布革命思想為事。羅蘭首創一里昂俱樂部，夫人自著鼓吹革命之論說，撮集盧梭《人權論》之大意，印刷美國布告獨立文。無夙無夜，自攜之以散布於遠近。於是所謂羅家小冊子者，如雨如霰，落於巴黎、里昂之間。友人布列梭[4]，創一《愛國報》於

3 Jacques Necker (1732–1804)，今譯為內克爾，法王路易十六的財政大臣，曾挽救法國的財政危機，但仍無法阻止法國大革命爆發。

4 Jacques Pierre Brissot (1754–1793)，今譯為布里索，是法國大革命時期吉倫特派的領導人物之一。

巴黎，友人占巴尼，創一《自由報》於里昂，夫人皆為其主筆。呼風喚雨，驚天動地，號神泣鬼，駭龍走蛇，而法國中央之氣象一變。

千七百九十一年，里昂市以財政困難之故，乞援助於國會，羅蘭被舉為委員，於是夫妻相攜，留滯巴黎者七閱月。彼等之到巴黎也，其旅館忽為志士之公會場，友人布列梭、比的阿布科、羅拔士比[5]等，相率引同志以相介紹。每間日輒集會於羅氏之寓。夫人於彼時，其舉動如何？彼嘗自記曰：「余自知女子之本分，故雖日日於吾前開集會，吾決不妄參末議。雖然，諸同志之一舉一動，一言一議，吾皆諦聽牢記，無所遺漏。時或欲有所言，吾必齧吾舌以自制」云云。嗚呼！當此國步艱難之時，袞袞英俊，圍爐抵掌以議大計；偶一瞥眼，則見彼眉軒軒，目炯炯，風致絕世，神光逼人，口欲言而脣微齧，眼屢閃而色愈厲之一美人，監督於其側。夫人雖強自制，而其滿腔之精神，一身之魔力，已隱然舉一世之好男兒，而盧牟之亭毒之矣。

此七月間，既遍交諸名士，加盟於所謂同胞會者，又屢聽俱樂部之演說，與國會之討論。夫人憾革命進行之遲緩也，則大憤激。乃致書於布列梭曰：「我所愛之士西羅[6]乎！（按士西羅者，羅馬民政之領袖也。當時羅蘭夫人及其同志，以心醉共和政治故，故往復書簡，常以希臘羅馬共和時代之名人相

---

5 Maximilien Robespierre (1758–1794)，今譯為羅伯斯比，法國國民公會時期山嶽派的領導人之一，他主張處死法王路易十六，並使法國進入恐怖統治時期。

6 Cicero (106–43 BC)，今譯為西塞羅，曾任羅馬共和時期的執政官，也是律師、哲學家。

呼。）盍投卿之筆於火中，翩然以入於草澤乎？今之國會，不過腐敗壓抑之一團塊耳。今日之內亂，早已非凶事。我等固死也，有內亂，或猶得而蘇甦之。今也無內亂，則無自由，我等猶懼內亂耶？猶避內亂耶？」此實夫人當時急進之情形也。夫人既怒國會之因循，遂憤然不復入旁聽席。其年六月，路易第十六竊遁去，被捕而再歸巴黎。夫人以為當時當實行革命，而猶不實行，嗟惋益甚。竊歎息曰：「我等今日必不可無一度革命。雖然，人民其果猶有此魄力與否，吾甚疑之。」自是怏怏然偕其夫共歸里昂，歸途撒布羅拔士比之革命檄，以激大眾。

夫妻歸里昂之月杪，解散國會，而別開所謂立法議會者，以七百四十五名之新議員組織而成。同時工業製造官之缺裁撤，羅蘭乃專從事筆舌，益盡瘁於愛國之業。十二月，舉家移於巴黎。

彼時法國之大權，全在立法議會之手，而議會中實分三派：一為平原派，以其占坐席於議場平坦之地，故得此名。實平凡之人物所結集也。二曰山嶽派，以占議場之高席，故有此名。實極端急激派，而此後以血塗巴黎之人，如羅拔士比、丹頓[7]、馬拉[8]輩，皆此派之錚錚者也。三曰狄郎的士派[9]，以其議員多自狄郎的士之地選出，故有此名。此派當時最有勢力，布列梭、布科、魯卡埃諸賢，

---

7 Georges Jacques Danton (1759–1794)，今譯為丹東，法國國民公會時期山嶽派的領導人之一，與羅伯斯比一同主張處死法王路易十六。

8 Jean-Paul Marat (1743–1793)，今譯為馬拉，法國國民公會時期山嶽派的領導人之一，後遭吉倫特派刺殺身亡。

皆出於此中。其人率皆受布爾特奇《英雄傳》及盧梭《民約論》之感化。少年氣銳，志高行潔，以如鏡之理想，與如裂之愛國心相結。而鼓吹之、操練之、指揮之者，實為羅蘭夫人。狄郎的士派之黨魁，名則羅蘭，實則羅蘭夫人。此歷史家所同認也。至是內外之形勢益急，禍迫眉睫，彼奄奄殘喘之路易第十六，乃不得不罷斥誤國舊臣，而代之以民黨。於是羅蘭以輿望所歸，被舉為內務大臣，時千七百九十二年三月。夫妻受命，移居於官邸。羅蘭之入謁內廷也，服常服，戴圓帽，履舊靴，如訪稔熟之親友者然。宮中侍者，莫不失驚。

昔也地方一小商務官之妻，今也為將傾之路易朝內務大臣之夫人。羅蘭夫人之勢力，至是益盛。其家常為狄郎的士黨之集會所。夫人日則招集諸黨派，夜則鞠躬盡瘁，以助良人之職務。羅蘭每與其同僚有所計議，必請夫人同列其席。內務大臣公案上狼藉山積之重要文牘，一一皆經夫人之手，然後以下諸祕書官；凡提出於議會及閣議之報告書，皆由夫人屬草；凡政府出刊之官報，皆由夫人指揮其方針，監督其業務。使當時新政府之動力，日趨於共和理想者，皆羅蘭夫人為之也。法國內務大臣之金印，佩之者雖羅蘭，然其大權，實在此紅顏宰相之掌握中矣。

羅蘭夫人以為改革之業，決非可依賴朝廷。故他人雖或信路易，夫人決不信之。彼嘗言曰：「吾終不信彼生於專制之下，以專制而立之王，能實行立憲政治。」羅蘭之初為大臣也，見路易則欣欣然有喜色。歸語夫人，夫人曰：「君其被愚矣。政府不過一酒店耳，大臣不過王之一傀儡耳。」夫

9 **Girondins**，今譯為吉倫特派。

人不獨疑王也，無論何人，凡與貴族黨有關係者皆疑之。時有一老練之外交家焦摩力者，引其友以見夫人。既退，夫人語人曰：「彼輩諸好男兒，面有愛國之容，口多愛國之語。以吾觀之，彼等非不愛國也；雖然，愛國不如其愛身，吾不願我國中有此等人。」

以眇眇一羅蘭夫人，驅其夫，驅其他諸大臣，驅狄郎的士全黨，使日與王路易相遠。至是年六月，而王與新政府之衝突，已達於極點。先是四月，已與奧大利宣戰，戰不利，人心洶洶，而國內頑固教士，多不肯誓守新憲法，事機愈紛紛岌岌。政府乃提出二大政策：一曰、由巴黎各區，募新兵二萬，以防內訌外敵，保衛都城。二曰、凡不從憲法之教民，皆放逐之於境外。王路易不許。羅蘭夫人以為狄郎的士黨，對於朝廷之嚮背，當以此方案之行否為斷。乃促羅蘭聯合閣員，上書於王。言若欲安國家，利社稷，宜速實行此案。不然，則臣等惟有乞骸骨，不復能為王馳驅矣。此奏議文筆精勁，詞理簡明。論者謂法蘭西史中公牘文字，以此為第一云。其屬稿者，實羅蘭夫人也。果也，路易第十六，剛愎自用，至六月十一日，新政府遂總辭職。

革命之勢，愈劇愈急，至八月初十日，路易第十六終被廢，幽閉於別殿。王政已倒，共和已立，立法議會一變為民選議院，遂新置行政會議，羅蘭亦復任內務行政官之職。廢王之舉，倡之者山嶽黨也，而狄郎的士黨亦贊成之。

羅蘭夫人之理想，今已現於實際，以為太平建設，指日可待。豈意一波未平，一波又起，前門拒虎，後門進狼；在上之大敵已斃，而在下之大敵，羽翼正成。今也羅蘭夫人，遂不得不投其身於己所造出之革命急潮中，而被裹被挾被捲以去。

河出伏流，一瀉千里，寧復人力所能捍禦？羅蘭夫人既已開柙，而放出革命之猛獸；猛獸噬王，王斃；噬貴族，貴族斃。今也將張牙舞爪，以向於司柙之人。夫人向欲以人民之勢力動議會，今握議會實權者，人民也；飲革命之醉藥而發狂之人民也。夫人夙昔所懷抱，在先以破壞，次以建設。一倒專制，而急開秩序之新天地。雖然，彼高掌遠蹠之革命巨靈，一步復一步，增加其勢力。益咆哮馳突，以蹂躪蹴踏真正共和主義之立腳地。不及一月，而羅蘭夫人及狄郎的士黨諸名士，皆漸不得不與巴黎之眾民為敵。當此之時，其勢力可以彈壓眾民者，惟有一人，曰丹頓。丹頓者，山嶽黨之首領，而行政會議之一員，與羅蘭同僚者也。其在民間，輿望最高，其資格正可以當此難局。雖然羅蘭夫人不喜其人，謂其太急激，不適於今日之用。以為必拒絕此同盟，然後狄郎的士黨之黨勢，乃可以得安全。蓋夫人乃單純之理想家，闇於實用，故執拗若是，是亦無足為怪者。丹頓初時熱心成就此同盟，每日必詣夫人之應接室。每官僚會集，常先期而至。至八月之末，其知同盟必不能就，遂相絕不復至。於是與暴民為敵之羅蘭夫人黨，不得不更敵暴民之友之山嶽黨。

彼法蘭西史上，以血題名之山嶽黨，以此年九月初旬，屠殺巴黎獄中王黨之囚，人以為無政府魔神之犧牲。至是羅蘭夫人始知為山嶽黨所賣，月之五日，夫人與一書於友人曰：「我等今已在羅拔士比、瑪拉等之刀下。」其九日，復致一書曰：「吾友丹頓君，革命之公敵也。彼以羅拔士比為傀儡，以瑪拉為羽翼，握短刀，持藥線，以刺爆國民。嗚呼！妾之熱心於革命，卿所知也。雖然妾恥之，革命之大義，為無道之豎子所汙點，革命實可厭也。數十年所經營，而今日使我國終於此地位。吾實恥之！」可憐志高行潔，而迂於世務之狄郎的士黨，遂為山嶽黨所掩襲。自茲以往，巴黎亂民與山嶽黨以百丈怒潮之勢，猛撲彼共和之城。其立於城上之羅蘭夫人及狄郎的士黨，遂不得不為此狂濤駭浪之所淘盡矣。

時勢雖日非，而志氣不稍挫，羅蘭夫人愈奮力以鼓舞其麾下諸豪傑。常相語曰：「我等今日既不能自救。雖然一息尚存，我等不可以不救我國。」其時在議院有布列梭等，在政府有羅蘭等，皆以恢復秩序，確立共和，制止暴亂為主義。雖然大事已去，不可復挽。羅蘭夫人之名，為議院所唾罵，為瑪拉等主筆之報紙所凌辱，屢構誣詞以陷羅蘭夫妻；常有刺客出入於彼夫妻之闥。至千七百九十三年一月二十一日，山嶽黨遂乘勢馘路易第十六之首於斷頭臺上。雖狄郎的士派為激烈之大反對，終不可得救。其明日，羅蘭遂辭職。

路易之死刑，實狄郎的士黨覆沒之先聲也。彼山嶽黨既久蓄勢力於巴黎市民中，立意先殺王，次刈狄郎的士黨，以快其暴亂專制之志。乃於五月晦日之夜，遣捕吏於羅蘭家。羅蘭聞變脫遁，而夫人遂被逮。以溫詞慰諭愛女及婢僕，乃入於遏比之牢。

夫人之在獄中也，曾無所恐怖，無所頹喪；取德謨遜之《詠史詩》，布爾特奇之《英雄傳》，謙謨之《英國史》，西里頓之《字典》等，置諸左右。每日誦讀著作，未嘗或輟。時則靜聽巴黎騷擾之聲。每到晨鐘初報，起讀其日之新聞紙，見國事日非，狄郎的士黨之命迫於旦夕，則歔欷慷慨，淚涔涔下。此時夫人所以自娛者，惟書與花而已。夫人在獄中，粗衣惡食，所有金錢，盡散諸貧囚。惟花與書籍，則愛若性命，蓋生平之嗜好然也。夫人幼時，每當讀書入定之際，雖何人若不見，雖何事若不聞。惟屢屢以其讀書之眼，轉秋波以向花叢。此兩種嗜好，至死不衰。

在獄凡二十四日，突然得放免之令。夫人從容辭獄囚，驅車歸家。何圖席尚未煖，忽復有兩警吏躡跡而來，出示一公文，則再逮捕之命令也。於是復入桑比拉志之獄。

凡知天命而自信篤者，舉天下無不可處之境，舉天下無不可為之時。羅蘭夫人在此獄者凡四閱月，猶時時竊鼓舞其同志，氣不少衰。嘗致書於布列梭曰：「吾友乎！君其毋失望！彼布爾達士在腓列比之野，遂嗒然發『不能救羅馬』之歎，妾之所不取也。」夫人在獄中，益以書與花自遣。又學英語，學繪畫。時或從獄吏之妻假鳴琴，一彈三歎，聽者淚下。時千七百九十三年之秋，革命之狂瀾，轟天撼地；斷頭機厭人之血，布楞河塞人之肉，腥風颯颯，慘雨濛濛之時節；而以此身許國之一烈女，在桑比拉志獄中，日長如年，身世安危，久置度外。乃靜念一身之過去，默數全國之將來，遂伸紙吮筆，草著《自傳》、《革命紀事》、《人物逸話》三書。時有英國維廉女史者，嘗訪夫人於獄中，歸而記其事曰：

> 羅蘭夫人在桑比拉志獄，於一身境遇，毫無所怨。尤在狹隘之獄室，為壯快之談論，一如在大臣官邸時也。其案上有書數卷，當余入訪時，適見其讀布爾特奇《英雄傳》，聲出金石。余方欲

有所慰藉，夫人以樂天知命，洒然自得之意告余。及最後，余問及其十三歲之愛女之消息，則夫人忽飲淚，幾哽咽不成聲。嗚呼！夫孰知轟轟烈烈威名震一世之羅蘭夫人，其多情，其慈愛，有如此也！

十月三十一日，即狄郎的士黨之名士二十二人殉國之日，夫人自桑比拉志獄移於康沙士黎獄。自是受鞫訊者數次，其最後公判之前日，有某律士欲為夫人辯護者，訪之於獄中。夫人以己之命運已定，勸以勿為無益之辯護，徒危其身，脫指環以謝之。

其明日，為最後公判之日，夫人著雪白之衣，出於法庭。其半掠之髮，如波之肩，澄碧之兩眼，與雪衣相掩映，一見殆如二十許妙齡絕代之佳人。法官以種種之偽證，欲誣陷夫人。夫人此際之答辯，實法蘭西革命史中最悲壯之文也。其大旨以狄郎的士黨之舉動，俯仰天地，無所愧怍。最後乃昌言曰：

凡真正之大人物，常去私情私慾，以身獻諸人類同胞。而其報酬，則待諸千載以後。余今者謹待諸君之宣告，無所於悔。雖然，正人君子獻身於斷頭臺之日，是即正人君子置身於凱旋門之日也。今日此等汙濁混亂，以人血為酒漿之世界，余甚樂脫離之，無所留戀。余惟祝我國民速得真正之自由。蒼天蒼天！其眷然下顧，以救此一方民哉！

此熱誠切摯之言，彼非法之法官聞之，皆咋舌不知所對。卒以預聞隱謀，不利於共和政體，宣告死刑。夫人肅然起立曰：

諸君肯認余為與古來為國流血之大人物有同一之價值乎？余深謝諸君，余惟願學彼大人物從容就義之態度，毋為歷史羞。

是日歸至獄中，收攝萬慮，作書數通，以遺親友。其所與愛女書之末句云：「汝宜思所以不辱其親者，汝之兩親，留模範於汝躬，汝若學此模範而有得焉，其亦可以不虛生於天地矣。」翌日為千七百九十三年十一月九日，羅蘭夫人乘囚車以向於斷頭臺。其時夫人之胸中，浮世之念盡絕，一種清淨高尚不可思議之感想，如潮而湧。羅蘭夫人欲記之，乞紙筆而吏不許，後之君子憾焉。

泰西通例，凡男女同時受死刑，則先女而後男，蓋免其見前戮者之慘狀而戰慄也。其日有與羅蘭夫人同車來之一男子，震慄無人色。夫人憐之，乃曰：「請君先就義，勿見余流血之狀以苦君。」乃乞劊手一更其次第云。嗚呼！其愛人義俠之心，至死不渝，有如此者。雖小節亦可以概平生矣。

刀下風起血迸，一個之頭已落。夫人以次登臺，猛見臺上一龐大之神像，題曰自由之神，夫人進前一揖而言曰：嗚呼！自由自由！天下古今幾多之罪惡，假汝之名以行！

如電之刀一揮！斷送四十一年壯快義烈之生涯，於是羅蘭夫人，遂長為歷史之人。夫人殉國後，其一婢一僕，自投法庭，請從夫人以死。夫人殉國後，狄郎的士黨名士布列梭，昏絕不省人事者經旬，夫人殉國後數日，由巴黎至盧安之大道旁，有以劍貫胸而死者，則羅蘭其人也。

新史氏曰：吾草羅蘭夫人傳，而覺有百千萬不可思議之感想，刺激吾腦，使吾忽焉而歌，忽焉而舞，忽焉而怨，忽焉而怒，忽焉而懼，忽焉而哀。夫法國大革命，實近世歐洲第一大事也。豈惟近世？蓋往古來今，未嘗有焉矣；豈惟歐洲？蓋天下萬國，未嘗有焉矣。結數千年專制之局，開百年來自治之始，其餘波亙八十餘年，其影響及數十國土，使千百年後之史家，永以為人類新紀元之一記念物。嘻！何其偉也！而發起之者，乃在一區區纖纖之弱女子，吾一不解羅蘭夫人有何神力，乃能支配狄郎的士全黨，支配法蘭西全國，且支配歐羅巴全洲百年間之人心也。嗚呼！英雄造時勢耶？時勢造英雄耶？吾以為必有能造出「造時勢之英雄」之時勢，然後英雄乃得有所造。不然，羅蘭夫人以如彼多情，如彼慈善之絕代佳人，當路易十六即位之始，且殷殷望治，謳歌政府政策者，何以卒投身於最慘最劇之場，以不悔也。雖然，羅蘭夫人竟以是死。夫既以身許國矣，則死國事者，夫人之志也。乃其不死於王黨，不死於貴族黨，而死於平民黨；不死於革命失敗之時，而死於革命告成之後，則非夫人之志也。夫人能造時勢，而何以能造之使動，不能造之使靜；能造之使亂，不能造之使平。曰是由民族之缺點使然，不足為夫人咎也。竊嘗論之，法國千七百八十九年之革命，與英國千六百六十年之革命，其事最相類。其禍機伏於前王專制時代，相類也；（英之有額里查白女皇，猶法之有路易十四也。）其激變由於今王之偽改革，相類也；其動力起於王與議會之爭，相類也；其王逃而被獲，獲而被弒，相類也；革命後改為共和政治，相類也；共和政治，旋立旋廢，相類也；惟其國民幸福之結果，則兩國絕異。英國革命之後，則憲政確立焉，民業驟進焉，國威大揚焉；法國革命後，則演成恐怖時代，長以血跡汙染其國史，使千百年後聞者，猶為之股慄，為之酸鼻。若是者何也？英國人能自治，而法國人不能也。能自治之民，平和可也，破壞亦可也；平和時代，則漸進焉，破壞時代，則驟進焉。（條頓民族之自治力，遠過於拉丁民族，故能驟強。不獨英法兩國為然也，荷蘭與比利時同居奈渣蘭半島，同經三十七年戰爭之亂；而荷蘭人於戰後民生日優，國運日強；比利時則凋落無復舊觀。日耳曼與意大利同在南歐，其建國情形亦相類；而德國今為世界第一等強國，意國則薾然不能有所進。皆條頓、拉丁兩族得失之林也。）不能自治之民，則固不可以享平和，亦不可以言破壞。平和時代，則其民氣惰，而國以敝；破壞時代，則其民氣囂，而國以危。孔子曰：「為政在人。」豈不然哉？故以無公德無實力之人民，而相率以上破壞之途，是不啻操刀而割其國脈也。然則相率馴伏以求平和可乎？曰是又安能？世界政治之進化，既以進入第二級，其風潮固欲避不可避，而豈能以一二人之力捍之？事機既迫於無可望，平和亦敝，破壞亦敝，此孔明所以有「與其坐以待亡，孰若伐之」之論也。不然，法國大革命之慘痛，雖以今日百年以後，我遠東之國民聞之，猶且心悸；豈其當時歐洲列國而無所鑑焉？而何以全歐紛紛步其後塵，直至十九世紀下半紀，而其風猶未息也。蓋民智一開，人人皆自認其固有之權利，固有之義務，則有非得之非盡之而不能安者。

使當時法之王、法之貴族而知此義也，則法國何至有此慘劇。使後此歐洲各國之君主貴族，而知有此義也，則後此歐洲各國，何至有此慘劇？彼其君主，彼其貴族，既不知此義矣；使其民復相率馴伏以求平和焉。則歐洲各國，亦至今為中世之黑暗時代而已，乃往車已折，而來軫方遒。歐洲中原之各君主貴族，未嘗不知查理士第一，路易第十六之世，而偏欲躡其後以弄威福於一日，此所以擾攘亙七八十年而未艾也。嗚呼！有讀《羅蘭夫人傳》者乎？其在上位者持保守主義者，當念民望之不可失，民怒之不可犯也如彼。苟其偷安苟且，彌縫掩飾，朘削無已，箝制屢行，則必有如法國一日中刑貴族王黨千餘人，斷屍遍野，慘血塞渠，乃至欲求為一田舍翁而不可得。上蔡黃犬[10]，華亭鶴唳[11]，能勿驚心？自造此因，自刈此果，豈人力之所能避也？其在下位者，持進取主義者，當念民氣之既動而難靜，民德之易渙而難結也如此；苟無所以養之於平日，一旦為時勢所迫，悍然投其身、投其國於孤注一擲，則必有如法國當日互相屠殺，今日同志，明日仇讎，爭趨私利，變成無政府之現象，雖有一二志芳行潔，憂國忘身之士，而狂瀾又安能挽也？嗚呼！破壞之難免也如彼，破壞之可懼也又如此。人人不懼破壞，而破壞遂終不能免矣。何也？上不懼破壞，則惟愚民焉，壓民焉，

10 秦始皇的丞相李斯在秦二世時，以謀反罪被處腰斬之刑，行刑前想到不能再與兒子一起牽黃犬，出上蔡東門追捕狡兔，父子兩人相擁而泣。後世以「東門黃犬」比喻為官遭禍，抽身悔遲。

11 西晉大將陸機在戰敗後被誣陷謀反而判處死刑，行刑前感歎再也聽不到故鄉華亭的鶴鳴聲。後世以此比喻留戀往事或官場受挫的懊悔心情。

自以為得計，而因以胎孕破壞。下不懼破壞，則以談破壞為快心之具，弁髦公德，不養實力，而因以胎孕破壞。然則欲免破壞，捨上下交相懼！其奚術哉？嗚呼！念銅駝於荊棘，能不愴然；見被髮於伊川，誰為戎首？羅蘭夫人！羅蘭夫人！魂兮有靈，當哀鄙言！

（刊於一九〇二年十月二日、十六日《新民叢報》第十七、十八號）

納爾遜軼事

人苟無名譽心則已，苟有名譽心，則雖有千百難事，橫於前途，以遮斷其進路，而鼓其勇氣，終必能排除之。

英之偉人納爾遜者，五洲所共聞也。幼時與兄同在一學校，當冬季休假終而歸校之時，與兄並轡適校，途中風雪大作，寒徹骨不可支，其兄乃約納爾遜同歸家，見其父，父曰：「歸校與否，吾聽汝等之自由；雖然，凡發念欲做一事，必做成之而後已，此大丈夫之舉動，而榮譽之事也；半途而廢，面目掃地之事也。汝等試兩者比較而擇所從。」納爾遜聞言，即促兄更上歸校之途，兄猶有難色，納爾遜厲聲曰：「阿兄忘榮譽之一言乎？」卒相俱以去。

嗚呼！納公其後造赫赫之偉業，轟風雲於大地，雖有器量膽略，超軼尋常，抑豈不以此名譽心旁薄而宣洩矣乎！

飲冰子曰：納爾遜者何人乎？其人棲息於海上者三十五年，中間經大小百二十四回之戰鬥，而赫然為世界歷史之一大人物者也。當十八世紀之末，以威如雷霆、猛如虎豹之拿破崙，蹂躪馬蹄於歐洲全土，各國之帝王將相，膝行莫敢仰視之時，而有鬼神之算，鐵石之膽，電光之手腕。納爾遜其人者，率英國艦隊，屢決死戰於海上，卒剿滅法國及其同盟國之海軍，使不能再立，而地中海之海上權，遂全歸英國之手。至今歐洲有井水飲處，莫不知其名焉。嗚呼！榮矣。人人知其榮，而亦知其冒險犯難，遇敗受挫，百折不回，萬死一生，而以易知者乎。

百用學海而置於海，或直行，或曲行，或顯流，或伏流。遇有山陵之障，則繞而避之；遇有沙石之阻，則挾而赴之。要之必奔流到海而後已，任事者可以鑑矣。

亡友夏穗卿先生

我正在這裡埋頭埋腦做我的《中國近三百年學術史》裡頭〈清代學者整理舊學之總成績〉一篇，忽然接到夏浮筠的信，說他父親穗卿先生死了。

我像受了電氣打擊一般，驀地把三十年前的印象從悲痛裡兜轉來。幾天內，天天要寫他，又寫不出。今天到車站上迎太戈爾，回家來又想起穗卿了，胡亂寫那麼幾句。

近十年來，社會上早忘卻有夏穗卿其人了。穗卿也自貧病交攻，借酒自戕，正是李太白詩說的：「君平既棄世，世亦棄君平。」連我也輕易見不著他一面，何況別人。但是若讀過十八、九年前的《新民叢報》和《東方雜誌》的人，當知其中有署名別士的文章，讀起來令人很感覺他思想的深刻和卓越。別士是誰？就是穗卿。

穗卿是晚清思想界革命的先驅者，穗卿是我少年做學問最有力的一位導師。穗卿既不著書，又不講學。他的思想只是和心賞的朋友偶然講講，或者在報紙上隨意寫一兩篇，印出來的著作，只有十幾年前商務印書館出版的一部《中國歷史教科書》，也並非得意之作。他晚年思想到怎樣程度，恐怕除了他自己外，沒有人知道。但我敢說，他對於中國歷史有嶄新的見解，尤其是古代史，尤其是有史以前。

他對於佛學有精深的研究，近世認識唯識學價值的人，要算他頭一個。

我將來打算做一篇穗卿的傳，把他學術全部詳細說明，但不知道我能不能。因為穗卿雖然現在才死，然而關於他的資料已不易搜集，尤其是晚年。現在只把我所謂「三十年前印象」寫寫便了。

穗卿和我的交際，有他贈我的兩首詩說得最明白。第二首我記不真了，原稿更沒有；第一首卻一字不忘，就把他寫下來：

壬辰在京師，廣座見吾子；草草致一揖，僅足記姓氏。洎乎癸甲間，衡宇望尺咫；春騎醉鶯花，秋燈狎圖史。冥冥蘭陵門，萬鬼頭如蟻；質多舉隻手，陽烏為之死；袒裼往暴之，一擊類執豕。酒酣擲杯起，跌宕笑相視；頗謂宙合間，只此足歡喜。夕烽從東來，孤帆共南指；再別再相逢，便已十年矣。吾子尚青春，英聲乃如此；嗟嗟吾黨人，視子為泰否？

這首詩是他甲辰年遊日本時贈我的，距今恰恰整二十年了。我因為這首詩，才可以將我們交往的年月約略記憶轉來。

我十九歲始認識穗卿，我的「外江佬[1]」朋友裡頭，他算是第一個。初時不過「草草一揖」，了不相關；以後不曉得怎麼樣便投契起來了。我當時說的純是廣東官話，他的杭州腔又是終身不肯改的，我們交換談話很困難，但不久都互相了解了。他租得一個小房子，在賈家胡同；我住的是粉房琉璃街新會館；後來又加入一位譚復生，他住在北半截胡同瀏陽館。「衡宇望尺咫」，我們幾乎沒有一天不見面。見面就談學問，常常對吵，每天總大吵一兩場。但吵的結果，十次有九次我被穗卿屈服，我們大概總得到意見一致。

這會想起來，那時候我們的思想真浪漫得可驚，不知從那裡會有恁麼多問題，一會發生一個，一會又發生一個。我們要把宇宙間所有的問題都解決，但幫助我們解決的資料卻沒有，我們便靠主觀的冥想，想得的便拿來對吵；吵到意見一致的時候，便自以為已經解決了。由今回想，真是可笑，但到後來知道問題不是那麼容易解決，發生問題的勇氣也一天減少一天了。

穗卿和我都是從小治乾嘉派考證學有相當素養的人，到我們在一塊兒的時候，我們對於從前所學，生極大的反動；不惟厭他，而且恨他。穗卿詩裡頭「冥冥蘭陵門，萬鬼頭如蟻；質多舉隻手，陽烏為之死」，「蘭陵」指的是荀卿；「質多」是佛典上魔鬼的譯名，或者即基督教經典裡頭的撒旦；「陽烏」即太陽，日中有烏是相傳的神話。清儒所做的漢學，自命為「荀學」；我們要把當時壟斷學界的漢學打倒，便用「禽賊禽王」的手段去打倒他們的老祖宗荀子。到底打倒沒有呢？且不管，但我剛才說過，我們吵到沒有得吵的時候，便算問題解決，我們主觀上認為已經打倒了。「祖禰往暴

1 廣東人對外省人的稱呼。

之，一擊類執豕。酒酣擲杯起，跌宕笑相視；頗謂宙合間，只此足歡喜。」這是我們合奏的革命成功凱歌，讀起來可以想見當時我們狂到怎麼樣，也可以想見我們精神解放後所得到的愉快怎麼樣。

穗卿自己的宇宙觀、人生觀，常喜歡用詩寫出來。他前後作有幾十首絕句，說的都是怪話。我只記得他第一首：

冰期世界太清涼，洪水茫茫下土方。巴別塔前一揮手，人天從此感參商。

這是從地質學家所謂冰期洪水期講起。以後光怪陸離的話不知多少，當時除我和譚復生外，沒有人能解他。因為他創造許多新名詞，非常在一塊的人不懂。可惜我把那詩都忘記了，他家也未必有稿。他又有四首寄託遙深的律詩，我只記得兩句：「閬視吾良秋柏實，化為瑤草洞庭深。」譚復生和他的是：「金裘噴血和天鬥，黃竹聞歌匝地哀；徐甲倘容心懺悔，願身成骨骨成灰。」「死生流轉不相值，天地翻時忽一逢。且喜無情成解脫，欲追前事已冥濛。」

這些話都是表現他們的理想，用的字句都是象徵。當時我也有和作，但太壞，記不得了。

簡單說，我們當時認為中國自漢以後的學問全要不得的，外來的學問都是好的。既然漢以後要不得，所以專讀各經的正文和周秦諸子；既然外國學問都好，卻是不懂外國話，不能讀外國書，只好拿幾部教會的譯書當寶貝；再加上些我們主觀的理想——似宗教非宗教，似哲學非哲學，似科學非科學，似文學非文學的奇怪而幼稚的理想。我們所標榜的「新學」，就是這三種原素混合構成。我們的「新學」要得要不得，是另一問題；但當時確用宗教式的宣傳去宣傳他。穗卿詩說「嗟嗟吾黨人」，穗卿沒有政治上的黨，人人所共知；「吾黨」卻是學術界打死仗的黨。

穗卿為什麼自名為別士呢？「別士」這句話出於《墨子》，是和「兼士」對稱的。墨子主張兼愛，常說「兼以易別」；所以墨家叫做「兼士」，非墨家便叫做「別士」。我是醉心墨學的人，所以自己號稱「任公」，又自命為「兼士」；穗卿說：「我卻不能做摩頂放踵利天下的人，只好聽你們墨家排擠罷。」因此自號「別士」。他又有兩句贈我的詩說道：「君自為繁我為簡，白雲歸去帝之居。」這是他口裡說出來我們彼此不同之點。大概他厭世的色彩很深，不像我凡事都有興味。我們常常彼此互規其短，但都不能改。以後我們各走各路，學風便很生差別了。

穗卿又給我起一個綽號叫做「佞人」。這句話怎麼解呢？我們有一天閒談，談到這「佞」字，古人自謙便稱「不佞」；《論語》又說「仁而不佞」；又說，「非敢為佞也，疾固也。」不佞有什麼可惜，又有什麼可謙呢？因記起某部書的訓詁，「佞，才也。」知道不佞即不才；仁而不佞，即仁而無才；非敢為佞，即不敢自命有才。然則穗卿為什麼叫我做「佞人」呢？《莊子・天下篇》論墨子學術，總結一句是「才士也夫」。穗卿當時贈我的詩有一句「帝殺黑龍才士隱」；「黑龍」用《墨子・貴義篇》的話，「才士」即指墨子。他挖苦我的墨學狂，把《莊子》上給墨子的徽號移贈我，叫我做「才士」；再拿舊訓詁展轉注解一番，一變便變成了「佞人」。有一年，正當丁香花盛開時候，我不知往那裡去了，三天沒有見他，回來見案頭上留下他一首歪詩，說道：「不見佞人三日了，不知為佞去何方？春光如此不遊賞，終日棲棲為底忙？」

這雖不過當時一種絕不相干的雅謔，但令我永遠不能忘記。現在三十年前的丁香花又爛漫開著，枝頭如雪，佞人依舊棲棲，卻不見留箋的人！

我們都學佛。但穗卿常常和我說，怕只有法相宗才算真佛學。那時，窺基的《成唯識論述記》初回到中國，他看見了歡喜得幾乎發狂。他又屢說，《楞嚴經》是假的。當時我不以為然，和他吵了多次；但後來愈讀《楞嚴》愈發現他是假。我十年來久想訪閻百詩《古文尚書疏證》的體例，著一部《佛頂楞嚴經疏證》。三年前見穗卿和他談起，他很高興，還供給我許多資料。我這部書不知何年何月才做成，便做成也不能請教我的導師了。

穗卿是最靜穆的人，常常終日對客不發一言。我記得他有一句詩：「一燈靜如鷺。」我說這詩就是他自己寫照。從前我們用的兩根燈草的油燈，夜長人寂時，澄心眇慮和他相對，好像沙灘邊白鷺翹起一足在那裡出神。穗卿這句詩固然體物入微，但也是他的人格的象徵了。

「白雲歸去帝之居。」嗚呼！穗卿先生歸去了；嗚呼！思想界革命先驅的夏穗卿先生；嗚呼！我三十年前的良友夏穗卿先生。十三年四月二十三日，穗卿死後六日。

（刊於一九二四年五月《東方雜誌》第九—十期）

讀《讀通鑑論》

王莽之後，合天下士民頌公德，勸成篡奪者，再見於〈武氏傳〉，游藝一授顯秩，而上表請改唐為周者六萬人。功若漢、唐，德若湯、武，未聞有此也。孟子曰：「得乎邱民為天子。」其三代之餘，風教尚存，人心猶樸，而直道不枉之世乎？若後世教衰行薄，私利乘權，無不可爵餌之士，無不可利囮之民，邱民亦惡足恃哉？盜賊可君，君之矣；婦人可君，君之矣；夷狄可君，君之矣。孔子曰：「天下有道，則庶人不議。」後世庶人之議，大亂之歸也。旦與之食，而旦謳歌之，夕奪之衣，而夕咀咒之；恩不必深，怨不在大，激之則以興，盡迷其故。利在目睫，而禍在信宿，則見利忘禍。陽制其欲，而陰圖其安，則奔欲而棄安。贅壻得妻，而謂他人為父母，猾民受賄，而訟廉吏之貪汙；上無與懲之益；進而聽之，不肖者利其易惑而蠱之。邱民之違天，常拂天性也，無所不至，而可云得之為天子哉。以賢治不肖，以貴治賤，上天下澤，而民志定。澤者，下流之委也，天固無待於其推崇也，斯則萬世不易之大經也。（卷二十一）

按：法儒孟德斯鳩言共和政體之國，以道德心為立國之元氣，豈不然哉。今日中國民權固不伸也，使其伸矣。而今日之人心風俗，果能有以異於船山之所云乎？吾見其滋甚而已。昔聞澳大利亞洲之黑蠻，有白人取其一小女，自乳哺時而即養之於家，撫養之若己出。衣服飲食，華贍麗都者十餘年。年將及笄，忽有數黑蠻過其門，此女與交數語，輒從而遁去，甘復入於深山，以衣木葉，食生鼠，棄其前此之尊崇安富如敝屣然，蓋天性不可移也。人甘粱豢，而蝍蛆甘糞，以粱豢飼蛆，而蛆且逃，不則死矣。然則歐美人嗜自由，而支那人嗜為奴，強奴而使之自由，其無異強蛆以饜鼎烹也。然則其數千年跼蹐於至暗黑至猥賤之境地，彼實樂之，而復何尤？雖然，蛆生於糞而嗜糞，其性然也；人生於自由而嗜為奴，未必其性然也。性不爾爾，而竟爾爾者，則有習焉而成第二之性者也。夫所謂習者，何也？則數千年之民賊，桎之梏之，箝之灼之，而衣冠禽獸之賤儒，復緣飾所謂人倫，所謂道德，所謂經義，所謂史裁者，為之文其奸而濟其惡。夫安得不胥斯人而失其本性也。婦人之纏足也，纏之數十年，雖解之而不能行矣。寧得謂足之天性本如是也？然則欲民之有恥也，欲民之去奴隸而為完人也，欲民之去禽獸而成人格也，其必自復其自主之權，返其獨立之性。使民知其所以立於天地者，固當如是如是，庶幾乎有瘳焉矣。船山未審於此，徒憤民之無狀也，而欲嚴上天下澤之義，是所謂揚湯止沸，而不知去薪而沸自銷也。

罷兵必有所歸；兵罷而無所歸，則為盜為亂。張說平麟州叛胡，奏罷邊兵二十萬人，而天下帖然。蓋其所罷者府兵也，府兵故農人也，歸而田其田，廬其廬，父子夫婦，相保於穹窒栗薪之間，故帖然也。於是而知府兵之徒以毒天下，而無救於國之危亂，審矣。說之言曰：「臣久在疆場。具知其情，將帥苟以自衛，及役使營私而已。」夫民之任為兵者，必恌宕不戢，輕於死而憚於勞之徒，然後貪醲酒椎牛之利，而可任之以效死。夫府兵之初，利租庸之免，而自樂為兵，或亦其材勇之可堪也。迨其後，著籍而不可委卸，則視為不獲已之役；而柔弱愿樸者，皆垂涕就道以赴行伍。若此者，其鈍懦之材，既任為役而不任為兵，畏死而不憚勞，則樂為役，以避鋒鏑，役之而無不受命。驕貪之將領，何所恤而不役以營私耶？團隊之長役之矣，偏稗役之矣，大將役之矣。行邊之大臣役之矣，乃至紈袴之子弟，元戎之僕妾役之矣，幕府之墨客，過從之游士。彈箏擊筑，六博投瓊，調鷹飼犬之徒，皆得而役之。為兵者亦欣然願為奴隸，以偷一日之生。嗚呼！府兵者惡得有兵哉？舉百萬井彊耕耨之丁壯為奴隸而已矣。（卷二十二）

按：此論唐府兵之制，與今日之募兵者，其外形稍異，要其論兵與役之不相容，任國防之事者，不可待之以奴隸。有奴隸之性者，不可託之以國防，則其識韙矣。夫今日中國之兵，則何一而非奴隸也。吾見夫長江一帶之兵船，捨送迎督撫眷屬之外，無他事矣；吾見夫各營之兵丁勇弁，捨伺候主帥，執唾壺虎子、裝煙倒茶之外，無他能矣。此猶其舊焉者，若今所謂洋操者，其遊學外國陸軍學校卒業之學生，猶且非仰候補道府總辦委員之鼻息，不能從一差遣，而兵丁更何論也？夫兵也者，一國之公衛也，為一國人保其生命財產，故一國人皆宜致敬焉。而又非徒虛文之敬禮，而可以高其資格也。必使一國之權利，為一國人所公有，而一國之義務，為一國人所公任；然後任是者，知所以自重，而他人亦從而重之。其戰也，自為其性命財產而戰也，非有所奴隸於他人也；如是，然後有兵之精神。不然，則雖千萬變其兵制，而奴隸之資格如故也。而兵之徒毒天下，而無救於國之危亂如故也。船山先生慨乎其言之矣。

自唐以上，財賦所自出，皆取之豫、兗、冀、雍而已足，未嘗求足於江、淮也。恃江、淮以為資，自第五琦始。當其時，賊據幽、冀，陷兩都，山東雖未盡失，而隔絕不通；蜀賦既寡，又限以劍門棧道之險。所可資以贍軍者，唯江、淮，故琦請督租庸，自漢水達洋州以輸於扶風，一時不獲已之計也。乃自是以後，人視江、淮為腴土，劉晏因之，輦東南以供西北，東南之民力殫焉。垂及千年，而未得稍舒。嗚呼！朝廷既以為外府垂腴朵頤之，官吏亦視以為羶場。耕夫紅女，有宵匪旦，以應密罟之誅求。乃至衣被之靡麗，口實之珍奇，苛細煩勞，以聽貪人之侈濫。匪舌是出，不敢告勞，亦將孰與念之哉？自漢以上，吳、越、楚、閩，皆荒服也；自晉東遷，而江、淮之力始盡。然唐以前，姚秦、拓拔、宇文，唐以後，自朱溫[1]以迄宋初，江南割據，而河雒關中未嘗不足以立國。九州之廣，豈必江濱海澨之可漁獵乎？祖第五琦、劉晏之術者[2]，因其人守廉隅，畏鞭笞，易於弋取，

1 八五二—九一二年，五代後梁的開國皇帝。

而見為無盡之藏。竭三吳以奉西北，而西北坐食。三吳之人，不給饘粥之食，抑待哺於上游；而上游無三年之積；一罹水旱，死徙相望，乃西北蒙坐食之休，而民抑不為之加富者，豈徒天道之虧盈哉？坐食而驕，驕而佚，月倍三釜之餐，工無再易之力。陂堰不修，桑蠶不事，與先王盡力溝洫之良田，聽命於旱蝗，而不思捍救。洊饑相迫，則夫削妻骸，弟烹兄肉，其強者彎弓馳馬，以殺奪行旅；而猶睥睨東南，妬勞人之采梠剝蟹也，誰使之然？非偏困東南以驕西北者縱之，而誰咎耶？驕之使橫，佚之使惰，貪欲可遂，則笑傲以忘所自來；供億不遑，則忮忿而狂興以逞。其野人惡舌喑啞以脅羸懦之馴民，其士大夫氣涌膽張恫喝，以凌衣冠之雅士。於是國家無事，則依中涓，附戚里，而不惜廉隅。天下有虞則降賊，戴羶虜，而不知君父。何一而非坐食東南者之教猱豢虎，以使農非農，士非士，日漸月靡，俾波逝而無迴瀾哉？冀土者唐堯勤儉之餘澤也，三河者，商家六百載奠安之樂土也，長安者，周漢之所久安而長治者也。生於此，遂教於此歟，一移其儲偫之權於江介，而中原幾為無實之土。第五琦不得已而偶用之，害遂移於千載。秉國之均，不平謂何？非均平方正之君子，以大公宰六合，未易以齊五方而綏四海，邵康節猶抑南以伸北，亦不審民情天化之變矣。（卷二十三）

---

2 第五琦（七一二—七八二年）與劉晏（七一六—七八〇年）皆為唐代財政官員，第五琦創榷鹽法，將漢代以來的私鹽改為官營；劉晏則進一步加強查緝私鹽，以確保官營的利益。在兩人的財政措施下，唐政府的稅收雖大幅增加，但人民的利益也被大量剝削。

按：吾向者亦襲千年之謬論，狃於外著之現象，以為西北地力果竭，不能不有待於東南者，地運然也。乃讀船山此論，而歎其識之過人遠矣。進化學之公例，凡物之廢置不用者，則其能力將漸銷失。有耳也，久不用之則必聾；有口也，久不用之則必瘖；於人體有然，於地力亦如是矣。不然，以地理學通例言之，凡氣候稍寒，地味稍瘠之土，其文明之發達，常視沃土之民為尤進焉。條頓民族與拉丁民族之比較，是其例也。況關中河內幽燕之地，猶在溫帶，而非北歐瘠壤之所能幾耶？漢京之盛，見於〈兩都賦〉者，所謂鄭白之沃，衣食之原，竹林果園，芳草甘木。夫非同是土耶？何以千數百年而凋落若此？乃知驕之使橫，佚之使惰，以人事而災及地利，天下事未有有果而無因者。船山此論，實可以抉西北凋敝之原因，而無餘蘊矣。專制民賊之毒天下，其禍乃至於此極。東南則敝於供億，西北則敝於怠荒，水旱蝗蝻，饑饉疾役，每歲死者以數百萬計；餓莩纍纍，相屬於道，何一非大民賊小民賊之搤其吭而致其命也？以五洲第一天府上腴之國，而數千年常被一二民賊扼之，遂使吾民欲求一飽而不可得。嗚呼！吾甚怪夫吾民之何以受之若固也。船山云：「其人畏鞭笞，易弋取。夫既畏鞭笞，則人鞭笞之矣；既易弋取，則人弋取之矣。」然則又豈特民賊之罪也。吾嘗聞己亥年，剛毅之下江南下嶺南矣，嶺南僻壤之民，幾於易子食而析骸爨。而剛毅之行囊固纍纍然，千餘萬捆載牛腰也。近者建一學堂，而云無費，派一學生，而云無費；而回鑾費數千萬，取於東南焉，賠款數千萬，取於東南焉。方且又修頤和園以娛暮年矣。亞美利加因祖國關稅之不平，遂起而獨立，而彼之戢戢然於羶種之腳底，竭吾膏血以伺其嚬笑而恬不為怪者，吾又安從而與之言也？

（刊於一九〇三年二月二十六日《新民叢報》第二十六號）

笑林

俗語文體之流行，文學進化之一徵也。兩粵言語，與中原殊塗；珠江女兒所常諷之粵謳一篇，知文者常歎為神品，尚矣。十年前，有某學究，以詼諧著名者，嘗以粵語作詩二首，誦之令人絕倒，今錄以供茶前酒後一談柄焉。但非解粵語者，不知其趣。又俗字多不可書，不能如口誦之神妙也。

賦得椎秦博浪沙（得秦字五言八韻）（試帖一首）

話說椎皇帝，如何膽咀真？果然渠好漢，怕乜你強秦。幾十多斤鐵，孤單一箇人；攔腰撳過去，錯眼打唔親。野仔真行運，衰君白替身；險些都變鬼，快的去還神。兇手當堂趨，（讀叶笛，走也。）差頭到處尋；亞良真本笨，為咁散清銀。

垓下弔古（七律一首）

又高又大又嵯峨，臨死唔知重唱歌；三尺多長鋒利劍，八千靚溜後生哥。既自稟砰爭皇帝，何必頻輪殺老婆？若使烏江唔割頸，漢兵追到屎難屙。

蘇東坡、黃山谷、佛印，三人在杭州，日日酒食徵逐；惟佛印食量之大，尚過於魯智深，每次飲食，酒殽輒為所先盡，坡、谷苦之。一日相與謀曰：「我們何不瞞著這老禿，樂一天呢？」乃悄蹴一舟，背佛印，備小酌以遊西湖。不料佛印神通廣大，早偵知之；瞷二人之未登舟也，先登而自匿於船板下，囑舟子勿洩焉。既而坡、谷至，泛舟容與，放乎中流，時月夕也。坡謂谷曰：「老禿不在座，使人整暇；我輩何不淺斟緩酌，行一雅令，以消永夕？」谷請坡出令。坡曰：「首二句即景，末二句以四書中有哉字者貼切之，且須叶韻。」谷沉吟一晌曰：「浮萍撥開，游魚出來；得其所哉！得其所哉？」坡擊節歎賞。旋應令曰：「浮雲撥開，明月出來；天何言哉！天何言哉！」谷方欲擊節，詎佛印已搔著心癢，按捺不住；即在艙下，一面開口，一面昂頭，大聲喊道：「浮板撥開，佛印出來；人焉廋哉！人焉廋哉！」遂復抹髯搖舌，據觴奪箸，風馳雲捲，頃刻之間，盤盂四大皆空。

東坡苦佛印大食，一日有饋生魚者，坡方烹而獨饗之，忽佛印施施而來。坡遙見之，則倉皇匿其魚於承塵上，冀印之旋去而復食也。印已窺見狼狽，故絮絮不肯行。既而問坡曰：「學士之姓蘇字，作何寫法？」坡曰：「異哉！和尚寧不識？」印曰：「非也，吾見有寫禾字於左，魚字於右者，是亦蘇字乎？」坡曰：「然。特俗體耳。」印曰：「又近見有寫魚字於草頭之下者，亦可乎？」坡曰：「這卻不能了。」印曰：「即是不能，拿下來同吃罷！」

有某學政按試某縣，縣中童生無一能成一八股文者，勉強依學額取錄三名。其第一名批語，為「放狗屁」，第二名批語，為「狗放屁」，第三名批語，為「放屁狗」。有問者曰：「同用此三字，而有一二三等之差，何也？」學政曰：「是在文法，顧諸君不解耳。試一讀《馬氏文通》，當知其用。夫第一名者，是人也，不過偶放一狗屁耳；第二名者，是狗也，其他種能力或尚多，不過偶放一屁耳；至第三名，則是狗也，捨放屁外，無他長技矣。」

有某甲旅於外，託其鄉人某乙，帶食物歸，以給其子。乙曰：「子之子其名維何？其狀貌如何？」甲曰：「子不必問，但歸視諸兒童中最佳者，即我子矣。」乙頷之去。既而甲歸，詢其子，曾否領物？子曰：「未也。」甲以詰乙，乙曰：「已給之矣。」甲曰：「我子云未也，何故？」乙曰：「君告我曰：視諸兒童中最佳者，即君之子也。吾熟察之再三，最佳者莫我子若也。既承君貺，已給之矣。」甲乃廢然而返。君子曰：「今世民族主義之盛行，彼言愛國者，亦若是已耳。嗚呼！言愛國者，亦若是已耳！」

國家圖書館出版品預行編目資料

解讀梁啟超／楊照策劃、主編.－－初版一刷.－－臺北市：三民，2023
面； 公分.－－（展讀民國人文）

ISBN 978-957-14-7618-6（平裝）
1. 梁啟超 2. 學術思想 3. 文集

128.207 112002256

展讀民國人文

解讀梁啟超

策劃、主編｜楊 照
責 任 編 輯｜吳尚玟

發 行 人｜劉振強
出 版 者｜三民書局股份有限公司
地 址｜臺北市復興北路 386 號 (復北門市)
臺北市重慶南路一段 61 號 (重南門市)
電 話｜(02)25006600
網 址｜三民網路書店 https://www.sanmin.com.tw

出 版 日 期｜初版一刷 2023 年 4 月
書 籍 編 號｜S782600
I S B N｜978-957-14-7618-6